本教材的出版得到北方工业大学的资助，项目名称为：教材建设，项目编号为108051360020XN085和校内一流专业–法学，项目号206051360020XN118项目支持。

财 税 法 概 论

荣国权·著

Introduction to Finance
and
Taxation Law

中国政法大学出版社

2020·北京

声　　明　1. 版权所有，侵权必究。

2. 如有缺页、倒装问题，由出版社负责退换。

图书在版编目（ＣＩＰ）数据

财税法概论/荣国权著. —北京:中国政法大学出版社,2020.9
ISBN 978-7-5620-9624-5

Ⅰ.①财… Ⅱ.①荣… Ⅲ.①税法－概论－中国 ②财政法－概论－中国 Ⅳ.①D922.2

中国版本图书馆CIP数据核字(2020)第161345号

出 版 者　　中国政法大学出版社

地　　址　　北京市海淀区西土城路 25 号

邮寄地址　　北京 100088 信箱 8034 分箱　邮编 100088

网　　址　　http://www.cuplpress.com (网络实名：中国政法大学出版社)

电　　话　　010-58908441(编辑室)　58908334(邮购部)

承　　印　　北京朝阳印刷厂有限责任公司

开　　本　　720mm×960mm　1/16

印　　张　　13.50

字　　数　　210 千字

版　　次　　2020 年 9 月第 1 版

印　　次　　2020 年 9 月第 1 次印刷

定　　价　　59.00 元

目　录

财税法绪论

财税法学是研究财税法现象的性质、发展、变化规律的学科。财税法属于公法，主要规范国家这一特殊主体收入与支出的各类行为，与企业的财务行为和家庭的财物活动截然不同，后者是私人收入与支出的行为，按照私人的意愿为主，财税法则要求国家的财税行为按照法定的程序进行，实现相应的公共目标，遵循公共财政的原理。

一、财税法背景知识

财税法在现代包括预算法、税法、政府采购法、国债法、转移支付法等。这其中有很多法律制度与国家同时出现，经历了漫长的历史岁月。马克思主义理论认为，税收是人类社会发展到一定阶段，伴随着国家起源而起源。

在中国，夏王朝是出现最早的奴隶制国家，从夏代开始就有了税收的雏形。有无早于"夏贡"的税收雏形！《史记·夏本纪》："自虞夏时，贡赋备矣。"其可追溯至高辛氏时代。高辛氏即帝喾，是为"五帝"之一，相传为黄帝曾孙，约在公元前26世纪至21世纪之间。帝喾果有其人！据《中国历代食货典》卷一百一十赋役部记载上古时代赋役二则，其中之一就是"帝喾[帝喾（kù），姓姬，为上古五帝之一，他是黄帝的曾孙]，"生而神灵，自言其名"。帝喾是上古时期"三皇五帝"中的第三位帝王，前承炎黄，后启尧舜，奠定华夏根基，是华夏民族的共同人文始祖。高辛氏正畛均赋（畛同畎，即深圳的圳），将"均赋"列入"赋役部"，可见帝喾时代就有每种税收的雏形，距今已逾4000多年。我国税收起源于原始社会晚期向奴隶社会的变革时期，形成于奴隶社会晚期向封建社会的变革时期。税收由起源不完全形态到完全形态，经历了漫长发展演变的过程，形成历时 1600 多年。

在中国之外，税收出现的年代也很久远。1618 年发现的古苏美尔人的楔形文字记录下"征税官"的文字（这种文字大约出现在公元前 3500 年左右）。埃及古王国时期（包括第三至八王朝，公元前 2686 年-前 2125 年）的帕勒莫石碑是一份详细记载两年一度对于国家各类财产进行登记的王室铭文，而这一时期的传世文献还有对神庙和神庙工作人员的赋税进行豁免的敕令，有政府官员的坟墓铭文，它们为我们提供了古代埃及赋税体系的相关信息。直到公元前 1000 年的新国王末期，在古代埃及，赋税征收的形式一直是粮食、牲畜或其他商品。根据第十八王朝国王阿蒙赫特普四世统治时期（公元前 1352 年-前 1336 年）的赋税表记载，该税表刻写在阿吞神庙墙壁上，是国王向全国神庙和地方机构征税的记录。新王国时期的固定赋税包括一定量的银子、香、酒以及其他物品，浮动赋税包括贵金属、布匹，有时也会包括食物。浮动赋税表中的赋税也包括各地市长和各王室领地官员上缴的赋税，以上的图景描绘了法老在赐予万物生命的阿吞神的照耀下接受着来自上埃及、中埃及和下埃及的赋税。[1]

古代的税收也都有相应的法律支持，是国家财政法律制度的组成部分。皇帝或国王是最高统治者，但其收入与支出在制度上仍然与国库相分离，但也经常出现混同。征税的随意性很强，缺乏征税过度的节制力量，由此导致支出缺乏节制，统治集团就在难以节制的收和支之间恶性循环，导致古代各国、中国历朝历代都存在因过度征税、支出过度而引发的反抗运动、农民起义，最后将统治集团推翻。新任的统治集团在掌权初期一般都比较注意节俭，节制税收与支出，恢复社会元气，患养税源，待肥而宰。这就是古代的税收制度体现出的一些特征。

到了近代，由于受到资产阶级启蒙思想的影响，天赋人权、民主、自由的思想四处传播，契约精神的国家观念不断渗透，科学的税收思想在古典政治经济学理论中被逐渐创制出来，尤其是亚当·斯密的《国富论》，奠定了公共财政理论的基石，至今影响着财税法的基本原则。这成了古代财税法与近

---

〔1〕 郭丹彤："论古代埃及的赋税体系"，载《东北师大学报（哲学社会科学版）》2016 年第 3 期。

代财税法的一个分水岭，并且在资产阶级三权分立、议会政治中得到了充分的贯彻与体现，在这种思想影响下西方税收呈现"中性"原则，只为维护国家机器适度规模收税，税收规模小，税法更多体现行政法属性。第二次工业革命带来的社会剧变使得资本主义世界迅速进入垄断竞争时代，完全打破了自由资本主义时代的均衡，市场机制在很多领域失灵，各种社会矛盾不断累积，经济周期性爆发危机产生严重退败，动用国家机器干预市场在所难免，税收规模在议会的支持下开始扩大。税收呈现出为宏观调控服务的职能，税法的确立与修订直接体现了干预经济的国家意志，体现出很强的经济法属性。

我国自改革开放以来，不断按照商品经济的规律要求构建税制，将计划经济时代"非税论"影响下的税制逐渐废弃，尤其是 1994 年分税制改革以来，与市场经济体制相匹配的税制逐渐建立起来，税法也不断完善，税法的宏观调控特征也很明显，充分地体现了社会主义中国对市场的管理和干预。但是，基本税种并没有全部由全国人大这个专门的立法机关立法确定，税费不分的现象也很严重，滥收费现象还很普遍，税收减免的随意性也很大，税法实施的刚性力度不足，国家对公共财政与税收的关系思想教育不够，导致国民普遍抱有偷逃税想法甚至抵制心理，在法律硬件与思想软件两个方面都存在不足，这是我们国家与西方发达国家的差距。

财税法的产生，是国家对社会财富分配的经济参与、管理、协调关系，是国家对经济关系的组织与控制，基本属于经济法范畴。例如预算权的设置，税种的设定，中央与地方财权、事权的分配，法定的政府采购设定，中央资金对地方财政的转移支持，这些制度不可能被简单列入行政关系，也绝不是行政行为概念所能涵盖的。它是一种经济法调整的经济关系，这种经济关系自古有之，因为部门法的划分概念与法律条文明确表达可能是近代以来的事，但是这种划分概念在古代的法律中就已经出现，财税法在很早就已经出现了，它对经济的影响从古至今一直在延续。经济法在古代早已出现的体现之一就是财税法的出现，其后来经历了近代化、现代化的演变过程。

二、财税法概况

（一）预算法

预算法，是规范中央和地方预算收入和支出的基本法，属于筹划国家收入和支出的经济法，目前在中国已经由全国人民代表大会颁布了基本法，除了政府及其财政部门实施具体制度外，更多的是党和国家对中国经济制度的安排与管理，将国民收入进行合理规划的制度，属于基本经济法，其中包含行政法的相关内容。

（二）税法

税法，是规范国家税收收入的基本法，税法自古有之，而且在公法领域最为发达，我国规范税收的基本法一部分立法由全国人大颁布，一部分由国务院代为颁布，但根据税收法定原则，逐渐都会由全国人大统一颁布。无论是涉及税种的实体法，还是涉及征收的程序法，都属于经济法，同时包含行政法内容。

（三）国债法

国债法，是规范国家发行债券征集财政收入的基本法，在欧洲的封建时代，发行国债更多的目的是进行战争，而在现代国家更多的是为了支持政府赤字，搞经济建设，进行宏观调控，我国目前尚未颁布基本法和行政法规，该领域法律建设尚属薄弱环节，但是现实需求却很急迫，其属于经济法的重要内容，尤其是宏观调控功能部分。

（四）政府采购法

政府采购法，是规范政府采购行为的基本法，是一种对公共采购行为的管理与控制，对市场会产生直接的影响。这是一种很有力的政府干预行为，有很明显的宏观调控功能，决定采买的方向、领域和方法都直接干预着市场竞争，属于经济法，其中含有行政法内容。

（五）转移支付法

转移支付法，是规范中央财政向地方财政转移资金以支持地方财政的基本法，有时也会向企业或居民转移，对于弥补分税制施行后地方财政不足的部分有很好的支持，对商品市场竞争也会产生影响，具有宏观调控的功能，属于经济法的重要内容，其中含有行政法内容。

预算法是财政法的核心。财政法中包括收入法、支出法、采购法等，因涉及国家公共资金的使用，因此需要用法律来明确其使用标准。

我国以上财税法领域现实立法状况是什么？

2014年《中华人民共和国预算法》（以下简称《预算法》）（1994年实

施),《中华人民共和国预算法实施条例》（以下简称《预算法实施条例》）
（1995 年实施），2014 年《中华人民共和国政府采购法》（以下简称《政府采
购法》）（2002 年通过），2015 年《中华人民共和国政府采购法实施条例》
（以下简称《政府采购法实施条例》），2018 年《国务院办公厅关于印发基本
公共领域服务中央与地方共同财政事权和支出责任划分改革方案的通知》，
1992 年《中华人民共和国国库券条例》（以下简称《国库券条例》），2001
年《过渡期财政转移支付办法》，2007 年《国务院关于试行国有资本经营预
算的意见》，2007 年《关于转发建设部等五部委〈关于加强大型公共建筑工
程建设管理的若干意见〉的通知》，2008 年《财政部关于进一步推进财政预
算信息公开的指导意见》，2017 年《党政机关公务用车管理办法》，2018 年
《人力资源社会保障部、财政部关于建立城乡居民基本养老保险待遇确定和基
础养老金正常调整机制的指导意见》，2015 年《中央对地方专项转移支付管
理办法》，2000 年《中央对地方专项拨款管理办法》（已失效）。

2008 年《中华人民共和国企业所得税法》（以下简称《企业所得税法》）
（1991 年《外商投资企业和外国企业所得税法》和 1993 年《中华人民共和国
企业所得税暂行条例》同时废止。），2011 年《中华人民共和国个人所得税
法》（以下简称《个人所得税法》）（1980 年通过，1993 年、1999 年、2005
年、2007 年 6 月、12 月、2011 年第 6 次修、2018 年为第 7 次修），2017 年
《中华人民共和国增值税暂行条例》（以下简称《增值税暂行条例》）（1993
年实施，2008 年、2016 年修）。

2011 年《中华人民共和国城市维护建设税暂行条例》（以下简称《城市
维护建设税暂行条例》）（1985 年颁布），2011 年《征收教育费附加的暂行规
定》（1986 年实施，1990 年、2005 年修订），2008 年《中华人民共和国消费
税暂行条例》（以下简称《消费税暂行条例》）（1993 年通过），2011 年《中
华人民共和国进出口关税条例》（以下简称《进出口关税条例》）（1985 年发
布，1987 年、1992 年修；2003 年修，2011 年修）。2018 年《中华人民共和国
环境保护税法》（以下简称《环境保护税法》），2011 年《中华人民共和国房
产税暂行条例》（以下简称《房产税暂行条例》）（1986 年发布），1997 年
《中华人民共和国契税暂行条例》（以下简称《契税暂行条例》），2011 年
《中华人民共和国车船税法》（以下简称《车船税法》），2011 年《中华人民

共和国资源税暂行条例》（以下简称《资源税暂行条例》）（1993 年发布），1993 年《中华人民共和国土地增值税暂行条例》（以下简称《土地增值税暂行条例》），2007 年《中华人民共和国耕地占用税暂行条例》（以下简称《耕地占用税暂行条例》）（1987 年颁布），2011 年《中华人民共和国印花税暂行条例》（以下简称《印花税暂行条例》）（1988 年颁布），2006 年《中华人民共和国城镇土地使用税暂行条例》（以下简称《城镇土地使用税暂行条例》）（1988 年颁布），2018 年 7 月 1 日开始实施《中华人民共和国烟叶税法》（以下简称《烟叶税法》）。

三、学习方法、目标与态度

（一）高等教育高在哪儿

大学开始了专业教育，入门阶段就在此时。首先是专业入门，其次是学会系统的学习和分析、认识专业问题，学会系统的收集、分类、掌握专业资料和信息，这就是专业上的磨刀不误砍柴工的"磨刀"，也就是所谓的专业能力，既包括知识，又包括方法。税法的学习就需要这种路径，才能体现出税法的高等教育价值。

（二）你的基础是什么——考察一下

本科阶段学什么？这就需要了解该课程的前置课程是什么，与现在课程的关系如何，这是专业知识系统性的需要，知道打牢基础的"基础"在哪里。

（三）选择你要读的书与学习的方向

税法学涉及的书种类繁多，教材类的、考试类的、实务类的、专业学术类的、基础研究类的、工具书类的等，通过学习掌握选择的方法与方向。

（四）要学会不嚼别人嚼的馍，学会自己"嚼馍"

高等教育的学习体现在逐渐掌握自己思考的能力。在读别人写的书时，要学会自己消化，然后学习独立系统的思考，而不是人云亦云，不能总是停留在模仿别人的想法上。要想超越前人，必须在基础阶段就练习独立思考的能力，这样才会慢慢地学会"自己嚼馍"。

请同学谈谈自己的认识：①当前学生面临的若干学习问题。②税法入门阶段的学习问题。③法律技艺与法律学问的分类问题。④毕业后考研还是考法考的问题。⑤毕业从事法律工作后继续学习的问题。

（五）美国法学院的特点

美国法学院的课程设计，直接针对学生毕业后所要面临的具体法律问题。这些课程主要有三大类，一类是侵权法、合同法、财产法、税法、宪法诉讼这些实体课程，另一类就是技能型课程，比如法律文献检索，法律文件写作，第三类就是实践课，比如法律诊所、审判体验、模拟法院。

例如，在德雷克法学院，除了宪法和比较宪法这两门略带些理论色彩和研究性的课程外（即使这类课程也是案例教学法），基本没有国内法学院课程中的法理、法制史等理论性课程。在这样的课程规划下，所有的老师都是职业律师出身，只有法律博士（J. D.）这样的专业学位，而无 Ph. D 这类学术学位。相比较中国法学教授的学术成果，这些年薪十几万美元的教授真该无地自容了，除了在法律评论上发表一些案例分析这类非学术性论文外，他们至多是编纂一些地方性的法律案例汇编。一句话，法律在美国被看作是一种实践学科而非一门学问。

四、熟悉财税法现象

（一）公款吃喝的现象列举

案例一：刹住"领导公养"歪风

如今，不知是由于市场经济冲击使为官者"观念"发生变化，还是因为受封建遗风的潜移默化，本应为公众服务的领导干部竟有了"公养"的潜意识，并在不知不觉中付诸行动，但凡能与"公"字沾上边的花费都一一开票据在单位报销。在这些领导眼里，每天忙于工作误了吃饭，公家理应请他吃上一顿"工作餐"。

平常因上镜应酬穿着不美观会有损单位或地方的"形象"，动用公款买套名牌衣服，也完全合乎"情理"。至于出差在外，累了去洗洗头，烟瘾犯了去买条中华烟，拿回单位报销就更不用大惊小怪了。"领导公养"发展到如此程度，如"工厂的机器农民的田，当官的老婆大款们的钱"的"四闲歌"，以及"工资基本不用，吃穿基本靠送"的新民谣，怎能不从广大老百姓的口中流传开来？笔者以为，要杜绝这些尖刻的民间歌谣流传，重要的是刹住"领导公养"这股歪风。

《中国共产党党章》明确规定：党的领导干部是人民的公仆，应全心全意为人民服务。作为当今的"领导"者，是拿着工资为人民服务，且工资还随着社会生产力的发展逐年增加，是不应额外生出特殊的"公养"要求的。因此，各级有关部门应切实采取有力的措施，斩断有些"领导"者想要"公养"的念头，让他们伸手就被捉，何愁唤不回良好的社会风气？

案例二：考核验收变靠"喝"验收

每年辞旧迎新之际，许多有"名头"的"考核验收团"竞相到"一线"潇洒走一回："年终考核""年度考核""目标考核""政绩考核"多如牛毛，"达标验收""工程验收""项目验收""评比验收"泛滥成灾。

"考核验收团"来时兴师动众，小题大做，而考核验收时却往往走马观花，蜻蜓点水，仅满足于看看材料，听听汇报。被考核验收的单位或个人，为了能争取到所谓的"考核名次""先进称号""年终奖项"，则如"接天神"一样曲意恭维，百般讨好。功夫在事外，盛情接待靠"喝"验收才是实招儿。

名酒款待、小心伺候、千方百计讨取"婆婆们"的欢心，生怕哪一点照顾不周得罪了手中攥着"生杀大权"的"考核验收团"。考核验收队伍则"上午基层走一走，中午饭店撮顿酒，下午醉醺醺地走"。一些"考核验收团"不看基层的工作力度，只看基层的接待态度。不管基层的工作好坏，只管基层的盛情招待。不顾考核验收的原则标准，只顾基层招待的各项标准。不在乎考核验收的实效，只在乎基层送给的红包……"考核"似乎变成了比吃比喝、大吃大喝、贪图享受的考"喝"，"验收"则变成了摆筵设宴喝好酒、推杯换盏干美酒、暗中交易忙敬酒的"宴"收。

一项工作往往需要几个部门的考核验收才能"过关"，你方唱罢我登场。基层单位有时一天要接待五六批各路"神仙"，迎来送往，陪吃陪喝，疲于应酬，折腾得晕头转向，苦不堪言。

记者从中纪委网站获悉，因违规超标准公务接待导致一人非正常死亡，湖南永州市市长向曙光被给予党内严重警告处分，并按相关规定和程序免去其党内职务和行政职务。

经查，2015年4月29日晚，永州市市长向曙光、永州市政府正厅级干部荣燕明、永州市政府副秘书长陈景茂等参加了由永州零陵机场迁建工作领导小组办公室承办的公务接待用餐。当晚14人共消费白酒、菜品合计7707元，导致参加用餐的一名工作人员在当晚非正常死亡，经司法鉴定系急性乙醇中毒继发重要部位出血致死。

经湖南省纪委常委会议研究并报湖南省委同意，决定给予永州市委副书记、市长向曙光党内严重警告处分，并按相关规定和程序免去其党内职务和行政职务。此外，参加晚餐的其他人员也分别被给予处理。

市长由正厅级降为正科级使用。

问题：比较两个案例，比较一下作者的心态，案件的结果，分析其中的变化原因。

（二）公款吃喝的危害与规制

案例三：一年3000亿元

九三学社中央拟的提案列举一组数据：目前，全国一年公款吃喝的开销已达3000亿元。如此庞大的公款吃喝数额，挤占教育、卫生、医疗、社会保障等民生支出。例如2009年，我国行政管理费用支出（包括一般公共服务、外交和公共安全三项支出）占财政支出的比重高达18.6%。同时，教育、科技、文体与传媒、社保和就业、保障性住房、医疗卫生、环境保护支出等民生支出，比重不足38%。

国外行政管理费用支出占财政支出的比重大多低于10%，如日本是2.38%、英国是4.19%、加拿大是7.1%、美国是9.9%。

2010年，国家部委打开"三公公开"大门。监察部网站2月29日发布《全国政务公开与政务服务工作成效明显》文章显示，2010年全年，编报"三公"经费财政拨款预算的131家中央部门，99家公开了"三公"经费。这表明，仍有部分中央部门未公示三公经费。另据统计，截止到2010年11月1日，仅有三个省级政府公开其当年"三公"经费决算数。

2010年10月，人民网网调两会热点，20个热点问题中，"三公公开"的关注度、点击率位列前三。对于去年中央部门"三公公开"表现，超过50%的网友很不满意，33%的网友不太满意。

1. 建议

案例四："三公浪费"应法律约束

提案认为，长期以来，对公款吃喝的处理，除了个别涉及贪污受贿外，其他的不仅没有列入犯罪之列，甚至还得到放纵和鼓励，这也是长期以来公款吃喝等政府浪费不能得到有效遏制的重要原因。

因此，界定公款吃喝的"罪与非罪"是核心问题。提案建议，将公款吃喝、公车私用、公款旅游等"三公"浪费问题纳入《中华人民共和国刑法》的调节范畴，用法律规范官员和公务员的公务行为。让浪费有罪深入人心，让惩治包括"公款吃喝"在内的各种浪费行为有法可依。

2. 问题

分析以上建议，我国是否已将三公消费浪费行为列入法律范围调整？请概括出当前的规制情况。（不一定是法律层面）参考案例一、二。

（三）中央八项规定的性质分析

中央八项规定的具体内容是什么，何时发布？全称是什么？属于什么样的规范性文件？与财政法律规范有何不同？由此可以探讨我国法制建设的特点。

2012年12月4日召开会议确定《中共中央政治局关于改进工作作风、密切联系群众的八项规定》，习近平主持会议。

1. 八项规定的内容

①要改进调查研究，到基层调研要深入了解真实情况，总结经验、研究问题、解决困难、指导工作，向群众学习、向实践学习，多同群众座谈，多同干部谈心，多商量讨论，多解剖典型，多到困难和矛盾集中、群众意见多的地方去，切忌走过场、搞形式主义；要轻车简从、减少陪同、简化接待，不张贴悬挂标语横幅，不安排群众迎送，不铺设迎宾地毯，不摆放花草，不安排宴请。②要精简会议活动，切实改进会风，严格控制以中央名义召开的各类全国性会议和举行的重大活动，不开泛泛部署工作和提要求的会，未经中央批准一律不出席各类剪彩、奠基活动和庆祝会、纪念会、表彰会、博览会、研讨会及各类论坛；提高会议实效，开短会、讲短话，力戒空话、套话。

③要精简文件简报，切实改进文风，没有实质内容、可发可不发的文件、简报一律不发。④要规范出访活动，从外交工作大局需要出发合理安排出访活动，严格控制出访随行人员，严格按照规定乘坐交通工具，一般不安排中资机构、华侨华人、留学生代表等到机场迎送。⑤要改进警卫工作，坚持有利于联系群众的原则，减少交通管制，一般情况下不得封路、不清场闭馆。⑥要改进新闻报道，中央政治局同志出席会议和活动应根据工作需要、新闻价值、社会效果决定是否报道，进一步压缩报道的数量、字数、时长。⑦要严格文稿发表，除中央统一安排外，个人不公开出版著作、讲话单行本，不发贺信、贺电，不题词、题字。⑧要厉行勤俭节约，严格遵守廉洁从政有关规定，严格执行住房、车辆配备等有关工作和生活待遇的规定。

（四）中央八项规定以来中国财税制度的刚性进步

从 2012 年"八项规定"实施以来，中国的财政税收法律制度呈现出了刚性法治的特征。之前的不合法公款消费比比皆是，例如公款旅游、公车私用、公款餐饮等，在中国泛滥成灾，将公有制下的财产随意支出，并没有严格的监督与管理。"小金库"成为与法律同在的现象，在给学生讲述财税法课程时，都觉得法律形同虚设，因为在起草讲稿时，很难在国内找到刚性法治的案例。例如大学开学之初，很多家长会驾着公车几百甚至上千公里来送孩子，也不乏警车、军车，可是人们司空见惯，见怪不怪，甚至已经麻木了。但是如今，一切都变得那么快，似乎一夜之间上面说的现象都隐藏起来了，国家的监管一下子变得严肃起来，公款支出被牢牢地定在了法律的笼子里，很多过去习惯于公款消费的人们现在变得无所适从，甚至有很多人经常往"枪口上撞"，高压态势下，仍有人顶风作案，违纪手法不断"升级翻新"。

"贵州省贵阳护理职业学院党委副书记、院长张崇芳违规让企业承担出国考察费用""新疆维吾尔自治区和硕县乃仁克尔乡卫生院院长古西巴特尔利用职务便利，长期使用单位加油卡为其私家车加油"。有的违纪人员存在侥幸心理，自觉级别低或"天高皇帝远"，以为查不到"自己头上"。例如，四川省新津县住房和城乡建设局原党组副书记、县住房保障中心原主任张东以"级别不够，不在监督范围"自我麻痹，用假名办高尔夫球会员卡，上班时间驾驶公车打高尔夫球。经查，2014 年 6 月至 2018 年 6 月，张东累计打高尔夫球 400 余次，消费 13.9 万余元，其中在工作时间打高尔夫球 200 余次。张东还存在其他严重违纪违法问题，最终被开除党籍、开除公职。有的违纪人员虚荣心作祟，认为摆架子、公款消费、享特权才有面子。例如，2018年10月4日，江西省九江市柴桑区中华贤母文化园管理处主任梅秀伟携3名亲属赴湖口县石钟山景区旅游，他在虚荣心的驱使下，利用职务便利要求景区为其家属免门票费，在亲戚面前好好显摆了一下。结果因为"害怕丢面子，却丢了更大的面子"，最终受到处分。有的违纪人员以为钱只要没有装到自己口袋里，"为大家谋福利不算违纪"。例如，福建省建宁县经济和信息化局节能中心主任、县顺安民用爆破器材有限责任公司总经理余正祥，以购买工作服、工作鞋等名义，违规发放补贴4.02万元被查处。[1]

2018年全国9.2万多人因违反中央八项规定精神被处理，包括6名省部级干部。从2018年全国查处的违反中央八项规定精神问题的类型来看，违规发放补贴或福利16 615起、违规收送礼品礼金12 124起、违规配备使用公务用车9394起、违规公款吃喝8897起、大办婚丧喜庆6262起、公款国内旅游3406起、楼堂馆所违规问题2159起、公款出国境旅游159起、其他问题（包括提供或接受超标准接待、接受或用公款参与高消费娱乐健身活动、违规出入私人会所、领导干部住房违规、违规接受管理服务对象宴请等问题）6039起。从查处干部级别来看，被处理的人员中省部级干部6名、地厅级干部1166名、县处级干部9467名。为掌握全国贯彻落实中央八项规定精神情况，中央纪委在各省市区和新疆生产建设兵团、中央和国家各机关、各中央企业和中央金融企业等建立了落实中央八项规定精神情况月报制度。[2]

2020年1月19日，中央纪委国家监委公布了2019年12月全国查处违反中央八项规定精神问题统计表（图一），这是连续第76个月发布相关数据。与之前相比，这次发布的月报统计表有两个显著变化：一是首次向社会公开发布查处"形式主义""官僚主义"问题的数据。二是对查处"享乐主义""奢靡之风"问题的数据统计指标进行了优化调整。

---

〔1〕 参见李晓辉："福建建宁——国企以购买工作服等名义违规发放津补贴"，载《中国纪检监察报》2019年5月3日。

〔2〕 朱基钗："2018年全国9.2万多人因违反中央八项规定精神被处理"，载《中国青年报》2019年1月17日。

全国查处违反中央八项规定精神问题统计表

时期	项目	总计	级别				问题类型												
							形式主义、官僚主义问题				享乐主义、奢靡之风问题								
			省部级	地厅级	县处级	乡科级及以下				其他									其他
2019年12月	查处问题数	22401	2	114	1527	20758	329	9713	539	212	1334	290	2192	1612	512	665	2674	409	1920
	处理人数	31038	2	134	1836	29066	461	13453	718	311	1779	345	2723	2391	799	708	4250	666	2434
	党纪政务处分人数	20870	0	82	1172	19616	208	8942	441	70	998	261	2038	1848	526	588	2950	512	1488
2019年以来	查处问题数	136307	5	761	9976	125565	2095	59688	3161	1696	8371	1872	13098	8960	3015	4583	15375	2824	11669
	处理人数	194124	5	929	12564	180626	3055	85688	4613	2755	11861	2130	16467	13639	5296	5053	24073	4590	14904
	党纪政务处分人数	124723	3	687	8221	115812	1519	52926	2359	505	6031	1786	12772	10003	3490	2978	16512	3339	9516

备注：享乐主义、奢靡之风"其他"问题包括：违规配备和使用公车、楼堂馆所问题、提供或接受超标准接待、组织或参加用公款支付的高消费娱乐健身等活动、接受或提供可能影响公正执行公务的健身娱乐活动、违规出入私人会所、领导干部住房违规。

数据来源：中央纪委国家监委党风政风监督室

(制图：许梓宸)

（图一）

"形式主义""官僚主义"是现阶段党内存在的突出矛盾和问题，是阻碍党的路线方针政策和党中央重大决策部署贯彻落实的大敌。中央纪委国家监委认真学习习近平总书记重要指示批示精神和《中国共产党问责条例》《中国共产党纪律处分条例》等法规文件，立足治理高度，聚焦突出问题，在公布的数据统计表中增加"贯彻党中央重大决策部署有令不行、有禁不止，或者表态多调门高、行动少落实差，脱离实际、脱离群众，造成严重后果"等4类突出问题。2019年，全国共查处"形式主义""官僚主义"问题7.49万起，处理党员干部10.80万人。[1]

从上述引用的材料来分析，在将近八年的时间里，中国的财税法治经历了一场惊天动地、史无前例的巨大变革，其速度之快、程度之深远远超出了人们的想象，过去公然的随意公款消费与支付几乎不见了，手段隐蔽的违法公费支出充满了政治与法律风险，公车私用者随时都将心提到嗓子眼，在大学里的公费培训会与年终聚会也不见了，过去在年底各单位公费聚餐已成惯例，但自2014年以来就见不到了。人们上财务报销公款支出时，往往心惊胆战，因为随时可能因为某项支出不符合法律要求就被拒绝。"八项规定"虽然

〔1〕 毛翔："中央纪委国家监委调整违反中央八项规定精神问题数据统计指标查处形式主义官僚主义问题数据首次公布"，中央纪委国家监委网站，访问日期：2020年1月19日。

只是党内的规章制度，但是它却在当今中国起到了威震四方的作用，在这样的社会发展氛围中学习财税法，将是一种法治的自豪，是法律专业的幸运，让我们站在时代的浪潮上努力学习吧！

第一章　财税法一般原理

本章主要学习财政、财政法等基本概念，掌握财税法最基本的法律原理，涉及经济学的知识也需一并学习掌握。这一部分基本勾勒出了财税法的基本逻辑架构，便于整体驾驭财税法原理。同时介绍财税法属于经济法的逻辑和历史依据。

第一节　本章概述

一、知识背景

财税法主要涉及财政、税收等行为的法律规范，属于典型的公法。因为是一种古老的政治经济现象，相应的法律也是年代久远，因此需要根据人类社会的发展情况作分期分类的划分，把古代社会的财政税收法律行为规范与近现代社会的财政税收法律规范作出比较，识别出历史传承的相同相似之处，区别出性质上的不同。

马克思主义理论指出，财政和税收现象是与国家相伴而生的，是统治阶级压迫被统治阶级的工具，是历史的产物。历史学也表明，财税制度在人类社会长河中有悠久的历史，古代埃及、古代中国等很多民族都有财税制度的记载与流传。古代的税收对象重点是人口与不动产——土地和农业，即人们常说的人头税和田税，然后还有其他的税收和徭役，由于征税以国王、君主或封建主的实际需求为依据，因此税收法律法规虽然也体现了国民收入再分配再生产的规律，但是过于随意，变数太多，税收中性或合理性的把握难度极大，经常成为统治集团剥削、压榨被统治集团的工具，对被征收对象的适格性缺乏科学的研究，往往可能造成纳税人的沉重负担，以至于武力反抗征税集团，无论在哪个王朝，这样的历史此起彼伏，你方唱罢我登场，不断演绎着苛政猛于虎的财税故事，古埃及金字塔工匠的艰苦劳役，秦始皇阿房宫民工的悲歌，法国巴士底狱民众的惨痛，沙皇俄国农奴的艰辛，最后都导致了激烈的阶级对抗，激起民变甚至推翻了统治王朝，传说中国的孟姜女因为服劳役而死的丈夫，哭倒了八百里长城，令人撕心裂肺，荡气回肠！

进入近代之后，受欧洲文艺复兴人本主义思想的影响，蒙昧的欧洲中世纪撕开了黑暗的天幕，理性的尖刀刺穿了宗教神秘主义和封建世俗习惯，近代启蒙思想迅速传播，拉开了人民主权、自由、天赋人权、法治、平等、民族国家宪政的思想大幕，改造传统财税制度的理论基础就在此时被奠定了。亚当·斯密的古典政治经济学理论构建了近代社会财税制度的基本法律原则，为什么收税，如何设计收税原理在斯密的著作中被第一次明确的阐述出来，充满了近代自然法的理性光芒——这就是公共财政理论的雏形。在此之后，西方社会的各种理论鳞次栉比、层出不穷，源源不断地为财税制度的现代化输送着思想的养料。近代税法创造了廉洁政府、公务政府和"守夜"政府，为自由资本主义的迅速崛起创造了良好的政治经济环境。

现代财税法主要建立在现代公共财政制度的原理之上，各类财政税收行为的规范化都有社会科学的依据。现代税制着眼于人们的市场竞争与贸易，着眼于人们的收益，既包括劳动收益也包括财产收益。但随着国家和政府干预、监管市场和社会的职能越来越多，税法的空间也不断扩张，税法的调控功能也越来越强大，远远超出古代和近代的调控功能，而且被明确的定为法律原则，成为很多国家的法定的宏观调控工具。现代社会的税种、税制的设计越来越多的考虑经济结构的特征，合理地制定负担，明确的要求法治政府提供相应的公共服务，我们从中看到了社会契约论的影子，看到了现代西方新制度经济学的基础，税法的科学性逐渐被提上历史舞台。税法学也逐渐集法学、经济学、政治学、社会学等的思想趋向成为一门显学。

我们可以找出建立这种财税体制的基本原理，识别这类法律基本性质需要明确的理论背景，解读每一部法律法规制定的原理和原因，用财税法和财税法理学去分析社会中存在的财税问题，这就是学习财税法学的重要目标。这门学科所涉及的问题因为有很多内容属于政治问题，有很多并没有按照科学的规律和法定的要求去做，但是学科的研究对象就是这样，需要进行清晰地解读与深入解释。

国家对国民收入的强行分配是政权的基本属性，但是需要将分配制度确定的合乎理性，这就需要经验、理性与法律，这样就会将人们的行为规范确定的合乎理性规律，赢得更多的接受与拥护，获得繁荣的发展，而不是竭泽而渔，阻碍甚至毁灭社会秩序。

二、本章涉及内容

（一）主要概念

财政、财政法，公共财政制度，国家分配财政制度，公共物品理论。

（二）基本原理和制度

1. 新中国财政法律制度历史沿革

2. 财政政策

（三）基本概念、原理和制度的实践情况

第二节　基本概念

一、财政的法律概念

（一）定义

财政，以国家为主体，为满足社会公共需要，对一部分社会产品进行的一种分配和再分配以及由此而形成的分配关系。

财政法，是调整国家财政收支关系的法律规范的总称。它是规范市场经济主体、维护市场经济秩序的重要工具。由于财政作为国家参与国民收入分配和再分配的重要工具和国家宏观调控的重要手段，处于各种利益分配的焦点上，涉及面广、政策性强，没有强有力的财政法作保障，财政的宏观调控作用就得不到充分发挥，因此财政法在振兴国家财政中有着重要作用。

（二）产生

财政是个历史范畴，它是人类社会发展到一定历史阶段的产物。这是马克思主义理论对财政的解释，是与国家这个阶级统治的暴力机器相匹配的，而且是在奴隶社会中产生的，古埃及的美尼斯王朝，中国的夏朝，古印度的哈拉巴文化，[1] 古巴比伦的苏美尔奴隶制城邦时代，都有关于财税制度的规定。马克思主义理论的解释与历史的记载一致，并得到了历史的逻辑印证，这说明了马克思主义财政观的合理性。

（三）性质

1. 我国：由国家分配论到公共财政论

在新中国成立之后，我国逐渐建立了一套完整的计划经济体系，整个社会的资源配置不再以商品的自由贸易为基础，而是以国家的利益为中心，马克思主义的国家观，即国家是阶级统治的暴力工具，那么我国的财政收入与支出就主要考虑国家的意志。1949年10月，千家驹率先出版了在马列主义思想指导下完成的《新财政学大纲》，第一次提出国家分配论的雏形。[2] "然后逐渐将财政活动的本质锁定在分配关系上。20世纪50年代的国家分配论还留存有公共财政理论的痕迹，20世纪60年代确立的国家分配论已经是纯正的马列主义理论的产物了，这也为当时社会主义计划经济财政建立了理论基础。1953年后"非税论"甚嚣尘上，财政支出一切围绕国家的需要，重工业、国防、城市发展等，一系列体现国家意志的支出优先安排，农业、市场化的消费及相应的公共需要被搁置一边，整个国家的经济结构建立在国家的需要之上，全盘推行公有制，所有的市场化行为被搁置一边，供给被国家需要计划化，需求和消费被国家意志控制，整个国家的财政税收制度高度政策化，法律被掩盖，这种国家分配论是建立在劳动价值论的基础上。推行改革开放的国策后，商品经济体制逐渐恢复，市场的作用逐渐显现，需求和消费不再被国家意志强行压制，松绑后的需求和消费逐渐依靠计划和市场共同满足，计划经济体制逐渐解体，在1992年推行社会主义市场经济体制后，在西方盛行的公共财政论被逐渐提上日程，市场无法提供的公共产品应当由国家来提供。

---

〔1〕 印度的远古国家文明是在1922年才被发现的，遗址在哈拉巴地区，历史特征在于瓦尔纳制的确立及其向种姓制度的转化，部落社会的同化及其向国家的转化（公元前600年）。

〔2〕 史卫：《人类财政文明的起源与演进》，中国财政经济出版社2013年版，第38页。

但是，至今公共财政论仍保留我国自身的特征，将国有资产财政也列入公共财政范畴，这实际上是国家分配论的影响，也是根据我国的国情所做的选择。

2. 西方（英美）：公共财政论

西方国家的公共财政体制源于亚当·斯密的古典政治经济学理论，最初也是建立在劳动价值论的基础上，但是随着经济学理论的发展，边际效用理论逐渐成为西方经济学的基础，实证经济学理论甚嚣尘上，逐渐取代了规范经济学，高度发达的私有制基础上逐步建立起一套允许经济自由放任其进行竞争的体制，结果就是公共需求受到法律的严格限制，无论是国家机器的规模，还是社会公共利益的实际需要，都被法律放置到市场中去，大量的公共需求都由市场提供。19世纪末，随着自由资本主义竞争体制的崩溃，国家干预成为拯救社会的灵丹妙药，大量的公共服务和公共产品在市场无法提供的情况下，国家和政府开始出面提供，但是能够由市场提供时仍然要优先考虑市场，这就是公共财政论。

国家分配论与公共财政论区别还是很明显的，"在国家分配论看来，实现财政目的的手段是国家参与社会产品的分配，而公共需要论则是通过政府介入市场失灵领域生产和提供公共产品"，[1] 国家分配论中政府是积极主动地组织者、参与者，包括国营化，市场由国家掌控，生产、流通、分配、消费都由政府主导。而公共财政论是建立在市场自由化基础上，私有经济占据主导地位，政府是在市场失灵的时候才能依法介入，其范围和内容都受到法律的严格限制，在市场可以正常提供所需公共产品时，政府就依法退出。

二、公共财政

（一）定义

公共财政，是指为履行政府向社会提供公共产品和公共服务职责，以满足社会的共同需要职能而形成一定的分配关系以及与市场经济相适应的财政管理方式。

公共财政的基点和重心是满足广大人民群众的公共需要，通过建立健全公共财政制度，规范政府预算制度，确保市场机制在资源配置中的基础性作

---

〔1〕 史卫：《人类财政文明的起源与演进》，中国财政经济出版社2013年版，第40页。

用。坚持政府公共管理职能和国有资产出资人职能分开，与公共财政的建立健全有着直接的关系。

（二）内容

公共财政制度包括政府预算制度、税收制度、政府收费制度、公共支出制度、公债制度、公共财政体制和公共财政政策等制度，它们共同构成了公共财政制度的内容和框架。

（三）法律渊源

我国公共财政制度在哪些规范性文件中明确作出了规定。

"公共财政"的概念是在经济、社会转轨中就财政转型而提出的。经过十余年的探索，"公共财政"导向于1998年被明确提出。其后，关于建立公共财政框架的要求，写入了中共中央全会的文件和国家发展计划中。但1994年《预算法》中公共财政制度一直没有被写入，但在这期间，公共财政制度一直在构建。

2014年修改的《预算法》第5条，预算包括一般公共预算、政府性基金预算、国有资本经营预算、社会保险基金预算。一般公共预算、政府性基金预算、国有资本经营预算、社会保险基金预算应当保持完整、独立。政府性基金预算、国有资本经营预算、社会保险基金预算应当与一般公共预算相衔接。第6条，一般公共预算是对以税收为主体的财政收入，安排用于保障和改善民生、推动经济社会发展、维护国家安全、维持国家机构正常运转等方面的收支预算。

案例一：

2012年市民张波因查询、打印企业登记资料，被广州市工商行政管理局收取了检索费5元及复制费0.3元，他认为收费没有依据，将工商部门告上法院。广州市中级人民法院终审判定，工商部门提供政府公开信息收取检索费和复制费不当，行为违法，判定工商部门退还收费。张波拿着法院终审判决，要求工商部门执行法院判决。但是广州市工商行政管理局相关负责人则"叫屈"，称工商部门此项收费并无不当，已经过省物价部门审批，法院判决不妥当，工商部门将进行申诉，他们不会停止该项收费。张波则称，他会向法院申请强制执行。[1]

该案例体现的就是公共财政制度的原理，法院对行政管理部门主动公开的信息还收取相关费用的行为，采取了坚决的否认态度，因为根据《中华人民共和国政府信息公开条例》（以下简称《政府信息公开条例》）的规定，这是属于典型的公共产品，应当由政府来提供，而不能采取市场化方式。

三、经济学公共物品理论与法律

（一）公共物品理论是研究公共事务的一种现代经济理论

公共物品有狭义和广义之分。狭义的公共物品概念是指纯公共物品，而现实中有大量的物品是基于两者之间的，不能归于纯公共物品或纯私人物品，经济学上一般统称为准公共物品。广义的公共物品就包括了纯公共物品和准公共物品。

（二）现代经济对公共物品理论的研究始于萨缪尔森（Samuelson）

他认为公共物品是指每个人对某种产品的消费不会导致其他人对该产品消费的减少。在此基础上，经马斯格雷夫（Musgrave）等人的进一步研究和完善，逐步形成了公共物品的两大特性，即消费的非竞争性与非排他性。

消费的非竞争性，意味着增加额外的消费者不会影响其他消费者的消费水平，或者说增加消费者的边际成本为零。消费的非排他性意味着某物品的消费要排除其他人是不可能的。典型的纯公共物品有国防、公共安全等，这些物品一旦被国家提供，该国的居民都能享用，同时增加居民一般也不会降低其他居民的国防或公共安全服务。与纯公共物品相反的另一个极端是纯私人物品，它是指一种物品同时具有消费的竞争性和排他性。

（三）公共物品与法律

公共物品是一个经济学概念，是一个很抽象的称呼，可以列举一些由法律规定的公共物品，可以感性的理解并把握这一概念。

第一，例如《中华人民共和国国防法》第 35 条规定，国家保障国防事业的必要经费。国防经费的增长应当与国防需求和国民经济发展水平相适应。

---

[1] 参见"收 5.3 元检索复制费市工商局被判违法"，载《南方日报》2012 年 6 月 5 日。

第 36 条规定，国家对国防经费实行财政拨款制度。第 37 条规定，国家为武装力量建设、国防科研生产和其他国防建设直接投入的资金、划拨使用的土地等资源，以及由此形成的用于国防目的的武器装备和设备设施、物资器材、技术成果等属于国防资产。国防资产归国家所有。

第二，1986 年 4 月我国颁布了《中华人民共和国义务教育法》（以下简称《义务教育法》）。这是我国首次把免费的义务的教育用法律的形式固定下来。最新的《义务教育法》已 2006 年 6 月 29 日修订通过，自 2006 年 9 月 1 日起施行。经过两年的过渡，中国已于 2008 年秋季在全国范围内实施名副其实的义务教育。根据 2015 年 4 月 24 日第十二届全国人民代表大会常务委员会第十四次会议《关于修改〈中华人民共和国义务教育法〉等五部法律的决定》第 2 次修正，由中华人民共和国主席令第 25 号发布，自公布之日起施行）。本法第 2 条规定，国家实行九年义务教育制度。义务教育是国家统一实施的所有适龄儿童、少年必须接受的教育，是国家必须予以保障的公益性事业。实施义务教育，不收学费、杂费。国家建立义务教育经费保障机制，保证义务教育制度实施。1986 年《义务教育法》的第 10 条规定，国家对接受义务教育的学生免收学费。国家设立助学金，帮助贫困学生就学。

第三，问题。①我国真正实现免费义务教育是哪一年？②请依照上述两个实例再举出其他的公共物品由法律规定的例子。

案例二：

2015 年济南市历城五中教师集体停课，学生只能在班内上自习。从现场照片可见，众多老师围堵在历城五中校门口。据媒体介绍，此次教师停课原因拖欠教师工资。而在此之前，历城五中与历城一中教师已停过一次课。

根据网友提供的现场图片来看，历城五中校门口被人群占满，站在前排的人手拉横幅，写着"坚决维护教师合法权利"。据了解，济南历城一中老师曾因拖欠工资集体停课，该校 200 余名教师集体罢课。历城五中教师也因相同的问题罢课，学生只能在班内上自习。一位历城一中在校老师称，历城区教育局常年拖欠老师们工资，因此全校教师集体停课。"根据规定，教师每月应发一定的生活补贴，但这部分补贴，济南历城一中的教师从 2014 年 1 月开始至今就没有领到过。生活补贴根据老师职称不同，金额也不同，平均每人每月 500 元左右。我们多次跟历城区教育局领导反映，但一直没有结果。"

另一位不愿透露姓名的老师介绍，他每月工资 3000 多元，已经 8 年没有发过年终奖了。工作 10 年的老师，至少拖欠 10 万元以上。历城区教育局领导答复会以绩效工资的方式将拖欠的工资补发给老师，但老师们一直没有领到。现在每个年级都有老师在相应的楼层值班，学生在班里有秩序的上自习。[1]

该案例反映的就是义务教育这个公共物品，根据我国法律规定，应当由政府来提供费用，包括教师的工资，但是因当地政府严重的缺乏法律意识，造成了老师罢课的不良后果，违反了公共财政理论的原理，以上情况应该得到及时地纠正，以维护法律的尊严和公共财政制度的运行秩序。

第三节　基本原理和制度

一、我国财政法律制度历史沿革

什么是包干制？什么是分税制？

（一）统收统支：1949－1951 年

新中国刚刚成立，百废待兴，所有的收入和支出都由中央统一管理，以集中全国的财力维护新中国的稳定。中央做出了《关于统一国家财政经济工作的决定》，后来又颁布了关于统一管理 1950 年财政收支的决定，规定国家预算管理权和制度规定权集中在中央，收支范围和标准都由中央统一制定。财力集中在中央，各级政府的支出均由中央统一审核，逐级拨付，地方组织的预算收入和预算支出不发生直接联系，年终结余要全部上缴中央。

（二）初步分级管理的体制形式：1951－1952 年

随着国家财政经济状况的逐渐好转，为了调动地方的积极性，开始实行在中央统一领导下的初步分级管理，国家预算划分为中央、大行政区和省（市）三级管理。但财权仍主要集中在中央，地方机动财力有限。

---

〔1〕　参见"济南历城一中五中教师集体停课，抗议拖欠工资"，大众网，访问日期：2015 年 1 月 13 日。

（三）统一领导，分级管理：1953-1979 年

1953 年，我国开始实施第一个五年计划，随着大行政区机构的改变和撤销，县级政权开始建立或健全，国家的财政体制也做了相应的改变，分为中央、省（市）和县（市）三级管理。期间 1958 年进行过一次财政体制改革，由于财力过度下放，中央财政收支所占比重锐减，1959 年实行了收支下放、计划包干、地区调剂、总额分成、一年一变的财政体制。

以上三类为新中国成立以后至改革开放前的财政制度，反映了那个时代的特殊情况。很多制度与商品经济时代的要求不相符，之后逐渐符合经济规律。

（四）分级包干财政：1980-1993 年

1977 年，江苏省开始试行比例包干办法，主要内容包括：参照历史上该省财政总支出占财政总收入的比例，确定一个收入上交和留存的比例，五年不变，按照此比例分配国家与省之间的财政收入。

1980 年 2 月，国务院颁发了《关于实行"划分收入、分级包干"财政管理体制的暂行规定》，称为财政大包干。其基本原则是：在巩固中央统一领导和统一计划，确保中央必不可少的开支的前提下，明确划分各级财政和经济单位在财政管理方面的权力和责任，做到权责结合，各行其职，充分发挥中央和地方两个积极性。[1]

划分收支、分级包干的主要内容有：划分收支即按经济体制中的隶属关系，明确划分中央政府和地方政府的财政收支；分级包干是指按照划分收支的范围，以 1979 年财政收支预算执行数为基数，经适当调整后，五年不变，确定为地方财政收支的包干数。对于地方收支的不足，中央财政给予弥补，对于地方收支的富余，则全部上交中央财政。对于不适宜地方包干的财政开支，由中央财政按照计划或根据具体情况，以专项拨款的形式向地方增进预算。

---

[1] 谢旭人主编：《中国财政改革三十年》，中国财政经济出版社 2008 年版，第 35 页。

（五）分税制体制：1994 年以来

1. 背景

经过十几年的改革开放，市场经济如火如荼的发展，亟须建立全国统一的大市场，而"划分收支、分级包干"财政政策明显不适应市场经济的要求，更重要的是财政包干体制弱化了中央财政宏观调控能力，全国财政收入占GDP 的比重和中央财政占全国财政收入的比重迅速下降，中央财政日趋困难。在这种大背景下，分税制财政体制改革被提上日程。

1993 年 11 月，党的十四届三中全会通过了《中共中央关于建立社会主义市场经济体制若干问题的决定》，该决定正式提出了分税制改革。这次改革是按照"存量不动，增量调整，逐步提高中央的宏观调控能力，建立合理的财政分配机制"的原则设计的。[1] 此次分税制改革，是新中国成立以来，涉及范围最大，调整力度最强，影响最为深远的一次财政体制改革。

2. 分税制的主要内容

重新划分中央与地方的财政收入和支出。将体现国家权益的税种（关税、中央企业所得税、海关代征消费税和增值税等）、实施宏观调控所必需的税种（消费税）划为中央税，将适合地方征管和与地方经济直接相关的税种划为地方税。同时，考虑到维持地方财政利益，保证新旧财政体制平稳过渡，将原属地方财政支柱的消费税和增值税的 25%返还地方财政。重新设置税务机构。将原有的税务机构，分设为中央税务机构和地方税务机构，分管中央税种与地方税种的征收管理。分税制改革后，政府财政收入，尤其是中央财政收入，迅速增加，为政府行政管理和基础建设提供了强大的财力支援。关系国计民生和宏观调控能力强的税种，重归中央政府，加强了中央政府的宏观调控能力。

3. 2018 年国地税征税机构合并

2018 年 3 月 13 日，十三届全国人大一次会议在北京人民大会堂举行第四次全体会议。受国务院委托，国务委员王勇向十三届全国人大一次会议作关于国务院机构改革方案的说明。该说明第二点第十一条明确指出，"改革国税地税征管体制。将省级和省级以下国税地税机构合并，具体承担所辖区域内

---

〔1〕　谢旭人主编：《中国财政改革三十年》，中国财政经济出版社 2008 年版，第 35 页。

的各项税收、非税收入征管等职责。国税地税机构合并后，实行以国家税务总局为主与省（区、市）人民政府双重领导管理体制。"2018年6月15日上午，全国各省（自治区、直辖市）级以及计划单列市国税局、地税局合并且统一挂牌。2018年7月20日，全国省市县乡四级新税务机构全部完成挂牌。

从这次国地税机构合并可以看出，分税制的核心是中央与地方收入和支出的划分，是对税种的划分，是根据事权对财权的划分，而不是对税务局的划分，现在国地税合并了，我国的财政体制仍然是分税制。1994年分开国税与地税，是考虑到当时中央财政所占比例过低的实际情况，地方截留的问题也比较严重，无奈之下采取了这种方法，但也在这么多年的运行中为中央财政的比例上升和充实中央财政实力起到了重要作用。只是考虑到时代的发展，也是贯彻中共的十九大精神的要求。十九大报告明确提出要"坚持以人民为中心的发展思想""构建系统完备、科学规范、运行有效的制度体系"，国地税在近年来不断强化合作的基础上进行机构合并，可以更好地践行全心全意为纳税人服务的宗旨。其具有很明确的现实意义。

一是有助于构建优化高效统一的税收征管体系。国税地税合并后，实行以国家税务总局为主与省区市人民政府双重领导管理体制。管理链条缩短，税费收入的规范性和执行上更加刚性，必将为未来税费制度改革，统一政府收入体系、规范收入分配秩序创造条件，夯实国家治理现代化基础。二是有助于纳税人办税便利化的提升。国税地税合并，有望从根本上解决税收征收上的"两头跑""两头查"问题，维护纳税人和缴费人的合法权益，减轻办税和缴费负担，促进优化营商环境。三是有助于税收征管效率的全方位提升。国地税合并之后，垂直管理体制将在很大程度上规避地税征收率低的问题，征收率的提升会缩小法定税率和实际税率的差异，同时明确企业对纳税程度的预期，也有利于未来减税政策能够落到实处。四是有助于新时代税收征管流程再造。国税地税征管体制改革，不只是国税地税机构的合并，也是税务部门领导体制、运行机制、管理方式、职能职责的一场深刻变革，更是执法和服务标准、业务流程等方面的集成创新。

（六）财政立法的历史沿革（30年）

1. 财政立法起步阶段：1949-1957年

新中国的中央政府成立之初，百废待兴，战争的创伤尚未痊愈，亟须迅速恢复国民经济和建立财政体制。这一时期的财政工作，一方面靠政策指导，另一方面也在积极制定财政法规，建立财政法制。1950 年，当时的中央人民政府政务院发布了一系列财政法规，包括：《关于统一国家财政经济工作的决定》《全国税政实施要则》《关于统一国家公粮收支、保管、调度的决定》，这些法规统一了经济管理，稳定了市场物价。1951 年，政务院发布了《预算决算暂行条例》，建立了我国财政预算决算制度的基础法规。

这一时期，为配合对资本主义工商业和个体经济的社会主义改造，相继出台了一系列税收法规，包括：《货物税暂行条例》《工商业税暂行条例》《屠宰税暂行条例》《利息所得税暂行条例》《中华人民共和国城市房地产税暂行条例》（以下简称《城市房地产税暂行条例》）《特种消费行为税暂行条例》等。农业方面发布了《新解放区农业税暂行条例》，这些税收法规，有效地保证了政府财政收入，发挥了调节经济的作用。

2. 财政立法停滞阶段：1958-1976 年

1958 年开始的"大跃进"，违背自然科学规律，不按客观经济规律办事，许多行之有效的财政法规被抛诸脑后，财政立法更是被大大削弱。到 1960 年，较重要的立法法规只有 27 个，包括：《中华人民共和国农业税条例》《中华人民共和国工商统一税条例（草案）》《关于财政管理体制的规定》《中华人民共和国地方经济建设公债条例》和《国务院关于改进税收管理体制的规定》等。[1]

1961 年至 1965 年间，随着国民经济"调整、巩固、充实、提高"方针的贯彻执行，财政立法工作也得以部分恢复和重建，这一时期发布的重要财政法规有：《关于严格控制财政管理的决定》《关于当前紧缩财政支出、控制货币投放的补充规定》《关于农业资金的分配使用和管理的暂行规定》等，这些财政法规一定程度上扭转了"大跃进"时期轻视财政立法的现象，但是并未真正把财政法制建设引入正轨。

1966 年起的十年"文化大革命"，把绝大部分财政法规视为"资本主义管卡压"的"反动枷锁"加以否定，本来就脆弱的法制观念，至此被"无法

---

〔1〕 胡志新主编：《财政法学教程》，中国政法大学出版社 1989 年版，第 45 页。

无天"所替代。[1]

3. 财政立法恢复法制阶段：1977-1991 年

"文化大革命"之后，特别是十一届三中全会之后，对内搞活、对外开放，成为基本国策，政府的工作转移到经济建设上，亟须制度同经济基础和社会生产力相适应的财政法律制度。20 世纪 70 年代末，确立了"划分收入、分级包干"的财政政策，并集中制定了一系列税收法律法规，包括增值税、营业税、资源税、国营企业调解税等税收条例，以及《关于国家预算内基本建设投资全部由拨款改为贷款的暂行规定》《关于地方实行财政包干办法的决定》等财政法规。

这一时期财政法规的制定和贯彻实施，对于促进经济改革开放、发展生产力，调整各方财政分配关系，加强财政管理等方面，都取得了显著的成效。

4. 财政立法突破阶段：1992-1998 年

1992 年的全国财政会议提出了"加强财税法制建设，真正做到依法理财、依法治税、依法管产"的新要求，这标志着依法理财成为我国财政管理的新理念，财政法制建设取得新突破。

在税法方面，1993 年国务院发布了《关于实行分税制财政管理体制的决定》，1994 年起，开始在全国范围内实行分税制财政体制。为配合建立分税制财政体制，全国人民代表大会颁布了《中华人民共和国税收征收管理法》（以下简称《税收征收管理法》）《个人所得税法》和《关于外商投资企业和外国企业适用增值税、消费税、营业税等税收暂行条例的决定》。国务院颁布《中华人民共和国企业所得税暂行条例》《增值税暂行条例》《消费税暂行条例》《中华人民共和国营业税暂行条例》（以下简称《营业税暂行条例》）《土地增值税暂行条例》《资源税暂行条例》等一系列税收行政法规，建立起适应统一的市场经济的税收法律体系，对于保证依法收税、依法纳税和政府财政收入稳定增长，起到了十分重要的作用。

在预算方面，1994 年相继颁布《预算法》和《预算法实施条例》，对于加强预算管理、监督和透明度，实现政府预算管理法制化，奠定了基础，也成为以后的财政改革和财政管理的基本依据。

---

[1] 胡志新主编：《财政法学教程》，中国政法大学出版社 1989 年版，第 46 页。

5. 财政立法全面推进阶段：1999 年至今

1999 年宪法修正案把"实行依法治国，建设社会主义法治国家"作为治国的基本方略写入宪法。财政部门经过充分调查，于 2005 年制定了《财政部门全面推进依法行政依法理财实施意见》，提出力图经过 10 年努力基本实现建设法治财政的目标。2014 年全面修订《预算法》，明确将公共财政制度确定为国家的基本财政法律制度，确立了四元化的复式预算制度。

（七）现阶段中国财政制度改革

第一，摆正财政分配顺序：以往是建设职能突出，而基础设施、公用事业、环境保护、教育等"欠账"严重，适当的顺序是，首先是国家机器运转所需的公共财政（公共产品），兼及政府所需介入的"准公共产品"或"半公共产品"领域，然后是贯彻产业政策和经济发展战略的重点建设，以及其他个性化的事项安排。

第二，纠正政府职能与财政职能在范围上的错位：①纠正"越位"，摆脱那些政府不该做，但却介入、包揽过多的事；②纠正"缺位"或"不到位"，做好那些政府应该做，但仍未做或未做到位的事。

第三，转变政府某些职能的实现方式：①为优化中国的经济结构，改进生产力布局，提高宏观收益、经济总体实力和发展后劲，需要有政府的投入，由政府实施重点建设项目；②调节居民收入分配始终是政府应当承担的职能，并且特别需要运用财政手段来实行。

案例一：

2015 年财政部发布了会计信息质量检查公告，透露 2014 年各地财政部门发现各类违规问题涉及金额 690.81 亿元。检查发现，截至 2013 年底，苹果电脑贸易（上海）有限公司少计收入 87.99 亿元，少缴税款 4.52 亿元。中国移动下属单位存在将应于 2011 年和 2012 年确认的 1.5 亿元收入在 2013 年才确认，以及 2731 万元职工餐厅服务费未计入薪酬等问题。据介绍，2014 年财政部组织各地财政部门检查企业、行政事业单位 20 635 户、会计师事务所 1358 户，发现各类违规问题涉及金额 690.81 亿元。其中 33 个财政厅（局）选择辖区内有代表性的医药生产流通企业和医院、基层医疗卫生机构开展检查，36 个财政厅（局）选择市内公共交通，包括轨道交通和道路交通（公共汽车）企业开展检查。检查表明，部分单位内控制度不健全或执行不到位，存在会计核算不实、随意调节利润、以假发票报账、违规发放补贴等问题，少数单位存在私设"小金库"、少缴税款、编制虚假财务报告等问题。

针对检查发现的问题，财政部下达处理决定，责令被查单位调整账务、补缴税款。针对检查发现的监管部门职责内的其他问题，财政部依法依规移送有关部门。目前，各被查单位对相关问题整改基本到位。

中国财税法学研究会副会长、中国政法大学财税法研究中心主任施正文认为，会计检查曝出数百亿元违规资金，部分财务制度健全的大企业也"明知故犯"少缴税款，一方面揭示出我国税负确实偏重，另一方面执法不严也导致逐利的企业总希望自己能够侥幸逃脱检查。[1]

以上案例中的情况是刚性财政法律开始显现的具体表现，多年学习的西方国家严格的财政法律约束出现了，这是时代的进步，公共财政思想已经开始迅速地随着法律进入了中国社会的方方面面，这是了不起的伟大法律成就。

二、财政政策

（一）定义

财政政策，是指政府变动税收和支出以便影响总需求进而影响就业和国民收入的政策。变动税收，是指改变税率和税率结构。变动政府支出指改变政府对商品与劳务的购买支出以及转移支付。它是国家干预经济的主要政策之一。

财政法确定的是基本原则与制度，在经济实践中需要授权政府适时的干预经济，需要有灵活性，因此，现代财政法的宏观调控作用更多的是体现在财政政策上面，而不仅仅是财政基本法确定的基本制度和原则。即国家在基本法层面上确立干预经济的基本原则和制度，授权中央政府在政策层面可以机动的利用财政政策工具去进行宏观调控，以满足市场在实时运行中的缺陷弥补。基本立法只有原则和框架，而且缺乏针对性、缺少细节，不可能应对千变万化的市场运行，为了能够应对自由竞争产生的无序的竞争状态，需要

---

〔1〕 赵鹏："财政部检查公告：苹果被查在华少缴税 4.52 亿"，载《京华时报》2015 年 9 月 10 日。

有公允的、理性的干预手段对盲目的竞争行为进行节制、引导、激励，以平复混乱的、为了利润不择手段的竞争秩序，这样各类自由灵活的财政政策在基本法律的规范下适时出台，保证竞争的有序进行。从这个角度来分析，财政法从基本立法到授权政府颁行、实施财政政策是一种典型的宏观调控行为，充满了经济法属性。

上述介绍的是财政法与财政政策一般关系的原理知识，它也是有充分的历史依据的。国家动用国库的财政资金干预或影响市场的行为自古有之，但并非国家常态。在自由资本主义时期，"小政府、大社会"的私有制基础上的国家模式极其盛行，西方国家率先实现法治，议会的职能被充分发挥，政府的权力被牢牢地固定在议会的法律笼子里，因此，政府很难动用自己的权力去扩张财政政策，仅有的财政政策被牢牢地限制在极小的范围之内，不到万不得已，很难实施。这种状况深受亚当·斯密的"看不见的手"的市场理论影响，国家和政府属于"守夜人"的中立角色，遇到市场的波动或危机也不能干预，只能靠市场自身的机制来调节，这种状况一直持续到 20 世纪 20 年代末。20 世纪 30 年代的大萧条敲响了资本主义自我调节机制的丧钟，在 1936 年凯恩斯的《就业、利息和货币通论》问世后，资本主义世界的权力结构与法律结构也发生了巨大变化，越来越多的干预市场运行的权力源源不断通过法律授予政府，其中就包括频繁地使用财政政策，对市场竞争进行干预和监管，这在以往是偶然现象，并经常被质问和怀疑，但到了 20 世纪 30 年代之后，逐渐成为常态，在人们学习和使用的法律中，财政政策成为人们熟悉的制度。

（二）财政政策的分类

1. 自动稳定的财政政策

这是根据财政政策调节经济周期的作用来划分的，是根据对市场竞争问题的性质判断后作出的。

自动稳定的财政政策，是指财政制度本身存在一种内在的、不需要政府采取其他干预行为就可以随着经济社会的发展，自动调节经济的运行机制。主要表现在两方面：一方面，是包括个人所得税和企业所得税的累进所得税自动稳定作用。在经济萧条时，个人和企业利润降低，符合纳税条件的个人和企业数量减少，因而税基相对缩小，使用的累进税率将相对下降，税收自动减少。因税收的减少幅度大于个人收入和企业利润的下降幅度,税收便会产生一种推力,防止个人消费和企业投资的过度下降,从而起到反经济衰退的作用。在经济过热时期,其作用机理正好相反。另一方面,是政府福利支出的自动稳定作用。如果经济出现衰退,符合领取失业救济和各种福利标准的人数增加,失业救济和各种福利的发放趋于自动增加,从而有利于抑制消费支出的持续下降,防止经济的进一步衰退。在经济繁荣时期,其作用机理正好相反。这种制度实际上规定在各国的税法之中,例如中国,实际上已经不完全属于财政政策的范围了。

2. 相机抉择的财政政策

相机抉择的财政政策,是指政府根据一定时期的经济社会状况,主动灵活选择不同类型的反经济周期的财政政策工具,干预经济运行行为,实现财政政策目标。在20世纪30年代的西方世界大萧条中,美国实施的罗斯福-霍普金斯新政计划(1929-1933年)、日本实施的时局匡救政策(1932年)等,都是相机决策财政政策选择的范例。这也是正当规模实施财政政策的开始。相机抉择财政政策具体包括汲水政策和补偿政策。汲水政策,是指经济萧条时期进行公共投资,以增加社会的有效需求,使经济恢复活力的政策。汲水政策有三个特点:①它是以市场经济所具有的自发机制为前提,是一种诱导经济恢复的政策;②它以扩大公共投资规模为手段,启动和活跃社会投资;③财政投资规模具有有限性,即只要社会投资恢复活力,经济实现自主增长,政府就不再投资或缩小投资规模。补偿政策,是指政府有意识的从当时经济状况反方向上调节经济景气变动的财政政策,以实现稳定经济波动的目的。在经济萧条时期,为缓解通货紧缩影响,政府通过增加支出,减少收入政策来增加投资和消费需求,增加社会有效需求,刺激经济增长。反之,经济繁荣时期,为抑制通货膨胀,政府通过财政增加收入、减少支出等政策来抑制和减少社会过剩需求,稳定经济波动。

3. 扩张性财政政策、紧缩性财政政策和中性财政政策

这是根据财政政策调节国民经济总量和结构中的不同功能来划分的,是财政政策最常见的分类方法,在相关的财政法基本法中也有所体现。

第一,扩张性财政政策(又称积极的财政政策)是指通过财政分配活动来增加和刺激社会的总需求。主要措施有:增加国债、降低税率、提高政府

采购和转移支付。

第二，紧缩性财政政策（又称适度从紧的财政政策）是指通过财政分配活动来减少和抑制总需求。主要措施有：减少国债、提高税率、减少政府购买和转移支付。

第三，中性财政政策（又称稳健的财政政策）是指财政的分配活动对社会总需求的影响保持中性。

以上分类都属于财政学或经济学中对财政政策功能进行归纳后的概括，除此之外，根据不同的调节经济运行的需要，还有更为细致的其他分类，在此就不再赘述。财政法在法律法规体系中就应当体现这种功能性的适用，在立法时就应明确确立原则和一般条款，具体适用时政府就应当去掌握自由裁量度，这就明显地体现了经济法的性质，政府干预经济时必须依照基本法的要求进行。这在法治国家就被认定为经济法行为。

案例二：

针对 2020 年初我国暴发的新型冠状病毒肺炎[1]疫情，国家依据相关法律适时出台了一些财政政策，以支持抗疫中的企业和市场。2020 年 2 月 7 日，财政部、发展改革委、工业和信息化部、人民银行、审计署联合下发《关于打赢疫情防控阻击战强化疫情防控重点保障企业资金支持的紧急通知》（财金〔2020〕5 号）。

1. 通过专项再贷款支持金融机构加大信贷支持力度

（1）发放对象。人民银行向相关全国性银行和疫情防控重点地区地方法人银行发放专项再贷款，支持其向名单内企业提供优惠贷款。发放对象包括开发银行、进出口银行、农业发展银行、工商银行、农业银行、中国银行、建设银行、交通银行、邮政储蓄银行等 9 家全国性银行，以及疫情防控重点地区的部分地方法人银行。全国性银行重点向全国性名单内的企业发放贷款，地方法人银行向本地区地方性名单内企业发放贷款。

（2）利率和期限。每月专项再贷款发放利率为上月一年期贷款市场报价

---

〔1〕　新型冠状病毒肺炎，简称"新冠肺炎"，世界卫生组织命名为"2019 冠状病毒病"，是指 2019 新型冠状病毒感染导致的肺炎。英文名称"COVID-19"。

利率（LPR）减 250 基点。再贷款期限为 1 年。金融机构向相关企业提供优惠利率的信贷支持，贷款利率上限为贷款发放时，最近一次公布的一年期 LPR 减 100 基点。

（3）发放方式。专项再贷款采取"先贷后借"的报销制。金融机构按照风险自担原则对名单内企业自主决策发放优惠贷款，按日报告贷款进度，定期向人民银行申领专项再贷款资金。

2. 中央财政安排贴息资金支持降低企业融资成本

（1）贴息范围。对享受人民银行专项再贷款支持的企业，中央财政给予贴息支持。

（2）贴息标准和期限。在人民银行专项再贷款支持金融机构提供优惠利率信贷支持的基础上，中央财政按企业实际获得贷款利率的 50% 进行贴息。贴息期限不超过 1 年。

（3）贴息资金申请程序。地方企业向所在地财政部门申请贴息支持，由省级财政部门汇总本地区贴息申请并报送财政部。中央企业直接向财政部申请。财政部审核后，向省级财政部门和中央企业尽快拨付贴息资金。省级财政部门应尽快将贴息资金直接拨付地方企业。

这是通过货币政策与财政政策的组合的方式紧急向企业恢复、扩大生产提供金融与财政支持。在这种特殊时期，国家为了统一领导抗击疫情的行动，必须支持急需的物资生产企业尽快复工复产，紧急生产急需的医疗物资等产品，而市场自身已经无能为力，企业也普遍陷入困境，此时国家打出了政策组合拳，保障了特殊时期的需求。

而且在各类组合政策类型中，财政部相对而言行动最早，2020 年 1 月 23 日财政部紧急下拨湖北省新型冠状病毒感染的肺炎疫情防控补助资金 10 亿元。后来全国追加 44 亿元，其中包含对湖北省的 5 亿元补助。截至 1 月 30 日，各级财政累计下达疫情防控补助资金 273 亿元。

1 月 25 日财政部发布《关于新型冠状病毒感染肺炎疫情防控有关经费保障政策的通知》（财社〔2020〕2 号），明确对于确诊患者发生的医疗费用，在基本医保、大病保险、医疗救助之外，个人负担部分由中央和地方财政给予补助，简单来说所有医疗费用个人不用承担。

几天后，2020 年 1 月 27 号，再次打补丁《关于做好新型冠状病毒感染的肺炎疫情医疗保障工作的补充通知》，发生异地救治的，个人承担部分当地医院财政先行垫付，中央财政对就医地财政按实际发生费用的 60% 予以补助。各省因为疫情防控费用，地方财政予以安排，中央财政视情况予以补助。简单说就是地方为主，如果不够中央再补贴。从人民银行营业管理部的 2020 年 1 月 29 日公告可以了解到，25 日至 28 日短短几天时间，人民银行国库局向全国拨款 156.75 亿元。这近 157 亿元资金是紧急拨款用于救灾专用通道。

以上是我们可以看到的财政政策支持生产的最生动的实例了，从中我们可以看到财政法包含的公共财政原理。在一国建立了基本的公共财政法律体系之后，该国的公共产品和公共服务就拥有了可靠的保障，但是从财政政策具体的实施对象来看，这次疫情暴露出了我国在公共卫生防疫体系建设中的弱点，防疫系统社会地位低，公共预算资金计划少，疫情预警机制建设严重滞后，这可以很清晰的看出来，资金投入太少，导致一系列的薄弱环节长存成为必然。

第四节　基本概念、原理和制度的实践情况

一、国家分配论中的财政法问题

国家分配论影响下的财政法与公共财政论影响下的财政法有什么不同之处呢？

在国家分配论的财政理论指导下，财政不面对资源是由私人市场提供还是政府或其管控企业提供，财政主导的问题是国家意志的体现，满足的是国家的需要，不会过多地考虑民生领域的公共物品生产是否能够满足实际的需求。国家分配论是与计划经济体制相对应的，将财政行为完全看作是国家作为统治集团如何在公有制基础上满足社会财富的初次分配和再分配，由于否认了市场的功能与合法存在，因此生产、流通、消费和分配均由国家实施。而公共财政论是与市场经济体制相适应的，将财政行为看作是国家维持国家统治与为社会提供市场无法或不愿意提供的公共物品的活动，生产、流通、消费、分配一般均由市场来决定，财政法支持国家进行再分配，法律需要界定预算和决算的公共性和福利性。

在 2020 年这次新冠肺炎疫情中，党和政府为了尽早控制住湖北武汉的疫情等其他特殊情况，统一进行了物资的规划和掌控，依法动用了国家的预算资金进行支持，大量的军队和国有医院资源进行统一调配和筹划，这就看到了新时代的国家分配论的影子，但是由于中国已经逐步建立了公共财政体制和相关法律，因此，也可以说这是国家财政支持依法提供特需的公共资源与服务，又属于公共财政论的范畴。而且我们也看到，除了有大量社会捐赠之外，在国家的支持下，市场的响应也很迅速，为政府买单的这项公共事业生产、销售了大批急需商品，从医疗物资到生活用品等。而在日本，却出现了豪华邮轮集中暴发新冠肺炎疫情的情况，日本财政无法支持全船的旅客下船隔离治疗，对于这样突发的公共财政支出，议会很难短时间内通过。因此，导致被传染人数不断上升却无法马上下船医治的局面。在西方国家或与其政治体制相似的很多国家都认为中国的做法值得大家效仿，原因就是他们单一的公共财政法律无法做到中国的这种带有国家分配论色彩的公共财政法律的效果。在中国法律中引入复式预算制度时，就不仅是单一的复式预算，而是保留了国有资本财政预算，既体现了社会主义公有制的性质，又反映了中国的现实国情。

西方国家之所以产生现代经济法，一个重要的原因是在三权分立的政治体制下，政府的职权被牢牢地规定在议会法律的笼子里，政府想要的法案如果议会不能通过，则政府的方案只能是设想而已，国家在遇到了原有的法律框架无法解决的社会危机时，议会同意政府的干预市场的方案，因此现代经济法产生了。在古代，国王或君主的意志可以直接转化成法律去干预或管制经济，而在近代西方议会法治框架里是不允许的。而中国既吸收了西方共和制度与党派政治的优点，也保留了中国特色的经济法，中国共产党是中央领导机构，统一为中国的法律做出顶层规划设计，然后全国人大及其常委会、中央政府即国务院制定出基本法和行政法规，当前中国法制的特征就是这个层次的立法，之下的立法层次属于对法律的具体实施。这样，立法机构都是在中共中央的统一领导下进行，所以能够保证国家意志统一、迅速形成，既体现了公有制的强大力量，又展示了市场经济的扎实基础，对 1992 年以来构建的社会主义市场经济体制有了一个深刻的法治解读。

二、财政政策的实践情况

在近代西方自由资本主义时期，受亚当·斯密影响的政府是市场的"守夜人"，其也受"看不见的手"的经济理论影响，自由竞争、自主营业、契约自由原则盛行，政府对经济生活普遍不加以干预和管理，私有经济极其发达，政府在经济方面的权力极其有限，因此从 1825 年英国爆发经济危机以来，西方资本主义就饱受经济危机威胁之苦，不仅经济周期性衰退，失业人数剧增带来的工人运动也使社会动荡不安。由于国家不干预原则盛行，过度自由竞争带来的危害很难被政府有效控制，偶然出现的司法判决和行政支持的力量都杯水车薪，因为社会的大环境不允许政府横加干预，主要依靠市场自身的机制来恢复元气，根本解决不了日益尖锐的社会矛盾。

这种情况首先在德国出现了变化，普鲁士 1862 年迎来了"铁血宰相"俾斯麦，对议会形成强势的挤压，甚至利用工人的力量来对抗资产阶级自由派，并取得了很大的成功。在任期间，颁布了一系列国家干预或管制经济的法律，对铁路实施国有化，而这一系列的举措都需要议会利用法律控制的预算做出巨大的让步。而这个时代德国的经济学家弗里德里希·李斯特坚决反对德国学习英国的自由竞争，而是希望国家进行干预和扶持，建立德意志关税同盟，这种思想和实践成了现代经济法的起源，财政政策开始被有效地制定并实施。

在美国，受汉密尔顿思想的影响，国家对经济的干预和扶持也受到关注，"幼稚工业论"被国会认可，通过立法推出的保护美国工业的财政政策被开始使用，虽然争议很大，但是美国的民族工业就在这种政策的庇护和支持下一步步发展壮大起来。美国进入进步运动时代，总统西奥多·罗斯福为了回应进步主义者的呼声，开始管理铁路、保护自然资源，通过法律开始进行国家调控并对经济生活加以干预，如《纽资兰法案》《联邦肉类检查法》等，制定全国资源保护计划，政府开始管理并拥有矿产资源的土地所有权。随着联邦政府经济职能的扩张，不断通过的法案支持着政府财政政策的发展。

1929 年爆发的经济危机使得西方世界普遍陷入大萧条，经济严重衰退，严重的通货膨胀和高居不下的失业率动摇着资本主义的统治根基。富兰克林·罗斯福总统上台后推行"新政"计划，凯恩斯写信给罗斯福总统支持这种政府积极干预经济的做法，同时美国又受到苏联第一个五年计划成就的影响，一场大规模的国家干预经济行动由此拉开序幕，政府的支出在经济法的支持下迅速增长。1936年，凯恩斯总结了美国的这种做法的成就，出版了《就业、利息和货币通论》一书，这位过去也提倡自由贸易理论的经济学家一改以往观点，提倡国家直接干预经济。他论证了国家直接干预经济的必要性，提出了比较具体的目标。他以财政政策和货币政策为核心的思想后来成为整个宏观经济学的核心，甚至可以说后来的宏观经济学都是建立在凯恩斯的《就业、利息和货币通论》的基础之上。从此开始，世界各国很多将财政政策作为国家干预本国市场经济、实施宏观调控的重要工具。

三、中国财政政策具体运用

中国财政科学研究院与社会科学文献出版社共同在京发布了《财政蓝皮书：中国财政政策报告（2019）》，[1]建议2019年一般公共预算赤字率控制在3%以下。理由如下：

首先，财政减收压力大。从全年数据看，2018年全国一般公共预算收入183 352亿元，同比增长6.2%，其中税收收入156 401亿元，同比增长8.3%。但从2018年10月、11月财政收入数据看，全国一般公共预算收入同比分别下降3.1%和5.4%。其中，全国税收收入同比分别下降5.1%和8.3%。12月全国财政收入有小幅回升，同比增长1.9%，但税收收入当月同比下降10.7%。2019年，经济下行压力仍然很大，GDP预测增长6.3%左右。国际货币基金组织2018年10月《世界经济展望》预测2019年中国经济增长率为6.2%。蓝皮书预测，2019年中国GDP增速为6.3%左右。经济下行压力下税收增长趋缓。积极的财政政策要加力提效，实施更大规模的减税降费。减税力度加大，财政面临较大的减收压力。其次，财政增支压力加大。受人口老龄化加速、稳定就业、基本养老保险补贴增加、公共服务提升、扶贫攻坚、污染防治攻坚、转型升级等因素影响，财政支出中刚性支出增量加大，重点支出的力度不减，2019年面临较大的增支压力。最后，综合以上分析，2019年一般公共预算赤字率低于2018年预算赤字率2.6%不现实，否则会影响财政职能和政策效应的发挥，也不利于公共风险化解。但是从防控风险、稳定

---

〔1〕 参见中国文书网，http://www.pishu.cn/psgd/537082.shtml，访问日期：2019年9月19日。

社会预期的角度出发，一般公共预算赤字率不宜太大，一是 3% 似乎成了社会预期的心理防线，预算赤字率超过 3% 直接影响社会预期。二是赤字率过高，会产生挤出效应，对市场产生扰动。综合判断，一般公共预算赤字率控制在 3% 以下。

2020 年初发布的 2019 年财政收支情况显示，一般公共预算执行赤字占GDP 的 4.9%，比预算高出 0.6 个百分点，体现了积极财政政策的力度。但是，政府性基金预算的执行赤字则只占 GDP 的 0.7%，比预算低 1.5 个百分点。两项合计，广义预算执行赤字占 GDP 的 5.6%，比预算的 6.5% 低 0.9 个百分点，但比 2018 年的执行赤字率高 1.0 个百分点。执行数据表明，2019 年的财政政策比 2018 年更加扩张，但和预算相比，政策余地并未用足，特别是地方政府性基金支出大幅低于预算水平。[1]

这是一段精彩的关于中国财政政策的描述，利用宏观数据分析了财政减收和增支的结构现状，科学的提出了赤字财政的方案与标准。这种政策将中国的宏观经济形势进行精准的数据定位，然后进行结构对照，最后提出了赤字比率的下限。2019 年 3 月通过的 2019 年预算显示，全国一般公共预算的赤字增至 2.76 万亿元，比 2018 年增加 3800 亿元，赤字率从去年的 2.6% 升至今年的 2.8%。[2] 2020 年官方预算（一般公共预算）赤字率可能会从 2019 年的 2.8% 进一步提高到 3.0%。地方政府专项债券发行额度可能会由 2019 年的 2.15 万亿元增加到 3 万亿元左右。政府可能还会增加中央预算稳定调节基金调入和以前年度结转结余资金的使用，以填补融资缺口。若预算空间能够得到充分使用，2020 年的执行赤字率可以比 2019 年高出 0.9 个百分点。通过对中国现实财政政策的阅读与了解，我们在学习财税法时要扎实地掌握这个概念，要有感性的认识，而不是模糊的了解。掌握知识最简洁的方法就是能看懂实例，能自己举出例子。

---

〔1〕 丁爽："从 2019 年预算的执行看 2020 年的财政空间"，新浪财经网，访问日期：2020 年 2月 18 日。

〔2〕 丁爽："2019 年预算赤字率：2.8% 还是 6.5%"，中国首席经济学家论坛网，访问日期：2019 年 3 月 27 日。

第二章　预算法概述

预算法是财税法的核心内容，是涉及国家财政收入与支出的主要法律，从实体上确立的基本原则、制度和程序上法定的规则，一切都围绕着公共财政的要求展开。预算法中确定的各级权力部门的权力与职责是否合理、在现实中能否顺利实施，是衡量一个国家财政法法制化程度的重要指标。

第一节　本章概述

一、知识背景

预算法律制度的历史不是很久远，其属于近现代的制度，现代预算"最早于18世纪出现在英国，是新型资产阶级与以国王为代表的封建贵族统治阶级斗争的手段和成果"[1]。是一个国家统治集团统一在主权范围内预先筹划收入与支出的行为，是一种财务理性行为。在美国建国后，依据宪法规定，总统的预算权很小，只能提出预算编制的建议。1921年美国国会通过了《预算与会计法案》，预算草案由总统向国会提出，并设立预算局协助执行，总统财权逐渐扩大，赤字经常出现。1974年通过了《国会预算和截留控制法》，逐渐对以总统为代表的政府的财权的约束。[2] 现代预算法律制度的形成受卢梭的社会契约论、孟德斯鸠三权分立学说的影响很大，凯恩斯的政府干预论使得政府财权膨胀、赤字严重，再者布坎南的公共选择理论又后来居上，至

---

[1]　刘剑文主编：《财政法学》，北京大学出版社2009年版，第10页。
[2]　葛妮："美国预算监督制度研究"，辽宁师范大学2013年硕士学位论文。

今影响着西方的预算法律制度。

　　预算现象在古代也有。印度的孔雀王朝曾经有过预算行为，规定将哪些税收的多大比例用于什么开支项目，中国自先秦以来有很多著名的理财思想和理财政策，《礼记·王制》中也有类似于预算的描述，提出了"量入以为出"的原则，[1]《荀子·富国》中提出"节其流、开其源"的方法，汉代桑弘羊制定和推行了盐铁官营、酒类专卖等重要财经政策和措施。宋以后的朝代专卖和经济干涉政策倾向日趋削弱，很多由官府专卖和控制的事业，逐渐变为招商承办或让私商自由经营。但是以上这些与现代预算相去甚远，现代预算强调政府的财政收支行为必须征得立法机构的同意，收入与支出的规模必须考虑公共需求与纳税人的利益和负担。由于公权力的影响极大，预算收入与支出的筹划直接会对社会与市场产生明确的影响，因此，法制化是非常必要的选择。从法制发展的历史来看，也是如此。

　　中国近代"预算"一词最早出现于清朝末年。康有为在"戊戌变法"中提出"改革财政，编制国家预算"的财政体制改革的建议，因变法失败而告终，但是却让预算的概念最早写入了中国历史。光绪年间，为了推行新政，清政府制订了《清理财政章程》，之后又拟定《预算册式及例言》，确定了预算年度，划定了收支门类，虽未生效，这是我国第一部近代政府预算。1911年10月出台了《宪法重大信条十九条》（又称《十九信条》），规定"本年度预算，未经国会议决者，不得照前年度预算开支"，同时规定，"皇室经费之制定及增减，概依照国会议决"，这是中国历史上首次在法律中引入了预算概念，也是第一次在历史上出现了用法律节制皇室的财权。随着清政府的灭亡，这些规定也都化为乌有。由于预算是一种及其专业的财权规划行为，因此对国民经济有着重大的影响，关系着政权的稳定和社会的有序运行，是一种复杂的经济谋划和布局，是国家对经济的管理和干预行为，这种法律自古至今都属于经济法的范畴。由于其中也出现了政府等行政部门的预算管理权限，因此与行政法有密切联系。

---

　　[1]　参见王绍光："从税收国家到预算国家"，载马俊等主编：《国家治理与公共预算》，中国财政经济出版社2007年版，第14页。

二、本章基本内容

（一）基本概念
预算法，预算权，单一预算原则，复式预算原则。
（二）基本原理与制度
1. 我国法定的预算收支范围
2. 我国预算法的基本制度

三、相关法律法规

2018 年《预算法》（1994 年实施，2014 年第一次修订），2018 年《国务院办公厅关于印发基本公共服务领域中央与地方共同财政事权和支出责任划分改革方案的通知》，2007 年《国务院关于试行国有资本经营预算的意见》，2007 年《关于转发建设部等五部委〈关于加强大型公共建筑工程建设管理的若干意见〉的通知》，2008 年《财政部关于进一步推进财政预算信息公开的指导意见》，2017 年《党政机关公务用车管理办法》，2018 年人力资源社会保障部、财政部印发《关于建立城乡居民基本养老保险待遇确定和基础养老金正常调整机制的指导意见》。1991 年的《国家预算管理条例》已经失效，被1994 年颁布的《预算法》取代。

第二节　基本概念

一、预算法的概念

（一）定义
预算法，是调整在国家进行预算资金的筹集、分配、使用和管理的过程中发生的经济关系的法律规范的总称。
问题：财政与财务有什么不同？
（二）预算法定体系
预算法定体系是依据国家的政权结构形成的国家预算的协调统一的整体。
预算法法定体系依据财政法原理中的"一级政权，一级财政"的原则。

我国的政权有五级，中央、省（自治区、直辖市）、地级市、县（区、县级市），乡镇，相应的预算体系也有五级。现实中我国政权的结构呈现出五级半，有很多计划单列市、经济特区有很强的预算独立性。村属于自治组织，不列入一级政权，但是现实中我国将村的收支都委托给乡镇代理管理，以保证公开、公平和透明。

二、预算权

（一）定义

预算权，是指建立国家预算体系的权力及其有关法律规范的总和，亦即中央和地方各级政权机关和管理机关在编制、审批和执行国家预算中所享有的权限。

1. 各级权力机关的预算管理职权

（1）各级人大的预算管理职权：①审查权；②批准权；③变更撤销权。

（2）各级人大常委会的预算管理职权：①监督权；②审批权；③撤消权。

2. 各级政府机关的预算管理职权

（1）编制权报告权；（2）执行权；（3）监督权；（4）变更撤销权。

3. 各级财政部门的预算管理职权

（1）编制权；（2）执行权；（3）提案权；（4）报告权。

（二）问题

请查阅《预算法》中与之相对应的条款是什么？可以举法律实施中的实例说明。

案例一：我国预算权的局限性

从我国各级人大预算审批权的制度规定和实践看，我国宪法虽有"公民依照法律规定纳税"的规定，但过去真正由人大制定的税收方面的法律只有两部所得税法和一部征收管理法，地方人大对税收还没有实质的议决权。中央与地方，以及地方各级政府间的财权划分还没有实现法制化。现实中全国人大只对支出预算和国债发行拥有审批权，地方人大法规只有海南省和河北省的预算审查监督条例涉及向人大报送政府的资产负债表的规定，对预算资金形成的国有财产的审查目前没有法律规定，预算执行审计权一时也难以从行政权中分离出来。针对预算审批权认识和运行的这一制度环境，加快税收立法，完善预算法律制度体系应当是全国人大着力加强的工作，也是地方人大可以进一步探索的空间。

这段资料表明了我国预算法治化程度还较低，代表人民利益的人民代表大会依法不能全面掌握预算权的核心，这就对监督造成了一定影响。行政权的行使一定要在有效的监督机制下行使才会真正保障人民的利益，这也是人民主权观念的要求。完善预算法首先就是要加强人大的预算权，从程序上的审查批准与监督问责。

三、预算编制原理：复式预算制度

现代国家大多采用复式预算编制方法，我国目前也是如此。在 20 世纪 30 年代之前，各国主要采用单式预算编制方法。

（一）单一预算制度

将全部预算收入与全部预算支出汇编于一个预算内，建立起单一的收支对应与平衡关系。

（二）复式预算制度

将全部预算收支按其不同的性质或标志分为两大部分或若干部分，分别编入两个或若干个预算中，形成各自的收支对应与平衡关系。

（三）由单一转变为复式的原因分析

复式预算实质上是资本主义国家由于赤字急剧膨胀而迅速扩大的公债发行收入，提供了一个与之相适应的预算制度和编制形式。为了突破预算平衡的传统观念，实行赤字预算扩大公共需求，以弥补私人资本有效需求的不足，克服由此而造成的经济衰退和危机。

自 1949 年新中国成立以来至 1991 年，我国预算均采用单式预算编制方法，从 1992 年起，由单式预算编制改按复式预算编制。这是一项重要的财政管理体制的改革成果。单式预算起源于英国，在国家预算收支规模较小、功能单一，且一般不举债的条件下，单式预算适应了国家编制预算的要求。

复式预算起源于北欧的丹麦，1927 年丹麦政府先将财政收支按经济性质分别编成两种收支表，创立了资本预算，从而产生了复式预算，但在当时并没产生影响。直到 20 世纪 30 年代资本主义国家发生了经济危机和凯恩斯主义流行以后，瑞典设计了新的复式预算方案，才引起其他国家注意并纷纷采用。复式预算的产生和推广并不是偶然的变革，总的说来，资本主义经济的发展，特别是资本主义国家爆发的周期性经济危机，是复式预算产生的社会经济根源，凯恩斯主义的兴起，是复式预算产生和发展的重要理论因素，而资本主义国家政府职能的变化以及国家预算功能的扩大，是复式预算产生的直接原因。

（四）2014 年修改《预算法》前后我国的复式预算制度的变化

2014 年修改前的复式预算制度区分为经常性预算和建设性预算，而不是按市场经济的要求，区分为公共预算和国有资产经营预算。建设性预算包含市场提供公共服务和国有资产收益分配，前者为非营利性的，后者是营利性的。现行制度将非生产性基本建设支出划归经常性支出，而它是一次性的而不是经常重复发生的支出，将其列入经常性预算中是名不副实的。

1991 年 10 月，国务院于发布了《国家预算管理条例》，并于 1992 年 1 月开始实行。其第 26 条规定："国家预算按照复式预算编制，分为经常性预算和建设性预算两部分。经常性预算和建设性预算应当保持合理的比例和结构。经常性预算不列赤字。中央建设性预算的部分资金，可以通过举借国内和国外债务的方式筹措，但是借债应当有合理的规模和结构；地方建设性预算按照收支平衡的原则编制。"这是中国第一次提出编制复式预算的要求。

1993 年 11 月，中共十四届三中全会通过了《中共中央关于建立社会主义市场经济体制若干问题的决定》，进一步提出："改进和规范复式预算制度。建立政府公共预算和国有资产经营预算，并可以根据需要建立社会保障预算和其他预算。"这对中国的复式预算改革提出了更高的要求。1994-1995 年，《预算法》和《预算法实施条例》相继发布，明确规定"各级政府预算按照复式预算编制，分为政府公共预算、国有资产经营预算、社会保障预算和其他预算"，将十四届三中全会关于编制复式预算的要求上升到法律高度。

1996 年 7 月，国务院发布了《关于加强预算外资金管理的决定》，要求加强对预算外资金的管理，将养路费、车辆购置附加费、铁路建设基金、电力建设基金、三峡工程建设基金、新菜地开发基金、公路建设基金、民航基础设施建设基金、农村教育费附加、邮电附加、港口建设费、市话初装基金、民航机场管理建设费等 13 项数额较大的政府性基金纳入财政预算管理。在此基础上，财政部制定了《政府性基金预算管理办法》，决定从 1997 年开始设立政府性基金预算。之后，财政部陆续出台了一系列文件，逐步将更多政府性基金纳入预算管理，截至 2007 年，政府性基金已全部纳入预算管理。从 2008 年起，土地出让金和彩票公益金也全额纳入政府性基金预算管理。

2007 年 9 月，国务院发布了《关于试行国有资本经营预算的意见》（下称《意见》），要求国有资本经营预算单独编制，预算支出按照当年预算收入规模安排，不列赤字。其中预算收入包括国有独资、控股和参股企业上交的利润和股利、股息，以及企业国有产权的转让收入和清算收入，预算支出包括根据产业发展规划、国有经济布局和结构调整、国有企业发展要求，以及国家战略、安全等需要，安排的资本性支出，以及用于弥补国有企业改革成本等方面的费用性支出。《意见》还规定中央本级国有资本经营预算从 2008 年开始实施，各地区国有资本经营预算的试行时间、范围、步骤，由地方政府决定。

2010 年 2 月，国务院又发布了《关于试行社会保险基金预算的意见》，要求社会保险基金预算单独编制，并按险种分别编制，包括企业职工基本养老保险基金、失业保险基金、城镇职工基本医疗保险基金、工伤保险基金、生育保险基金等内容。《关于试行社会保险基金预算的意见》规定各地区结合本地实际，从 2010 年开始正式编制社会保险基金预算。至此，一个包含一般公共预算、国有资本经营预算、政府性基金预算和社会保险基金预算的复式预算制度在我国初步确立。

2014 年，《预算法》修订，扩大了复式预算包含的范围，以基本法的形式确立了现代中国四元复式预算的法律结构，列举如下：

《预算法》第 5 条，预算包括一般公共预算、政府性基金预算、国有资本经营预算、社会保险基金预算。一般公共预算、政府性基金预算、国有资本经营预算、社会保险基金预算应当保持完整、独立。政府性基金预算、国有资本经营预算、社会保险基金预算应当与一般公共预算相衔接。第 6 条，一般公共预算是对以税收为主体的财政收入，安排用于保障和改善民生、推动经济社会发展、维护国家安全、维持国家机构正常运转等方面的收支预算。

案例二：

广州首晒采购预算，惊见不少"天价"豪华设备[1]，相关工作人员解释说，属工作人员笔误，应为 2 套，且含投影及音响一体化预算音响一套 25 万元？打印机一台过万元？一些部门花钱有点任性。

他们究竟有无"超标"？广州市政府部门首次晒出了采购预算，态度值得点赞，但诚意是否也足足的呢？新快报记者将一些市直部门的公开采购预算，与广州市财政局发布的配置标准文件对照，发现还是有不少"超标"现象。随后，这些被"揪出"的部门，有的坦诚回应确实花多了，有的解释是出现了"笔误"……这些或再次提醒我们，采购预算公开只是迈出了第一步。

截止到 2015 年 3 月 12 日，广州市 110 个市直部门，共有 102 个部门公布了 2015 年的财政预算。其中，有 98 个部门晒出了年度计划购买清单。还有台联、组织部、党史研究室以及市编办四个部门，没有进行说明。三旧办、广州教育城建设指挥部办公室等 8 个部门，没有安排采购计划，或者采购预算为零。在采购预算表格中，不少部门详细列明购买名目，细致到日常办公配置，如空调、打印机、传真机等，并注明数量、金额。比如，司法局在"医疗纠纷人民调解委员会项目"里，注明了需要购买的各种办公设备。列表里有一些项目名称宽泛、模糊，还不时有"其他"字眼出现，且涉及的金额，参照该部门的其他购买预算，数目也不小。比如海防与打私办，总的购买预算为 55 万元，涉及两个项目，名称均为"其他信息系统的开发"。

2015 年的时候中央八项规定已经实施了近三年，对于预算的法治规范还不是很习惯，但也正是从此时开始，中国的预算制度开始转向了刚性的严格，国家监察制度的推行全面的覆盖了监督方面的死角，并形成了新时代的强大监督机制，预算行为的法律性日益突出。本案例体现的是预算法在艰难的与违法行为作斗争的过程。到了 2020 年的今天，政府及各部门公开预算已经逐渐成为常态。

---

[1]　郭海燕："广州晒政府部门采购预算：音响 25 万 4 个路由器 10 万"，金羊网，访问日期：2015 年 3 月 13 日。

第三节　基本原理和制度

一、新中国预算法律制度的产生与发展

(一) 建立

1949 年《中国人民政治协商会议共同纲领》明确规定，建立国家预算决算制度，划分中央和地方的财政范围。1954 年的宪法和《中华人民共和国地方各级人民代表大会和地方各级人民委员会组织法》，分别把审查批准预算决算规定为县级以上地方各级人民代表大会的职权，正式确立了由我国地方各级国家权力机关对预算、决算进行审查批准的法律制度。

(二) 发展

随着计划经济体制的建立，1958 年"大跃进"和人民公社化运动的开展，人大的审批预算决算的权力逐渐淡化。整个国家的财政预算由中央统一进行，地方政府几乎丧失了独立性，完全附属于中央财政，缺乏独立性和积极性。1991 年国务院颁布了《国家预算管理条例》，赋予地方政府一定的预算自主权，但是现实中地方政府预算仍然由中央政府代为编制。

(三) 改革

1992 年中共十四大提出建立社会主义市场经济体制，这需要全国形成统一的大市场，需要中央政府具备强大的财权。但是改革开放以来推行的"让利、放权、大包干"的财政政策，使得中央财政力量急剧下降，难以完成统一大市场的任务。于是 1993 年底至 1994 年初，预算体制进行了大刀阔斧的改革，实施分税制，进行预算管理的规范化、法制化改革。1994 年全国人大通过了《预算法》，1995 年国务院颁布了《预算法实施条例》，标志着我国预算管理正式进入法治轨道。规范了政府的预算行为，加强了人大对预算的监督和制约，从立法上明确了人大的预算职权与法定的审查、监督程序。

(四) 完善

2003 年 10 月中共十六届三中全会通过了《中共中央关于完善社会主义市场经济体制若干问题的决定》，提出了"实行全口径预算"，积极构建公共财政体制框架并致力于将所有政府收支纳入预算管理。具体提出要深化部门预

算、国库集中收付、政府采购和收支两条线改革，清理规范行政事业性收费。2005 年国务院在《关于深化经济体制改革的意见》中指出，改革和完善非税收收入收缴管理制度，进一步加强全口径预算管理制度。2013 年十八届三中全会通过了《中共中央关于全面深化改革若干重大问题的决定》指出，经济体制改革的核心是处理好政府与市场的关系，全面实施规范、公开透明的预算管理制度。2014 年全国人大修订《预算法》，明确了建立现代预算法治的目标，明确了四式复式预算的基本制度，将复式预算进一步细化，人大的监督机制更加完善。2018 年第二次修订内容较少，影响很小。[1]

案例一：

1951 年 11 月 24 日，在中共河北省委第三次会议上，刘青山被揭发有贪污罪行。12 月 2 日，出国归来的刘青山一下火车即被逮捕，4 日被开除党籍。同时，河北省人民政府成立"刘青山，张子善大贪污案调查处理委员会"，将案情向中央人民政府政务院报告。2 月 10 日，中央人民政府最高人民法院批准，河北省人民法院临时法庭在保定市体育场召开公审大会。宣判："刘、张二犯在资产阶级思想严重侵蚀下，为达到个人挥霍，假借经营机关生产之名，利用职权，狼狈为奸，于 1950 年春至被捕前，先后盗窃国家救济粮、治河专款、干部家属救济粮、地方粮、克扣民工粮、机场建筑款及骗取国家银行贷款等。总计达 171 亿 6272 元（旧人民币，10 000 元等于现在的人民币 1 元）⋯⋯综上所举，大贪污犯刘青山、张子善盗窃国家资财，克扣农工粮，勾结奸商非法经营谋利，瓦解国家企业机关及贪污行贿等严重罪行证据确凿，该二犯亦供认不讳。如此背叛国家背叛人民，实属罪大恶极，国法难容。奉中央人民政府最高人民法院令准，判处大贪污犯刘青山、张子善死刑立即执行并没收其本人全部财产⋯⋯"。当天，刘青山被押往保定东关大校场枪决。[2]

这是新中国刚成立我国实行统收统支财政体制的时代，虽然监管机制并

---

〔1〕　注：2018 年全国人民代表大会常务委员会关于修改《中华人民共和国产品质量法》等五部法律的决定（2018 年 12 月 29 日第十三届全国人民代表大会常务委员会第七次会议通过），对《预算法》作出修改，将第 88 条中的"监督检查本级各部门及其所属各单位预算的编制、执行"修改为"监督本级各部门及其所属各单位预算管理有关工作"。

〔2〕　360 百科："刘青山"，https://baike.so.com/doc/5441557-5679885.html。

不是很完善，但是公共财产与私人利益的观念还是很清晰的。刘、张二人仗着自己曾经为共和国抛头颅、洒鲜血之功就忽略了公私之分，严重违反了当时的财政体制规定和相关法律规定，最后被处以极刑。这个案例告诉我们，即使是在社会主义公有制国家，公共物品与私人物品还是区分的很清晰的。

二、我国现行预算法的法定的预算收支范围

（一）预算收入

2018年修订的《预算法》第27条第1款，一般公共预算收入包括各项税收收入、行政事业性收费收入、国有资源（资产）有偿使用收入、转移性收入和其他收入（1995年实施的《预算法》19条第1款规定，税收收入、依照规定应当上缴的国有资产收益、专项收入、其他收入）。

（二）预算支出

2018年修订的《预算法》第27条第2款，一般公共预算支出按照其功能分类，包括一般公共服务支出，外交、公共安全、国防支出，农业、环境保护支出，教育、科技、文化、卫生、体育支出，社会保障及就业支出和其他支出。（1995年实施的《预算法》19条第2款规定，经济建设支出，教育、科技、文化、卫生、体育等事业发展支出，国家管理费用支出，国防支出，各项补贴支出，其他支出）。

通过比较，我们发现经济建设支出不再排在支出的第一位，这就从法律上明确了预算的公共性，优先实现公共服务支出和各类公共服务和公共物品所需的资金。

案例二：

1986年我国颁布了《义务教育法》，但是真正实现义务教育完全公共物品化，即义务教育免费是2010年左右的事情，希望小学挽救了无数双渴望的求学眼睛，给教师发工资打白条在很多地习以为常。公共卫生事业在我国发展极不均衡，有很多行政村没有卫生室或诊所，基本医疗长期以来处于滞后被需求的状态，看病难更是中国的常见话题，"号贩子"成为附着在一些大医院的寄生虫，国家也屡打屡查，总是死灰复燃。各地为了发展工业经济，挤占农田，河流排污，沙漠排污，空气总是在烟气的包围之中，人们无可奈

何地看着青山绿水被钢海煤山取代，呼吸粉尘已经成为很多煤炭城市的生活日常。公共厕所主要以收费为主，尤其是到了旅游景区、火车站、汽车站，人们以为这才是市场经济。这就是一切以经济发展为中心的预算时代的一个缩影，公共服务和公共物品被经济建设投资所挤占，人们感觉不到自己作为纳税人的权利和地位，因此并没有人觉得偷逃税款可耻，因为自己并没有享受到什么公共服务。

而且公职部门为了发展经济普遍大规模的公款消费，社会主义公有制几乎成了公职制，铁打的营盘流水的兵，只要站在了公职的层面，公开消费公款就毫无限制与约束，公款聚餐，公款旅游，公款开会、公款培训，公车私用是家常便饭，很多地方政府都有公款接待用的专供酒、专供烟，公款捧红了无数场商业演出，内蒙古一位副主席去上海开会居然用公款买了几百万元的高档茅台酒，中石化老总宴请老同学一次就花掉单位 4 万多元，这是一个物欲横流的时代，也是一个以经济建设为中心的预算时代，2014 年修订《预算法》时取消了经济建设支出排在第一位的制度，也就宣告了一个刚性约束的预算时代的来临，这是财税法治的进步，是以人民为中心的政治观念的具体体现。

三、我国现行预算法的基本制度

（一）预算编制

目前世界上多数国家基本上是由行政机关编制预算，我国《预算法》规定编制预算属于政府。

（二）预算审议

一般由立法机关审议预算，我国也是如此。

（三）预算审议的结果

1. 预算的批准

一般由立法机关批准。

2. 预算的否决

"中国现行立法对于预算案被否决的问题并未明确规定，既没有规定预算案被否决的法律程序，也没有明确预算案被否决后的法律后果"。[1]

3. 预算的修正

我国《预算法》及相关法律没有规定预算的修正问题。

4. 预算执行

《预算法》第 54 条规定，预算年度开始后，各级预算草案在本级人民代表大会批准前，可以安排下列支出：①上一年度结转的支出；②参照上一年同期的预算支出数额安排必须支付的本年度部门基本支出、项目支出，以及对下级政府的转移性支出；③法律规定必须履行支付义务的支出，以及用于自然灾害等突发事件处理的支出。根据前款规定安排支出的情况，应当在预算草案的报告中作出说明。预算经本级人民代表大会批准后，按照批准的预算执行。这种安排的合理性值得怀疑。

5. 预算调整

第一，预算的追加和追减；第二，动用储备金（即预备费）；第三，科目留用，即科目资金再调整、再分配。目前还存在的问题：立法对预算调整的界定非常狭窄；立法对调整的"特殊情况"并未明确规定；对于违反法律调整预算的行为只是进行纠正而无须承担法律责任。

6. 预算评估

第一，预算执行报告，我国现行立法并没有规定日常执行报告是否应当公开。第二，决算存在的问题，决算的审批机关和预算不同。决算审计滞后于人大对决算报告的审批。决算草案不够细致，缺乏说明，透明度不高。第三，预算法律责任的问题，现行《预算法》规定过于简单，应当有刑事责任和民事赔偿。

案例三：

（1）云南省云天化集团所属云南三环中化化肥有限公司财务部副经理杨蓉违规组织公款消费等问题。2017 年 8 月，杨蓉组织部门员工及部分家属泡温泉消费 2559 元，以业务接待费名义报销。2018 年 10 月，杨蓉伪造本部门员工培训签到表，报销个人在网上购买的网络培训课程费用 2000 元。2019 年

〔1〕 张怡、邓甲明主编：《财税法实务教程》，中国人民大学出版社 2013 年版，第 28 页。

4月，杨蓉受到党内警告处分，违纪款予以收缴。

（2）玉溪市华宁县人力资源和社会保障局副局长冯丽萍等4人违规公款国内旅游问题。2017年6月，经县人社局局务会同意，县人社局副局长冯丽萍、县劳动就业服务局原局长陈俊及工作人员李丹、代恩德到内蒙古呼伦贝尔市参加专题培训，其间冯丽萍、陈俊、李丹、代恩德4人到呼伦贝尔草原、大兴安岭、满洲里旅游，后采取虚列住宿费的方式报销旅游活动费用4200元。2019年5月，冯丽萍、陈俊受到党内警告处分，李丹、代恩德受到书面诫勉问责，违纪款予以收缴。

（3）红河州个旧市农业农村局环境保护工作站站长黄勇公车私用问题。2015年1月至2018年5月，黄勇长期在节假日期间驾驶本单位公务用车办私事，并违规报销应由个人承担的用车费用4131元。2019年3月，黄勇受到政务警告处分，违纪款予以收缴。

（4）文山州砚山县阿猛镇文化广播电视服务中心原主任杨爱军违规公款吃喝等问题。2015年2月至2017年10月，杨爱军以接待上级单位检查指导为名，采取虚开菜单、拼凑发票等手段，违规报销应由个人承担的餐费1.17万元。违规报销私车加油费1800元。2015年9月至2017年3月，以支付"村村通"协管员工资和"户户通"安装劳务费的名义虚报套取资金3.93万元，于2017年春节发给职工1.2万元，其本人领取6000元。2019年4月，杨爱军受到党内严重警告、政务撤职处分，违纪款予以收缴。

（5）临沧市市场监督管理局党组成员、副局长杨帆操办其子婚宴违规收受管理服务对象礼金问题。2018年5月17日，杨帆在办理儿子婚事过程中，收受管理服务对象45人礼金共计2.68万元。2019年4月，杨帆受到党内严重警告处分，违纪款予以收缴。[1]

　　该案例三中涉及的五类行为均为公款消费，因为在1994年《预算法》中确立了经济建设支出排首位的顺序，因此经济支出成为各个公职单位的常态行为，公开的消费公款也成为公开的事实，在十八大之前，以上五类行为在中国属于常态现象，很多有钱的单位福利多的令人咂舌，平时的超市购物卡

---

[1] 云南省纪委监委："云南通报5起违反中央八项规定精神典型问题"，云南省纪委省监委网站，访问日期：2019年7月4日。

基本都是单位发放，甚至很多单位连生日蛋糕都由公款支出，这是计划经济时代公共福利制度的延续，由单位出面公开的消费公款是一种体制允许的行为，财务也认可，法律也默许，一直延续到十八大之后。以上行为都是在2012年中央八项规定和2014年《预算法》修订之后发生的行为，说明他们缺乏法律意识，存在侥幸心理，或是观念还没有扭转过来，总觉得一纸空文不可能马上让中国的公款随意消费行为得到有效控制。也表明《预算法》的法律责任部分也应当更加完善，明确规定具体的行政责任、民事赔偿责任，并与刑法中的刑事责任相衔接。

第四节　预算法基本概念、原理、制度的实践情况

一、预算的透明、公开法律制度的实施状况

现行《预算法》第1条规定，为了规范政府收支行为，强化预算约束，加强对预算的管理和监督，建立健全全面规范、公开透明的预算制度，保障经济社会的健康发展，根据宪法制定本法。过去政府机关、国家机关、国有企业、集体企业，事业单位等普遍不太愿意公开预算执行情况和决算信息，国家也在一直努力推进这项事业，但是难度相当大，阻力也巨大。随着中央八项规定的出台，对预算的公开要求日益严格，开始了一个预算制度发展的新阶段。

2010年3月25日，财政部通过其门户网站向社会公布了2010年中央财政预算数据。在2009年首次公开中央财政预算4张表格的基础上，2010年公开的范围增加到12张预算表。这体现了当年预算公开的范围更广泛、内容更全面、科目也更细化。[1] 随后国土资源部、科学技术部等40家中央部门公开了预算数据。

2019年4月2日，财政部率先对外公开其2019年部门预算，拉开了2019年中央部门预算公开的大幕，这也是中央部门连续第十年推进部门预算公开。2019年中央部门公开的部门预算包括收支总表、收入总表、支出总表、财政

---

[1]　韩洁、罗沙："从'四张预算表'到'十二张预算表'——中央财政预算公开再迈重要步伐"，新华网，访问日期：2010年5月5日。

拨款收支总表、一般公共预算支出表、一般公共预算基本支出表、一般公共预算"三公"经费支出表、政府性基金预算支出表 8 张报表，全面、真实反映部门收支总体情况和财政拨款收支情况。除法定涉密信息外，一般公共预算支出公开到支出功能分类项级科目，其中的基本支出公开到经济分类款级科目。各部门在公开预算报表的同时，还对机关运行经费、政府采购、国有资产占有使用、预算绩效、提交全国人大审议的项目等情况进行说明，对专业性较强的名词进行解释。

2019 年中央部门公开内容更加细化，积极回应群众关切的问题，重点说明党中央国务院有明确要求、社会公众较为关注的支出事项。此外，为使公众找得到、看得懂、能监督，各部门的部门预算除在本部门网站公开外，继续在财政部门户网站设立的"中央预决算公开平台"集中公开，方便人民群众监督政府财政工作。[1]

尤其是预算绩效公开更亮眼。为了贯彻落实《中共中央 国务院关于全面实施预算绩效管理的意见》，中央部门连续四年"晒绩效"，公开预算绩效工作开展情况、部分项目绩效自评结果、重点绩效评价报告等绩效信息。公开项目范围涵盖了一般公共预算和政府性基金预算。项目绩效自评结果公开数量达到 235 个，比上年增长 41%。重点绩效评价报告公开数量达到 81 个。十九大报告中明确要求"建立全面规范透明、标准科学、约束有力的预算制度"，在 2019 年政府工作报告中提出"加大预算公开改革力度，全面实施预算绩效管理"，2019 年部门预算公开的总体要求是，严格执行《预算法》《党政机关厉行节约反对浪费条例》《政府信息公开条例》，全面落实《国务院关于深化预算管理制度改革的决定》，中办、国办《关于进一步推进预算公开工作的意见》等要求，坚持以公开为常态、不公开为例外，依法依规公开预算。围绕建立全面规范透明的预算制度，进一步改进和加强部门预算公开工作，确保公开的预算找得到、看得懂、能监督，提高部门预算管理透明度，促进透明政府、廉洁政府建设。坚决依法履行公开主体责任，健全考核制度，完善管理机制，改进工作方法，规范工作流程，确保 2019 年部门预算公开工作

---

〔1〕 董鑫："102 个中央部门提前晒预算比去年提前 11 天公开，增加 13 个中央部门'三公'经费再压减 3%左右"载《北京青年报》2019 年 4 月 3 日。

顺利进行。及时回应群众关切的问题，不断加大预算信息公开的广度和深度，进一步扩大项目公开数量，进一步细化公开内容，进一步健全项目绩效目标公开体系，主动将社会关注的热点、焦点项目公开，自觉接受群众监督。2019 年共有 102 个中央部门公开部门预算，比 2018 年公开的 89 个中央部门增加 13 个，而 2010 年时只有 40 家。

这十年以来政府预算公开的脚步一直没有停止，而且步子越来越大，公开越来越看得见、摸得着，预算公开制度逐渐可操作，务实化的程序安排使得过去不敢想的做法在今天的预算法实施中成为现实，预算法治化的步伐已经迈入了历史的正轨，这就是我们对中国预算法治化、透明化、公开化的信心与展望！

二、加强人大的预算权的落实

我国《预算法》第 2 章集中规定了人大的预算权，包括审查、批准、监督、撤销等，体现了人民代表大会在宪法中被确定为权力机关的法律地位，与西方国家相对应的议会很类似，People's National Congress 翻译为人民代表大会就是证据。但是议会制国家要求政府施政时的方案一般须经议会批准后方可成为法律，因此有法案必经议会。但是在中国除了有全国人大及其常委会通过的法律，国务院可以颁布行政法规，各部委及省级政府可以颁布规章，其他政府部门可以颁布规定，而这些在《中华人民共和国立法法》中都属于法的范畴，而且也无需经过人大及其常委会的批准。中国的人大会议一般每年只召开一次，人大常委会也只是定期召开，对于预算的监督就难免形成制度上的困境，不是法律不让监督，而是现实中难以实现。我国的财政年度是每年的 1 月 1 日至 12 月 31 日，全国人大一般在 3 月初召开，地方人大一般在年底召开，这样在人大审批之前，就存在政府自行预算的空间。预算草案的审议是在会议期间发放进行的，如此短的会议时间要审查非常专业的国民经济管理问题，其难度可想而知。预算审查报告的法律效力也值得怀疑，无须代表们在提意见，主席团直接通过即完事。另外对预算草案的审查程序法律规定的也不是很明确，各地都有自己的操作方法。

为增强部门预算透明度，加大人大监督和社会监督的力度，2018 年财政部选择 36 个部门的 36 个项目列入《中央部门预算草案》报全国人民代表大会审查，并由各部门随部门预算一并向社会公开。为进一步加大项目预算的公开力度，2019 年列入《中央部门预算草案》报全国人民代表大会审查的项目共 50 个，较 2018 年增加 14 个。在公开部门预算时，相关部门向社会公开了这 50 个项目的情况。例如，国家发改委经济体制综合改革项目、交通运输部长江南京以下 12.5 米深水航道二期工程项目、文化和旅游部国家艺术基金项目、中国科学院科研设施专项业务费项目、中国社会科学院科研机构专项业务费项目、中国工程院国家工程科技思想库建设项目、中国证券监督管理委员会执法办案支出项目、国家煤矿安全监察局煤矿安全专项项目、国务院扶贫开发领导小组办公室脱贫攻坚宣传动员项目、政协全国委员会办公厅参政议政活动经费项目、中国红十字会总会贫困大病儿童救助项目、中国福利彩票发行管理中心开奖费项目。公开的项目内容包含项目概述、立项依据、实施主体、实施方案、实施周期、年度预算安排、绩效目标和指标等。[1] 这样的改进措施使得人大的预算权逐渐开始变得有效，其监督职能逐渐开始落地，民主的预算制度才能够逐渐建立起来。过去存在的大量预算外资金，人大根本无法监督，现在将预算外资金的监督也逐渐纳入范围，真正开始实现人民代表为人民的政治承诺。

三、预算法中的民事责任

在我国现行《预算法》第 10 章规定了法律责任，主要列举了相关的行政责任，而且是上级机关对下级机关的管理与监督责任，第 96 条有一款捎带提了刑事责任，没有关于民事赔偿责任的规定。法律的生命力就在于法律责任的确定及落实，而现在违法者的违法成本并不是很高，造成预算支出的损失一般只需要承担行政责任，潜在风险自然降低，违法的动力就大，这不利于树立法律的权威性。过去公开的违法支出公款的行为非常普遍，原因就是责任小，尤其是经济赔偿责任。如果要求违法者承担造成损失的民事赔偿责任，其压力自然增大。很多人可能不怕处分、降级、开除，甚至不惧怕坐牢，但是害怕承担赔偿责任。

---

〔1〕 预算司："财政部有关负责人就 2019 年中央部门预算公开答记者问"，财政部网站，访问日期：2019 年 4 月 3 日。

近几年，我国也出现了追究经济责任的情况。宜宾市总工会原党组成员、副主席彭跃进借外出考察之机公款旅游问题。2017 年 3 月，彭跃进带队前往江西上饶、湖北宜昌等地考察期间，带领考察组绕道江西婺源油菜花海、三峡大坝等地旅游，并公款报销绕道旅游产生的租车费、餐饮费、差旅费等共计 5532.9 元。2019 年 3 月彭跃进受到党内警告处分，违纪款已退缴。翠屏区李庄镇副镇长韦洪借外出考察之机公款旅游问题。2017 年 9 月，韦洪带队前往山东济南、青岛、威海等地考察期间，带领考察组绕道烟台、大连等地旅游，并公款报销绕道旅游产生的景点门票、餐饮费、住宿费等共计 14 280 元。韦洪还存在其他违纪问题。2018 年 6 月，韦洪受到党内严重警告处分，违纪款已退缴。原宜宾县林业局党委委员兼森林公安局局长唐永初、蕨溪森林派出所所长高翼借外出考察之机公款旅游问题。2017 年 5 月，唐永初、高翼带队前往安徽省某警官学校考察拟录用干部期间，带领考察组绕道安徽黄山、浙江千岛湖等地旅游，并公款报销绕道旅游产生的车船费、住宿费、出差补助等共计 6666 元。此外，唐永初、高翼还分别携亲友一人同行。2018 年 12 月，唐永初、高翼分别受到党内警告处分，违纪款已退缴。[1]

这些违反《预算法》的行为除了被追究行政责任外，还要退缴违纪款，这实际上就是经济或民事赔偿责任，既追究了违法行为，又填补了国家损失，一举两得。《俄罗斯联邦预算法典》规定了经济责任，依照违法行为所造成的经济损失的大小来确定行为人所应承担的责任大小，并让其承担全部或部分预算损失。加拿大预算法则深化个人问责机制，如果违反预算法造成损失，还可能被削减工资和福利待遇。意大利还设立了预算违法行为的司法审查制度，加强对预算损失的追究力度。如果我国能够将民事或经济赔偿责任设定在《预算法》中，则必将大大增加该法的实施力度。学术界还有人提出引进惩罚性赔偿责任机制，这都是后话了。

---

[1] "宜宾纪委通报 3 起借外出考察之机公款旅游典型问题"，人民网，访问日期：2019 年 6 月 6 日。

第三章 税法概述

税法是财政法中最复杂的法律，它的法律法规、规章的数量多，规定得很细密，因此，在实务工作中要求掌握得非常细致、准确，税法学界、税学界又涉及很多高深的理论思想研究。掌握税收实务工作所需要的法律，熟悉税收实务工作的基本情况，了解税法学、税学领域理论研究动态，是我们学习的目标。在课堂上我们引导学生熟悉这个目标，并做线索式的提示。

第一节　本章概述

一、背景知识

税法与国家同步，被马克思理论认定为统治国家的工具，其历史久远，对社会经济影响最重。在近代西方，税法被视为人民主权与社会契约的产物，无论如何认识，税法很早就出现了。

税法直观地体现了统治阶级的需求与实力。随着人类统治集团的出现，靠暴力夺取政权成为人间常态，夺取政权后最为关键的事情就是获得税收，以养活庞大的统治集团及其暴力机器。依靠暴力机器抽取税贡成为各国的基本政治经济制度，一直延续至今。

受十七八世纪欧洲启蒙思想的影响，尤其是受 1762 年卢梭《社会契约论》和 1776 年亚当·斯密《国富论》等的思想影响。卢梭指出，家庭是最古老和自然的社会形态，但是父母与能够自立的子女之间的联系，有必要用一系列约定来维系。社会秩序不可建立在强力的基础上，因为最强者无法一直保持强势霸权，除非他能把强力转化为权利，把服从转化为义务。亚当·斯密指出，市场经济并不是不需要政府，而是要一个知道自己界限在哪里的政府。在《国富论》中允许政府在"看不见的手"之外发挥重要的调节作用，如防侵略、提供正义、建立和维护特定的社会公共工程和公共制度，这些就是纳税的合理性根源，支出规模与范围也依此而定。这就是一条分界线，把古代税法与近代税法做出了性质的区别。启蒙者的思想就像一把火炬，照亮了前进的方向，成为税法划时代的标志。

弗里德里希·李斯特，（Friedrich List）（1789-1846 年）在《政治经济学的国民体系》中指出，国家应该在经济生活中起到重要作用。他的观点深受亚历山大·汉密尔顿（Alexander·Hamilton）以及美国学派影响。他的主要思想包括国家主导的工业化，贸易保护主义等等。其以具体行动力促成德意志关税同盟，废除各邦关税，使德国经济获得统一，并对东、西德国的统一产生影响。他认为德国资本主义经济具有自己的特殊性，应采取保护主义。李斯特抨击了英国古典学派的自由放任和"世界主义"政策，认为它忽视了国家的作用和不同国家经济发展的民族特点，因而竭力反对自由贸易政策，他力主在现有的经济学体系中加进国家经济学的内容，使之趋于完善。主张实行保护关税制度。这在税法经济法化过程中起到了绝对的影响作用。只是李斯特本人悲惨的命运、过早自杀的结局让后人几乎想不起他所做出的贡献。

凯恩斯 1936 年出版代表作《就业、利息和货币通论》，其指出为了解决有效需求不足的问题，凯恩斯主张放弃经济自由主义，代之以国家干预的方针和政策。国家干预的最直接的表现，就是实现赤字财政政策，增加政府支出，以公共投资的增量来弥补私人投资的不足。增加公共投资和公共消费支出，实现扩张性的财政政策，这是国家干预经济的有效方法。市场中不存在一个能把私人利益转化为社会利益的"看不见的手"，经济危机和失业不可能消除，只有依靠"看得见的手"，即政府对经济的全面干预，才能摆脱经济萧条和失业问题。由于凯恩斯的国家干预思想出现在资本主义世界的经济大萧条期间，其给了资本主义世界一种救命稻草的感觉，因此，被称为"凯恩斯革命"，而这成为影响法律变化的一支重大力量，很多学者指出经济法在这个时候才真正出现就是这个原因，他对资本主义的影响刻骨铭心，被奉为资本主义的救世主，宏观经济学之父，他开启了国民收入统计的先河。而这个思想对财政和税收的行为性质也发生了决定性影响，财政的很多基本制度、税法的很多规定，都遵循国家宏观干预的原则进行，政府被授权的很多财政政策成了国家干预经济的基本法律手段，税收的变化无论在法律层面还是授权政府干预经济层面，都表现出了很强的经济法属性。

以上这些著名的思想家影响了整个人类的思想，直接影响了财政和税收制度的走向，改变了它们的行为性质，在法律中明确确定了它们的地位。社会科学的理论依据就是由这样一批批著名的思想家的著作奠定的，他们创造了人类社会的新想法、新观点，新思维方式与理解方式，深深地影响着统治者们设计政治经济与法律制度。这就是近现代财税制度的原理产生的根源。

另外，社会科学不同于自然科学，这一点在税法学中也是很明显的，经验、推理都可以起作用，但是没有那么明显，都有一个传导过程，期间可能丧失某些效果。

二、本章概述

（一）本章基本概念

税收、税法、税类、实体税法、程序税法、直接税、间接税、增值税、消费税、城市维护建设税、关税、企业所得税、个人所得税、契税、房产税、印花税、城镇土地使用税、土地增值税、耕地占用税、资源税、车船使用税、环境保护税、烟叶税。税务管理、税款征收制度、税收检查制度、税务行政复议、税务行政诉讼。

（二）基本原理和制度

1. 税法的构成要素

2. 税法基本原则

3. 税法的性质

4. 税法税制的历史略述

（三）税法概念、原理与制度的实践情况

（四）税种计算介绍

（五）其他

常用概念；常用公式；例题。

三、法律法规

2008 年《企业所得税法》(1991 年《中华人民共和国外商投资企业和外国企业所得税法》和 1993 年《中华人民共和国企业所得税暂行条例》同时废止。)，2011 年《个人所得税法》(1980 年通过，1993 年、1999 年、2005 年、2007 年 6 月、12 月、2011 年 6 次修，2018 年为第 7 次修)，2017 年《增值税暂行条例》(1993 年实施，2008 年、2016 年修)。2011 年《城市维护建设税暂行条例》(1985 年颁布)，2011 年《征收教育费附加的暂行规定》(1986 年实施，1990 年、2005 年修订)，2008 年《消费税暂行条例》(1993 年通过)，2011 年《进出口关税条例》(1985 年发布，1987 年、1992 年修；2003 年修，2011 年修)。2018 年《环境保护税法》，2011 年《房产税暂行条例》(1986 年发布)，1997 年《契税暂行条例》，2011 年《车船税法》，2011 年《资源税暂行条例》(1993 年发布)，1993 年《土地增值税暂行条例》，2007 年《耕地占用税暂行条例》(1987 年颁布)，2011 年《印花税暂行条例》(1988 年颁布)，2006 年《城镇土地使用税暂行条例》(1988 年颁布)，2018 年 7 月 1 日开始实施《烟叶税法》。

第二节 基本概念

前述的基本概念有很多，本节选出重点需要掌握的几个概念。

一、税收

税收，是以实现国家公共财政职能为目的，基于政治权力和法律规定，由政府专门机构向居民和非居民就其财产或特定行为实施的强制的、非罚与不直接偿还的金钱课征，是一种财政收入的形式。[1]

二、税法

税法，是指调整税收关系的法律规范的总称。其调整对象是税收关系，

---

〔1〕 参见徐孟洲主编：《税法学》，中国人民大学出版社 2005 年版，第 3 页。

包括税收分配关系和税收征收管理关系。

三、税类

根据征税对象不同，可以将税种划分为五类，简称税类。主要有：流转税类、所得税类、行为税类、财产税类、资源税类。

四、实体税法

实体税法是"程序税法"的对称。指规定税收法律关系主体之间权利义务的税法。凡税收法律关系主体之间权利义务的税法。凡规定课税对象、纳税人、计税依据，税目、税率等内容的税法为实体税法。

五、程序税法

程序税法是"实体税法"的对称。指规定纳税手续和程序的税法。凡规定税务登记、纳税鉴定、纳税申报、账证制度、纳税期限、缴纳方法、税务调查、违章处理、税务复议、税务诉讼等内容的税法为程序税法。

六、税务管理

税务管理，是指税收征收管理机关为了贯彻、执行国家税收法律制度，加强税收工作，协调征税关系而开展的一项有目的的活动。税务管理是税收征收管理的重要内容，是税款征收的前提和基础性工作。税务管理主要包括税务登记、账簿和凭证管理、纳税申报、税款征收、税务检查等方面的管理。

第三节　基本原理和制度

一、税法的构成要素

（一）纳税主体

纳税主体又称纳税人或纳税义务人。这是指税法规定的直接负有纳税义务的自然人、法人或其他组织。纳税主体是税法第一要素，法律必须首先明确谁应当纳税，自古以来此问题就纠结着立法者。

（二）征税对象

征税对象又称征税客体。这是指税法规定对什么征税。征税对象是各个税种之间相互区别的根本标志。征税对象按其性质的不同，通常划分为流转额、所得额、财产、资源及行为五大类。

（三）税率

税率是应纳税额与课税对象之间的数量关系或比例，是计算税额的尺度。税率的高低直接关系到纳税人的负担和国家税收收入的多少，是国家在一定时期内的税收政策的主要表现形式，是税收制度的核心要素。税率主要有比例税率、累进税率和定额税率三种基本形式。

1. 比例税率

比例税率是对同一课税对象不论数额大小，都按同一比例征税，税额占课税对象的比例总是相同的。比例税率是最常见的税率之一，应用广泛。比例税率具有横向公平性，其主要优点是计算简便，便于征收和缴纳。

2. 累进税率

累进税率，是指按课税对象数额的大小规定不同的等级，随着课税数量增大而随之提高的税率。具体做法是按课税对象数额的大小划分为若干等级，规定最低税率、最高税率和若干等级的中间税率，不同等级的课税数额分别适用不同的税率，课税数额越大，适用税率越高。累进税率一般在所得课税中使用，可以充分体现对纳税人收入多的多征、收入少的少征、无收入的不征的税收原则，从而有效地调节纳税人的收入，正确处理税收负担的纵向公平问题。体现的原理是边际税率，目前我国税法中有超额和超率两种累进税率。

3. 定额税率

定额税率又称固定税率，是按课税对象的计量单位直接规定应纳税额的税率形式，课税对象的计量单位主要有吨、升、平方米、千立方米、辆等。定额税率一般适用于从量定额计征的某些课税对象，实际是从量比例税率。

（四）纳税环节

纳税环节，是指商品在整个流转过程中按照税法规定应当缴纳税款的阶段。

（五）纳税期限

纳税期限是税法规定的纳税主体向税务机关缴纳税款的具体时间。纳税期限是衡量征纳双方是否按时行使征税权力和履行纳税义务的尺度。纳税期限一般分为按次征收和按期征收两种。

（六）纳税地点

纳税地点是指缴纳税款的场所。纳税地点一般为纳税人的住所地，也有规定在营业地、财产所在地或特定行为发生地的。

（七）税收优惠

税收优惠，是指税法对某些特定的纳税人或征税对象给予的一种免除规定，它包括减免税、税收抵免等多种形式。税收优惠按照优惠目的通常可以分为照顾性和鼓励性两种，按照优惠范围可以分为区域性和产业性两种。

（八）税务争议

税务争议，是指税务机关与税务管理相对人之间因确认或实施税收法律关系而产生的纠纷。解决税务争议主要通过税务行政复议和税务行政诉讼两种方式，并且一般要以税务管理相对人缴纳税款为前提。在税务争议期间，税务机关的决定不停止执行。

（九）税收法律责任

税收法律责任是税收法律关系的主体因违反税法所应当承担的法律后果。税法规定的法律责任形式主要有三种：一是民事责任，包括补缴税款、在破产案件中税务局作为债权人等；二是行政责任，包括吊销税务登记证、罚款、税收保全及强制执行等；三是刑事责任，对违反税法情节严重构成犯罪的行为，要依法承担刑事责任。

二、税法基本原则

（一）税收法定原则

税收要素法定原则要求征税主体、纳税人、征税对象、计税依据、税率、税收优惠等税收要素必须且只能由立法机关在法律中加以规定。它是民主和法治原则等现代宪法原则在税法上的体现，对保障人权、维护国家利益和社会公益举足轻重。[1]

---

〔1〕　十三届全国人大常委会第五次会议于2018年8月27日下午在北京人民大会堂举行。栗战书委员长主持会议。为落实税收法定原则，国务院提出了关于提请审议耕地占用税法草案的议案、关于提请审议车辆购置税法草案的议案。受国务院委托，财政部部长刘昆分别作了说明。

（二）税收公平原则

学术界对公平原则的理解主要有两派，一派为受益说，一派为负担能力说。受益说，要求按照从以税款为基础的财政支出中得到的利益来分配税收负担，这的确可以适用于公路使用的课税和社会保险方面，以及许多城市设施的建设。但受益说不适用于大多数的公共产品，如国防和教育。负担能力说的代表人物是穆勒和庇（bi）谷，他们引入相对牺牲的概念，认为凡具有相同纳税能力者应负担相同的税收，不同纳税能力者应负担不同的税收。这个观点被税法学界和税收立法者引进税法的观念中，并发展成税法上体现税收公平原则的量能课税原则。

（三）税收效率原则

税收效率原则所要求的是以最小的费用获取最大的税收收入，并利用税收的经济调控作用最大限度地促进经济的发展，或者最大限度地减轻税收对经济发展的妨碍。它包括税收行政效率和税收经济效率两个方面。

税收的行政效率问题实际上早在亚当·斯密时期就受到了研究者的重视，亚当·斯密的便利原则、最少征收费用原则，以及其后瓦格纳的税务行政原则其实都是着眼于此。为了提高税收的行政税率，一方面应当采用先进的征收手段，节约费用，提高效率，堵塞漏洞，严厉打击偷税、骗税行为。另一方面，也应尽可能简化税制，使税法语言准确明白，纳税手续便利透明，尽量减少纳税费用。

税收的经济效率的主旨在于如何通过优化税制，尽可能地减少税收对社会经济的不良影响，或者最大限度地促进社会经济良性发展。处在不同历史时期和不同经济体制背景下的学者对这个问题有着不同的结论。

（四）税收社会政策原则

税收社会政策原则，是指税法是国家用以推行各种社会政策，主要是经济政策的最重要的基本手段之一，其实质就是税收的经济基本职能的法律原则化。这一原则主要是资本主义从自由竞争阶段进入垄断阶段以后才提出并随即为各国普遍奉行的税法基本原则。资本主义进入垄断阶段后，国家需要通过税收杠杆大量介入社会经济生活，税收固有的调节经济的功能被重视和自觉运用，不再仅仅当作国家筹集财政收入的工具，而被广泛地用来作为推行国家经济政策和社会政策的手段。正是在这种情况下，通过税法来推行贯彻社会政策，才被确立为税法的基本原则。

社会政策原则确立以后，税法的其他基本原则，特别是税收公平原则，受到了一定程度的制约和影响。如何衡量税收公平，不仅要看各纳税人的负担能力，还要考虑社会全局和整体利益。为了国民经济的均衡发展和社会总体利益，有时对各纳税人来说，虽然需要放弃公平原则，使其税负不公平，但这样做有利于整个国民经济的发展，有利于社会总体利益，因而对整个社会来说，又是公平的。社会政策原则的确定及其对税收公平原则的影响，是税法基本原则在现代以来发生的重大变化之一。

以上归纳的是学界普遍流行的说法，实际上税收原则在历史上是逐渐提出并成形的，有很多著名的思想家提出过著名的税收原则观点。[1]

三、税法性质

这个问题在法学界存在很大争议，行政法学者将税法列入行政法部门，而经济法学者将税法列入经济法部门，还有的人认为这个问题说不清，只认税法是完整的即可。大陆法系部门法划分的思想与方法在很多国家根深蒂固，包括中国，说清楚这个问题很有必要。

本书认为税收实体法很难说成税经济行政法，增值税的设置原理来源于经济学的思想，增值税法的规定。首先，从概念到征税范围到税率及计算公式，体现的都是统治力量对经济结构、产业布局、各种逐利行为的调整、激励、抑制或影响等，这些都属于经济法的范畴，其他各种实体税种均类似，规定消费税计算概念与公式的内容很难被归到行政法中，规定关税征税对象

---

〔1〕 中国春秋时期的管仲，最早提出取之有度，少扰人民的税收思想；魏晋时期的傅玄在《平赋役》一文中提出的税收总原则是"安上、济下、尽利用之宜"。其内容包括三项具体原则，即：税负平均原则、税制统一原则、税收有常原则。在西方，以英国经济学家 A. 斯密为代表的古典经济学派，提出以税收中性为特征的"平等、确定、便利、经济"的"赋税四原则"（见古典学派税收思想）。19 世纪下半叶，资本主义进入垄断阶段。资产阶级为了缓和因私有制和财富分配不公导致的阶级矛盾，在强调税收财政作用的同时，开始注重税收的社会政策意义。以 A. H. G. 瓦格纳为代表的德国社会政策学派提出了"财政收入、国民经济、社会正义和税务行政"四个方面九项税收原则（见社会政策学派税收思想）。斯密和瓦格纳的税收原则不仅对当时，而且对当代资本主义国家税制和税收政策都曾经并继续产生重大影响。20 世纪 70 年代后，一些主要资本主义国家及其财政学者适应本国政治、经济及税收职能变化的要求提出的税收原则，主要有公平、效率、简明和有利于经济增长等方面的内容。

的内容也很难被归到行政法中。包括古代社会的各类税种，如青苗税，茶税，这些都涉及国家与社会的利益分配比例和格局问题，绝不是简单的行政管理问题。其次，才是规定纳税的程序，由税务局去依法征收，属于经济行政行为范畴，二者绝不可混淆。有的观点认为税法就是行政法，这是说不通的，各类税种在立法的时候体现的要么是增加财政收入，要么是调控经济，激励或抑制某些经济行为，这些不会是政府的经济行政行为。只有依法征税时，才体现出经济行政行为的特征。所以，税收实体法中有很多内容直接归类为经济法实属正常，税收程序法更多的体现的是经济行政法，但也不完全是，有时候征税程序法的变更也可能体现宏观调控与经济结构影响，或产业布局影响。因此，税法中既体现经济法的特征，又体现经济行政法的特征是有一定道理的。至于用议会颁布的税法取代政府规定的税法，那只是税收法治原则的体现而已。

四、税法税制历史略述

(一) 古代税制略述

古代税法普遍既有人身依附性，又有财产属性。例如，古代税法中的人头税、劳役、兵役等，具有很强的人身附属性，以人或"丁"作为纳税依据，以人为单位作为纳税的标准。财产属性中不动产占据主要位置，土地和农业成为纳税的主力，工商业类的税收居于其次，然后是其他类的税费。

"人类最早的国家可能出现在西亚的新月沃地，这里可能就是《圣经》里所描述的伊甸园所在"，[1] 最初是祭司以神的名义建立起统治，各行各业，都要向神缴纳供奉，由自愿发展成固定的税。这些税的征收、入库和保管，为神庙建设、城墙修建召集的工人口粮的发放，需要很多人，在司库祭司下，有收税人玛什奇姆（Maskim）、船舶监督、牧人监督、渔场监督、田地巡查员、庄园监督等，当时主要以仓储管理为中心，以实物税贡为主。也被称为神庙国家或神庙财政。"所有的重要事项，最高神并不能独断，还得通过由太阳、月亮、大地、天空、淡水、咸水和风暴七神组成的会议，以及由所有神

---

〔1〕 史卫：《人类财政文明的起源与演进》，中国财政经济出版社 2013 年版，第 53 页。1877 年，法国外交官欧内斯特·德·萨尔泽克在西亚新月沃地发现了一种刻有文字的泥板，后被确认为苏美尔人的文字，数量超百万块，存在历史记录、神话、史诗、故事等，距今六七千年前。

组成的诸神大会的同意。在人间，也有这样的金字塔统治结构，最上面的是最高祭司，下面有高级祭司，再下面还有担任各种执事的神职人员，如掌香油、颂咒、作法、占卜、讴歌等等。具体事务也要由贵族会议和人民大会来决定"。[1] 这说明早期的国家构建是为了完成公共事务的履行，原始民主制是当然的产物，因为从氏族到部落到部落联盟，都是为了应付公共事务而建立组织机构的，"中国最早的国家——夏和国家财政都是从大禹治水成功开始的"。[2]

为了争夺生存资源，各部落间不断发生战争，这强化了军事首长和联盟机构，同时最优秀的战将被选出来，临时的职务由于战争频繁变成固定职位，成为国王和贵族，建立了世俗的政权，开始世袭。为了借助神力，经常以神授的名义营造政权的合法性。君主世袭制诞生，他们模仿和承接了神庙的财政管理系统，不断发展壮大。税法逐渐开始更多的体现君主与贵族们的要求。

就这样，在奴隶制和封建制时代，人类的税法更多的体现君主或贵族的想法，经常会因为欲望过高而产生对社会财富的恶性掠夺，最后使纳税对象背负沉重的税收负担，导致社会矛盾尖锐化，严重的就会使王朝分崩离析，聪明的就会委任能臣贤才，进行迎合经济规律的变法或革新，从而起死回生，继续王朝的统治。

中国税制起自夏朝，商、周延续，实行贡赋制，属于税法的雏形。春秋时期鲁国实行"初税亩"，是我国历史上对田地最早开征税的法律。秦时赋税徭役过重，导致早亡。汉朝时开始给农民编户籍，封建社会赋税徭役法律制度正式形成，当时的税类有田租、人头税（算赋口赋），徭役和兵役。南北朝时北魏实行均田制与租调制（受田农民每年必须缴纳租粟和调，即帛或麻作为户税），还有徭役和兵役。唐朝前期沿用北魏税制，并发展出租庸调制（庸指不去服役的可以缴纳绢或布代役）。唐朝中期均田制瓦解，开始推行两税法，按财产和土地的多少征收户税和地税，一年分夏秋两季征收，开始了以财产作为主要征税对象、人头税退居其次的改制。成为唐后期至明朝中期的赋税制度基础。明朝实行"一条鞭法"，即将力役折银分摊到田亩征收。清朝

[1] 史卫：《人类财政文明的起源与演进》，中国财政经济出版社2013年版，第55页。
[2] 史卫：《人类财政文明的起源与演进》，中国财政经济出版社2013年版，第32页。

以"田赋"和"丁役"组成"地丁银",作为国家主要税制,雍正时期实行"摊丁入亩",把丁税平均摊入田亩中,统一征收地丁银,继两税法之后,彻底废除了中国几千年来的人头税。

在西方,古罗马时期缺乏统一的税法,税收较为混乱,税源不足,税负沉重。7世纪后,欧洲公社制瓦解,封建制逐渐形成,很少有全国性的地租和常备的赋役制度。主要是领主向领地农民征收土地税,领主向封臣征收的封建常税,国王一般无权向全国征税。当时最著名的就是"采邑制",即因军功受封土地,但必须服兵役。当时法国区域877年有《凯尔西口令》,德国和意大利区域1037年有《封土律》为准。11世纪时英国国王征税须经贤人会议或贵族大会议批准,13世纪末英、法两国先后形成议会制,1293年英国的爱德华国王签署《宪章确认书》,第一次从法律上确认了议会的征税权。古代税制普遍体现直接税较重、间接税较轻的税制格局。

(二)近代税法税制略述

世界近代史发端于英国,自然近代税法与税制也出现在英国。如上所述,英国自大宪章运动以来,议会就有了限制国王征税的权力,但是国王对此很是反感,于是经常爆发激烈的冲突,在1640年爆发了清教徒革命,即英国资产阶级革命,拉开了人类近代史的大幕。1688年英国爆发光荣革命,1689年英国议会通过了限制王权的《权利法案》,奠定了国王统而不治的宪政基础,国家权力由君主逐渐转移到议会。君主立宪制政体即起源于这次光荣革命。1692年英国国会授权征收土地税,建立了英国近代税制的第一块基石。1720年至1930年间,"无议会统治时期",查理一世强行征收"船税"。1723年,对茶叶、咖啡、可可征收货物税(间接税)。18世纪末以前,政府大力征收间接税,其中最主要的是货物税、关税和印花税。英国税制从简单直接税的开征到间接税大量推行的复合税制,而19世纪初,正式确定了现代直接税。受英国的影响,世界各国也都逐渐建立了符合自己国情的近代税制,颁布了相应的税法。建立了以关税为主的间接税制,维护了自由竞争原则。西方近代税法、税制深受资产阶级革命思想、欧洲启蒙运动思想、宪政思想的深刻影响,尤其受到亚当·斯密自由经济哲学的影响,开启了自由竞争和贸易的经济政策,政府的经济权力受到严格限制,税收的范围和规模大大缩小,税法的设立受到议会的严格控制。税制的公共财政性质被斯密详细的揭示出来,各国的税法明显地体现了公共需要的满足目的。

中国的近代始于 1840 年的鸦片战争，英国的船坚炮利打开了封建中国的国门，也带来了西方自由贸易政策中的近代税制。原税制中还以田税为主，但名目渐多。通商口岸新增了新的海关税，还有盐税、当税、烟酒税、田房契税、茶税、厘金等，田税类与工商税类占的比例都不小。这一时期的税收管理具有明显的半封建半殖民地特征，其表现是：①封建割据，地方税收管理权增大，中央管理权限缩小；②丧失了税收管理的独立自主权。海关受帝国主义控制，直到辛亥革命爆发。

清朝灭亡后，中国近代很快进入北洋军阀割据时代，各自为政，没有统一的税收制度，苛捐杂税层出不穷，人民负担繁重。田赋仍为正供，包括地丁、漕粮、租课、差徭和杂税等。初期田赋将清末征收的各种附加并入正赋征收，以后又出现新的田赋附加税，而且名目日繁。据统计，浙江有 74 种，江苏有 105 种之多。附加税额虽明文规定不超过正赋的 30%，但各地方实际大大超过正赋。军阀政府还采取田赋预征的办法苛税于民，最初是一年预征一、二次，以后一年预征数次。在税收管理方面，开始划分中央税和地方税。1913 年，北洋政府整理税制，公布国家税与地方税税法草案，次年又加修订。属中央管理的国家税有：田赋、盐税、关税、常关税、统捐、厘金、矿税、契税、牙税、当税、牙捐、当捐、烟税、酒税、茶税、糖税、渔业税等 17 项；属地方管理的地方税有：田赋附加、商税、牲畜税、粮米捐、土膏捐、油酱捐、船捐、杂货捐、店捐、房捐、戏捐、车捐、乐户捐、茶馆捐、饭馆捐、肉捐、鱼捐、屠捐、夫行捐及其他杂捐税共 20 项。新设的国家税有：印花税、登录税、继承税、营业税、所得税、出产税、纸币发行税。新设的地方税有：房屋税、入市税、使用物税、使用人税、营业附加税、所得税附加税等。这是中国历史上第一次划分中央税和地方税。以上可以看到中国税制由古代渐进入近代时期，工商流转类的税收逐渐增加，但是名目繁多。

（三）现代税法税制略述

世界现代史发端于俄国十月革命，一声炮响，震惊了资本主义朝野。近代的资本主义以英国的自由竞争为开端，经历了第一、第二次工业革命，由自由资本主义进入垄断资本主义，在突出私有制和个人自由哲学的长期影响下，自由竞争成为灾难，第一次世界大战为这场灾难敲响了警钟！计划经济首次在德国战时成为实践。加强政府的干预经济和社会的职能成为时代的需要，增加税收、发展更新的税收法律制度势在必行。以间接税制为主的制度已经无法适应垄断资本主义时代的经济要求，保护关税成了各国发展的障碍，而且由于垄断资本主义带来的经济高速、大规模发展，也带来了富裕的税源，因此在"一战"后西方各国相继建立了以所得税为主体税种的税制结构，少数国家（如法国）则建立了以先进的间接税（增值税）为主体的税制结构。凯恩斯的财政政策思想开始普遍影响西方各国的税收政策与立法，通过税制杠杆干预市场成为税法的一个重要职能。

20世纪70年代末，西方国家普遍进入经济"滞胀"的困境中，以所得税为主体的税制结构虽然有利于社会公平，但抑制了纳税人的储蓄和投资的积极性，在供给学派思想指导下，再次把税法的目标转向税收效率，20世纪80年代中期以后普遍开征增值税，逐渐形成了所得税与商品税并重的税制格局。1986年美国掀开了一轮税改运动，西方各国纷纷效仿，形成了以"低效率、宽税基、简税制、严征管"为特征的全球性税制改革浪潮。在税收的经济效率原则上，由全面干预转向适度干预，在税收效率与公平原则权衡上，偏向突出效率。

国民政府时期（1925-1948年）的税制，一方面对原有税种进行整理改革。另一方面为适应社会经济情况的变化，开征了一些新税种。土地税整理田赋附加，取缔摊派，并于1941年实行田赋改征实物以适应当时财政经济的需要。每元折征谷四市斗，或小麦二市斗八升。1930年颁布土地法，规定开征地价税和土地增值税，地价税的税率为15‰-100‰不等。首先在上海、青岛、杭州、广州等市和广东省开办。开展整理地籍、土地陈报和田赋推收（即土地产权转移时，田赋也随之转移）。从1928-1930年，国民政府与帝国主义国家签订新的关税条约，获得有条件的自主关税权，使用新的关税税率。为了满足抗日战争财政需要，除实行田赋征实和粮食征购外，于1942年开征战时消费税和实行盐专卖。在商品货物税方面，于1931年创办棉纱、火柴、水泥等项统税，实行一物一税，一次征收。以后统税范围逐渐扩大，包括卷烟、啤酒、棉纱、麦粉在内。1939年将统税改为货物税，以后将烟酒税、矿产税、战时消费税等均并入货物税。在直接税方面，于1936年开征所得税，包括：一类营利事业所得税；二类薪给报酬所得税；三类证券存款所得税；

四类财产租赁所得税（1943年开征）。1946年修改后的综合所得税法，还增加了一时所得税。1938年开征非常时期过分利得税，1947年停止，改征特种过分利得税。1940年开征遗产税。1928年裁撤厘金，为弥补厘金损失，开征营业税，1931年公布营业税法，将营业税列为地方税，1942年又改为中央税，1946年又将营业税划分为二：一般商业营业税归地方征；特种营业税由中央统一征收。印花税由国民政府财政部征收。此外属于地方征收的税还有：契税、屠宰税、营业牌照税、使用牌照税、房捐、筵席税、娱乐税以及各种杂捐税。这一时期的税收管理体制，1928年起实行中央、省两级财政体制，明确划分国家税与地方税。1934年确定中央、省、县三级财政体制，将田赋附加、房捐、屠宰税、印花税与营业税的30%列为县税。1942年又改为国家财政与自治财政两级。1946年恢复三级体制，增加了县的税收收入。税务管理机构，在中央财政部设直接税署、赋税司、税务署、关务署、缉私署、盐政司、专卖事业司分管各税和专卖事务。在地方设立与中央相应的机构。在税收征管方面，设立了纳税登记制度、复查制度、纳税制度、检查制度、簿籍管理制度等。

这段时间属于中国税法税制进入现代的时期，根据西方的税法体系建立了适合中国经济的税制体系，修整税制税法以迎合经济结构的变化，推行了分税制财政体制，推出了很多符合市场体制规律的税种，奠定了中国现代税法税制的基础，在新中国建立后的很长一段时间，都是以此作为税收的基本指南，例如1950年7月，政务院公布的《全国税政实施要则》中，就曾列举有对个人所得课税的税种，当时定名为"薪给报酬所得税"。但由于我国生产力和人均收入水平低，实行低工资制，虽然设立了税种，却一直没有开征。后来新中国又在自己发展计划经济和改革开放中构建了符合自己需求的税制税法，直到今天。

第四节　基本概念、原理、制度的实践情况

一、税法调控经济

税法具有宏观调控经济的功能，自古至今都具备这种功能，只是在不同

时期、不同国家这种功能表现的强弱不同而已。

（一）基本实例

2020 年 1 月 23 号，中国大规模暴发了新型冠状病毒感染的肺炎疫情，开始进入紧急状态、封城、停产停工，在临近春节之际整个国家遭受疫情袭击。在春节假期结束后，疫情日益严重，根本无法恢复正常的生产经营秩序，全国各地大量的企业无法正常开工，整个国家的经济形势异常严峻，企业的经营遭遇到史无前例的困境。此时，国家为了振兴经济，采取了多种政策方法和手段，其中就包括税法中的税收政策。

为有效联防联控应对新型冠状病毒感染的肺炎疫情，财政部、国税总局陆续出台了多项财税支持措施，涉及增值税、企业所得税、个人所得税等多个税种以及进口、捐赠等多个环节。这些税收支持政策主要体现在如下四个文件中：一是《财政部 海关总署 税务总局关于防控新型冠状病毒感染的肺炎疫情进口物资免税政策的公告》（财政部公告 2020 年第 6 号）；二是《财政部 税务总局关于支持新型冠状病毒感染的肺炎疫情防控有关税收政策的公告》（财政部 税务总局公告 2020 年第 8 号）；三是《财政部 税务总局关于支持新型冠状病毒感染的肺炎疫情防控有关捐赠税收政策的公告》（财政部 税务总局公告 2020 年第 9 号）；四是《财政部 税务总局关于支持新型冠状病毒感染的肺炎疫情防控有关个人所得税政策的公告》（财政部 税务总局公告 2020 年第 10 号）。

（二）具体内容

具体包括九个方面内容：一是对疫情防控重点物资生产企业为扩大产能新购置的相关设备，允许一次性计入当期成本费用在企业所得税税前扣除。二是对纳税人运输疫情防控重点物资取得的收入，免征增值税。三是对疫情防控重点物资生产企业，全额退还 2020 年 1 月 1 日后增值税增量留抵税额。四是对受疫情影响较大的交通运输、餐饮、住宿、旅游等行业企业，亏损结转年限在现行结转 5 年的基础上，再延长 3 年。五是对纳税人提供公共交通运输服务、生活服务，以及快递收派居民必需生活物资取得的收入，免征增值税。六是企业和个人通过公益性社会组织等或直接向医院捐赠用于疫情防治的医用物资等物品，允许在缴纳所得税前全额扣除。对单位和个体工商户无偿捐赠用于疫情防治的货物，免征增值税、消费税、城市维护建设税、教育费附加和地方教育附加。七是对两方面的收入免征个人所得税，包括：参加疫情防治工作的医务人员和防疫工作者按照政府规定标准取得的临时性工作补助和奖金，以及单位发给个人用于预防的药品、医疗用品和防护用品等实物。八是明确对捐赠用于疫情防控的进口物资免征进口关税和进口环节增值税、消费税。九是明确对卫生健康部门组织进口的防控物资免征进口关税。

此外，为了便于理解和执行支持新冠病毒感染的肺炎疫情防控税收政策，明确相关税收征收管理事项，简便征管流程，国家税务总局又下发了《关于支持新型冠状病毒感染的肺炎疫情防控有关税收征收管理事项的公告》（国家税务总局公告 2020 年第 4 号）。

（三）评议

由于一系列紧急税收宏观调控政策的出台，及时的为各类企业减免税负，尽可能地降低复工和生产经营成本，这样就可以维持正常的生产秩序。同时由于税收政策的有效激励，使得防控疫情的各类参与行为被系统安置、调动起来，用直接的经济手段、符合市场规律的法律手段干预市场、扶持市场，此时为了全社会的公共利益，必须牺牲一般市场主体的正常诉求，严格控制正常市场主体的经营行为，包括价格、供应等，同时调动全社会的资源集中应对疫情，这样就起到了非常有效的宏观经济调控作用。截止到 2020 年 3 月 10 日，中国政府宣布疫情感染的高峰期已经过去，口罩、消毒液等紧俏物资已经开始大量上市供应，也开始援助或销售给其他需要的国家，正在生产经营的企业和即将复工的企业都感觉到来自国家强大的税政支持。这种税法宏观调控的行为取得了辉煌的效果，赢得了国内外的好评！

二、税法立法情况

税法立法研究是一项艰巨的工作，既要懂经济实践、原理，还得懂税收法律，这是概念和原理在现实中的精彩体现，这个题目就是引导学生思考税收立法问题。

（一）基本实例

2019 年 10 月 9 日，国务院印发《实施更大规模减税降费后调整中央与地方收入划分改革推进方案》，明确提出，后移消费税征收环节并稳步下划地方，标志着消费税改革进入加速推进阶段。除了征收环节的调整之外，消费税改革还包括其他重要内容。比如扩大征收范围，包括扩大对"高耗能、高污染、资源性产品"的征收范围，以及扩大对高档消费品和消费行为的征收范围。此次方案中也明确提出，先对高档手表、贵重首饰和珠宝玉石等条件成熟的品目实施改革，再结合消费税立法对其他具备条件的品目实施改革试点。

（二）税改的原因

这样税改的原因是，随着国家减费降税政策的逐步深入，尤其是营改增的不断深入、个人所得税改革的持续推进，在降低企业和个人税收负担的同时，也使地方政府税收收入迫在眉睫。营改增之后，一段时间内地方一直缺乏主体税种，在房地产税、遗产税推进相对缓慢的情况下，消费税的下划是支持地方财力的重要举措，有利于补充地方税收收入来源，同时这也符合消费税作为地方税种的特点。这既能保证中央与地方政府利益平衡稳定，又能适度缓解地方财政资金紧张矛盾。还可以有效调动地方促进发展经济、组织财政收入的积极性，同时有助于改善部分地区因争抢税源而出现的无序招商引资等不良竞争，也能够让消费和地方财力更紧密结合，促进消费升级。深化消费税改革，将其由生产环节征收逐步调整为消费环节征收，也是完善地方税收体系建设，进而为消费税立法做准备。党的十八届三中全会要求贯彻税收法定，时间表要求在2020年前基本完成改革任务。消费税立法是完成税收法定任务中的重要组成部分。

（三）评议

消费税在生产环节征收是在1994年确立该税种、颁布税收行政法规时就已经确立，对于生产所在地的地方税收节省了大量的税收成本，也使税源非常容易得到控制，但是对于商品的自由流通却不利，容易导致生产地的商品被限制销售，而且征税范围有限，在流转税体系中占的比例过低，尤其在营业税被合并到增值税中后，增值税"一税独大"，使得流转税结构比例失衡，改革后这样的问题就得到了很好的协调，消费税的调节功能发挥得更加淋漓尽致。因此，需要立法上进行修改，2020年2月27日财政部公布了2020年的立法计划，其中就包括完成《中华人民共和国消费税法》，以上原理很可能体现在这部反映中国税收法治原则的基本税法中。

三、税收行政实务案例类

在我国的经济实践中，公司的很多投资者经常将公司的资金与个人的资金混同，不作区分，税务部门对此也疏于管理，在稽查时很多情况下不作处理，但随着税法实施的刚性增强，这些行为面临着巨大的法律风险。

（一）基本实例

有一个老板在前些年开了一家公司，生意还算红火，后来自己需要买一套房子改善生活，于是便从自己所开的公司"借"走了 350 万元到个人账户拿去买房子了。公司少了 350 万元那必须把账做平呀，于是当时公司的会计是这样做账的：

> 会计分录：
> 借：其他应收款–老板借款 350 万元
> 贷：银行存款 350 万元

这笔借款一借就是多年，一直挂在"其他应收款"下没有归还。到了 2019 年，当地的税务局在对这个老板的公司税务稽查中，在公司的"其他应收款"下发现了这笔老板转走多年都没有归还的 350 万元"借款"，最后对老板这笔借走的 350 万元依照"利息、股息、红利所得"计征个人所得税 70 万元，并对少扣缴税款处以 50% 的罚款即 35 万元，一共 105 万元就这么的没有了。这种经税务稽查后发现问题并连打带罚的法律依据是什么呢？

（二）评议

在 2003 年时财政部、国家税务总局就曾下发了《关于规范个人投资者个人所得税征收管理的通知》（财税［2003］158 号），其中在该通知文件的第 2 条中规定"纳税年度内个人投资者从其投资企业（个人独资企业、合伙企业除外）借款，在该纳税年度终了后既不归还，又未用于企业生产经营的，其未归还的借款可视为企业对个人投资者的红利分配，依照"利息、股息、红利所得"项目计征个人所得税"。由此可见，公司虽然是老板的，但是却不是老板的小金库，老板从公司账上抽走资金长期不还必须依法纳税。税务稽查属于税收行政执法的具体表现之一，这是属于对税法实施的具体情况进行随时跟踪的行政行为，是保障纳税主体依法缴税的坚实基础。

四、税法行政诉讼等

税务局在征税过程中需要严格按照法定的程序进行，我国有《税收征收管理法》《中华人民共和国行政复议法》（以下简称《行政复议法》）等，对于相关的程序有详细的规定，如果税务部门在实施行政行为过程中没有严格遵守，就可能面临着成为被告的局面。

（一）基本实例

某县税务局稽查局查处一起重大税务案件，按规定提交县税务局重大案件审委会审理后，根据审委会主任签发的《重大税务案件审理意见书》，制作《税务处理决定书》和《税务行政处罚决定书》，并送达执行。

纳税人对行政处罚决定不服，按《税务行政处罚决定书》的要求向县税务局申请行政复议，县税务局作出"维持原决定"的复议决定。纳税人仍不服，依法向县人民法院起诉，法院判决：《税务行政处罚决定书》中"如对本决定不服，可以自收到本决定之日起 60 日内依法向县税务局申请行政复议，或者自收到本决定之日起 6 个月内依法向人民法院起诉"，属于执法程序性错误，侵犯了纳税人的合法权益，依法撤销稽查局作出的税务行政处罚决定书。

在本案中法院认为，县税务局受理了纳税人不服税务行政处罚的复议申请并做出了行政复议决定，超越了税务行政复议权限，税务行政复议决定失当。本案作为重大税务案件，《税务处理决定书》《税务行政处罚决定书》经过了县局重大税务案件审理委员会的审理，虽然最终的行政执法文书是以县地税局稽查局的名义作出，但却不应向"其所属税务局"——县税务局申请行政复议。而应依据《行政复议法》的规定，可以向"审理委员会所在税务机关"——县税务局的"本级人民政府"申请行政复议，也可以向其"上一级主管部门"——市税务局申请行政复议。

（二）评议

该案是一起典型的税务行政程序错误的案件。根据《行政复议法》规定，申请人"对政府工作部门依法设立的派出机构依照法律、法规或者规章规定，以自己的名义作出的具体行政行为不服的，向设立该派出机构的部门或者该部门的本级地方人民政府申请行政复议""对县级以上地方各级人民政府工作部门的具体行政行为不服的，由申请人选择，可以向该部门的本级人民政府申请行政复议，也可以向上一级主管部门申请行政复议"。但是对于重大税务案件的处罚的复议不尽如此。《中华人民共和国行政复议法实施条例》（以下简称《行政复议法实施条例》）规定，下级行政机关依照法律、法规、规章规定，经上级行政机关批准作出具体行政行为的，批准机关为被申请人。在《税务行政复议规则》（国家税务总局令第 39 号）也明确规定："申请人对经重大税务案件审理程序作出的决定不服的，审理委员会所在税务机关为被申请人"。《重大税务案件审理办法》（国家税务总局令第 34 号）规定，省以下各级税务局设立重大税务案件审理委员会。当地税务局违反了级别管辖的原则，所以败诉。县人民法院判决撤销县税务局的行政复议决定。

五、税款的债权性质

根据《企业破产法》第 113 条第 1 款规定，破产财产在优先清偿破产费用和共益债务后，依照下列顺序清偿：破产人所欠职工的工资和医疗、伤残补助、抚恤费用，所欠的应当划入职工个人账户的基本养老保险、基本医疗保险费用，以及法律、行政法规规定应当支付给职工的补偿金。破产人欠缴的除前项规定以外的社会保险费用和破产人所欠税款。普通破产债权。根据该规定，税款属于债权性质，具有优先于普通债权的效力，那么税收滞纳金是否也一并优先呢？

（一）基本实例

某化工股份有限公司（以下简称"化工公司"）系国家税务总局某县税务局（以下简称县税务局）管理的纳税人，2018 年经一审法院裁定进入破产程序。2018 年年末，一审法院裁定另外四家公司与化工公司合并破产重整。债权申报过程中，经核实，化工公司欠缴消费税、企业所得税、房产税、土地使用税等各种税款 329 257 062.97 元，滞纳金 334 030 264.27 元。截至 2018 年 11 月，化工公司在税务机关留抵增值税款 86 860 689.92 元，化工公司欠缴税款中不包括增值税。《专项审计报告》将增值税 113 206 772.03 元列入化工公司"其他流动资产"。县税务局申报税款债权 329 257 062.97 元，滞纳金 334 030 264.27 元。管理人审查认定税款 235 682 234.45 元，滞纳金 334 030 264.27 元，对申报中的税款 93 574 828.52 元不予确认，并将滞纳金列入普通债权。该做法是否合法？

县税务局认为，依据《国家税务总局关于税收优先权包括滞纳金问题的批复》及《税收征收管理法》的规定，化工公司少缴税款的滞纳金应属于优先债权。税款滞纳金在征缴时视同税款管理，税收强制执行、出境清税、税款追征、复议前置条件等相关条款都明确规定滞纳金随税款同时缴纳。税收优先权等情形也适用这一法律精神，《税收征收管理法》第45条规定的税收优先权执行时包括税款及其滞纳金。化工公司认为，少缴纳税款的滞纳金根据最高人民法院司法解释的明确规定，应依法确认为普通破产债权。一审、二审法院观点，在企业进入破产程序后，人民法院审理破产企业欠缴税款相关民事案件，应当适用破产方面的法律法规和税收等其他方面的法律规范，同时，破产方面的法律法规属于特别法，应当优先适用。

（二）评议

根据《企业破产法》第113条第1款规定，破产人只有所欠的税款才优先于普通破产债权，并不包含税款产生的滞纳金。而县税务机关则认为，按照《国家税务总局关于税收优先权包括滞纳金问题的批复》的意见，税款滞纳金在征缴时视同税款管理，税收强制执行、出境清税、税款追征、复议前置条件等相关条款都明确规定滞纳金随税款同时缴纳。税收优先权等情形也适用这一法律精神，《税收征收管理法》第45条规定的税收优先权执行时包括税款及其滞纳金。

县税务机关在本案中，不适当地对《企业破产法》的条文进行了扩充解释，其理由难以成立。《税收征收管理法》第40条第2款规定，税务机关采取强制执行措施时，对前款所列纳税人、扣缴义务人、纳税担保人未缴纳的滞纳金同时强制执行。第44条规定，欠缴税款的纳税人或者他的法定代表人需要出境的，应当在出境前向税务机关结清应纳税款、滞纳金或者提供担保。未结清税款、滞纳金，又不提供担保的，税务机关可以通知出境管理机关阻止其出境。第52条第2款规定，因纳税人、扣缴义务人计算错误等失误，未缴或者少缴税款的，税务机关在3年内可以追征税款、滞纳金。有特殊情况的，追征期可以延长到5年。第88条规定，纳税人、扣缴义务人、纳税担保人同税务机关在纳税上发生争议时，必须先依照税务机关的纳税决定缴纳或者解缴税款及滞纳金或者提供相应的担保，然后可以依法申请行政复议。

从上述条文内容可以看出，滞纳金是同税款一起明确列出的，由税务机关一并做出处理。但是《企业破产法》第113条只列出了税款，没有提到滞纳金，因此滞纳金只能被列入普通破产债权。税务机关认为在《税收征收管理法》中滞纳金视同税款进行管理，所以在破产程序中滞纳金也属于优先债权的理由是不成立的，其对法律条文随意进行了扩充解释，不符合立法原意。《国家税务总局关于税收优先权包括滞纳金问题的批复》中明确表示，《税收征管法》第45条规定的税收优先权执行时包括税款及其滞纳金。而本文中的案例可知，在破产程序中税收滞纳金是不享有税收优先权的。《最高人民法院关于税务机关就破产企业欠缴税款产生的滞纳金提起的债权确认之诉应否受理问题的批复》也表明，欠缴税款产生的滞纳金属于普通破产债权。国家税务总局的行政解释与最高人民法院的司法解释在此时就产生了冲突，该如何解决？根据《全国人民代表大会常务委员会关于加强法律解释工作的决议》（1981年6月10日通过）第2条，"凡属于法院审判工作中具体应用法律、法令的问题，由最高人民法院进行解释"与第3条，"不属于审判和检察工作中的其他法律、法令如何具体应用的问题，由国务院及主管部门进行解释"之规定可以推断出，行政程序遵循行政解释，司法程序遵循司法解释，二者互不干涉。因此法院按照司法解释进行了判决。

这说明在破产程序中税款也属于一种债权，只是偿还顺序优先于普通债权，滞纳金也属于一种债权，只是不能与税款一并列入优先顺序，只能作为普通债权处理。在破产程序中，税务局也要登记参加债权人会议，也要参与投票表决。

六、偷税罪改为逃税罪的法律理念

偷税罪改为逃税罪，一字之差，包含了怎样的法律理念变更呢？

（一）基本实例

2018年中国出现了某明星被他人举报偷逃税款多达8亿元，税务局最终追缴税款及滞纳金等8亿多元，但出乎公众的一般预料，依法可能判处7年的有期徒刑，为什么就没了？

在刑法中偷税罪最初设立时，我们已经习惯适用这个概念了，2009年2月，在《中华人民共和国刑法修正案（七）》中将偷税罪修改为逃税罪，但管辖的具体行为和案件范围与原偷税罪基本相同，最大的不同之处在于增加了对逃税罪不予追究刑事责任的特殊规定。《中华人民共和国刑法》第201条修改为："纳税人采取欺骗、隐瞒手段进行虚假纳税申报或者不申报，逃避缴纳税款数额较大并且占应纳税额百分之十以上的，处三年以下有期徒刑或者拘役，并处罚金；数额巨大并且占应纳税额百分之三十以上的，处三年以上七年以下有期徒刑，并处罚金。扣缴义务人采取前款所列手段，不缴或者少缴已扣、已收税款，数额较大的，依照前款的规定处罚"。"对多次实施前两款行为，未经处理的，按照累计数额计算"。"有第一款行为，经税务机关依法下达追缴通知后，补缴应纳税款，缴纳滞纳金，已受行政处罚的，不予追究刑事责任；但是，五年内因逃避缴纳税款受过刑事处罚或者被税务机关给予二次以上行政处罚的除外。"

此次修订体现了以下几个方面内容：一是修改了罪名。将原规定的偷税行为改为逃税行为。即将罪名由偷税罪改为逃税罪。二是修改了犯罪手段。将原规定的犯罪手段由列举规定改为概括规定。即将原来列举的五种具体手段，概括为欺骗、隐瞒手段。三是修改了犯罪情节。将原规定从违法金额占应纳税额比例和偷税数额两个方面确定犯罪情节，改为仅从违法金额占应纳税额比例确定犯罪情节。四是修改了刑罚。将原来刑罚种类中罚金由固定数额改为不固定数额。五是增加了初次违法免罪规定。即规定行为人经税务机关依法下达追缴通知后，补缴应纳税款，缴纳滞纳金，已受行政处罚的，不予追究刑事责任。

（二）评议

从法律条文的变化上我们可以看出不予追究刑事责任符合法律规定，但是为什么会这样立法呢？在2002年时也有明星偷税被刑拘，对公司及实际经营者也进行了刑事处罚，这又如何解释呢？这主要原因在于，随着我国开放程度的增加，我们对西方发达国家的市场信用体系更加了解，对它们的税法也了解颇多，发现这种故意隐瞒收入、捏造成本的行为应该是一种逃避国家确定的法定义务的行为，而不是窃取国家已占财产。而且由于发达的信用机制，多数情况下不是靠司法机构来打击逃税行为，普遍采用民事罚款，同时鼓励积极补交税款和滞纳金，这样使得国家的税法威严得以维护的同时，还保障了财政收入及时、足额入库，这是市场经济国家普遍的做法，于是我国也顺应国际潮流，采用了这种观念。于是就出现了同样案例但发生在2002年和 2018 年有不同的处理结果。

第五节　税法计算

一、增值税

（一）定义

增值税是以商品（含应税劳务）在流转过程中产生的增值额作为计税依据而征收的一种商品税或流转税。从计税原理上说，增值税是对商品生产、流通、劳务服务中多个环节的新增价值征收的一种流转税。实行价外税（开具发票时价款与增值税款分别列明，而价内税则统一），也就是由消费者负担。针对过去的产品税、货物税等，其是 1954 年在法国最早出现的，我国是 1979 年最早开始试行的。

（二）发展概括

1979 年，我国开始对开征增值税的可行性进行调研。继而在 1980 年选择在柳州、长沙、襄樊、上海等城市，对重复征税矛盾较为突出的机器机械和农业机具两个行业试点开征增值税。1981 年，试点范围扩大到自行车、电风扇和缝纫机三种产品。1983 年，征税地点扩大到全国范围，1984 年国务院发布《中华人民共和国增值税暂行条例（草案）》。这一阶段的增值税的税率档次过多，征税范围并不包括全部产品和所有环节，只是引进了增值税计税方法，并非真正意义上的增值税。

1993 年底，我国工商税制进行了较为彻底的全面改革。1993 年 12 月 13 日发布的《增值税暂行条例》，确立了自 1994 年 1 月 1 日起，增值税的征税范围为销售货物，加工、修理修配劳务和进口货物，因不允许一般纳税人扣除固定资产的进项税额，故称"生产型增值税"。实行生产型增值税，主要是基于控制投资规模、引导投资方向和调整投资结构的需要。税率定为基本税率 17%，低税率 13%，小规模纳税人 6%（商业企业小规模纳税人为 4%），出口税率为零。

2004年，我国开始实行由生产型增值税向消费型增值税的转型试点。[1]自2004年7月1日起，东北地区的辽宁省、吉林省、黑龙江省和大连市实行扩大增值税抵扣范围政策的试点。自2007年7月1日起，扩大增值税抵扣范围的改革由东北三省一市扩大到中部地区26个老工业基地城市。自2008年7月1日起，东北老工业基地扩大增值税抵扣范围试点政策适用于内蒙古东部地区。与此同时，增值税转型试点扩大到汶川地震中受灾严重地区，包括极重灾区10个县市和重灾区41个县区。2008年11月5日，国务院修订《增值税暂行条例》，决定自2009年1月1日起，在全国范围内实施增值税转型改革。

2012年1月1日起，我国率先在上海实行交通运输业及部分现代服务业的营业税改征增值税试点改革。随后，北京市、天津市、江苏省、安徽省、浙江省（含宁波市）、福建省（含厦门市）、湖北省、广东省（含深圳市）自2012年9月1日起先后纳入营业税改征增值税的试点地区。经国务院批准，自2013年8月1日起，在全国范围内开展交通运输业和部分现代服务业营改增试点。自2014年1月1日起，铁路运输和邮政业也纳入了营业税改征增值税的试点。

以《财政部、国家税务总局关于全面推开营业税改征增值税试点的通知》（财税〔2016〕36号）为标志，我国将最后的建筑业、房地产业、金融业和生活服务业四大行业的营改增于2016年5月1日起全面推开，营业税虽然由于追征期等原因尚未彻底取消，但是新发生业务中已经退出征税。我国经历了产品税、营业税、增值税，三税并存到增值税实现大一统的过程，目前，我

---

〔1〕 生产型增值税，一般指以销售收入总额减去其耗用的外购货物与劳务但不包括购进的固定资产后的余额为计税依据所计算的增值税。其主要特征在于不允许扣除购进固定资产所负担的增值税。由于其相对征收额度比较大，收入的可控性比较强，一般在推行时被采用，属于一种过渡性的增值税类型。收入型增值税，一般指以销售额减去外购货物、劳务和固定资产折旧额后的余额为计税依据所计算的增值税。其主要特征在于对投入的固定资产所含增值税额按照固定资产折旧进行逐步扣除。从理论上讲，应为一种标准的增值税，但难以实现与发票的对接，在实际操作中可控性比较差，且固定资产折旧的核算在所得税和财务上又有区别，为此，采用收入型增值税的国家较少。消费型增值税，一般指以销售收入总额减去其耗用的外购货物与劳务及购进固定资产后的余额为增值税所计算的增值税。其主要特征在于允许将购置的所有投入物，包括固定资产在内的已纳增值税额一次性全部予以扣除。由于该类型增值税在采用发票扣税法上无困难，且发票扣税法能对每笔交易的税额进行计算并很方便地予以扣除，因而是一种先进、规范及轻税负的增值税类型。

国实施增值税管理的基本法规有两个：一是《增值税暂行条例》（中华人民共和国国务院令第 538 号），主要适用于货物生产经营和劳务；二是《营业税改征增值税试点实施办法》，主要适用于营改增项目。

财政部和国家税务总局发布《关于简并增值税税率有关政策的通知》，2017 年 7 月 1 日起，简并增值税税率结构，取消 13% 的增值税税率，并明确了适用 11% 税率的货物范围和抵扣进项税额规定。[1] 从 2018 年 5 月 1 日起，将制造业等行业增值税税率从 17% 降至 16%，将交通运输、建筑、基础电信服务等行业及农产品等货物的增值税税率从 11% 降至 10%。

一般纳税人适用的税率有：16%、10% 、6%、0%等。

适用 16% 税率：销售货物或者提供加工、修理修配劳务以及进口货物。提供有形动产租赁服务。

适用 10% 税率：提供交通运输业服务。农产品（含粮食）、自来水、暖气、石油液化气、天然气、食用植物油、冷气、热水、煤气、居民用煤炭制品、食用盐、农机、饲料、农药、农膜、化肥、沼气、二甲醚、图书、报纸、杂志、音像制品、电子出版物。

适用 6%税率：提供现代服务业服务（有形动产租赁服务除外）。

适用 0%税率：出口货物等特殊业务。

小规模纳税人适用征收率，征收率为 3%。[2]

2019 年 4 月 1 日开始实施的《关于深化增值税改革有关政策的公告》（财政部、税务总局、海关总署公告 2019 年第 39 号）对增值税税率表进行了调整，增值税税率一共有 4 档：13%、9%、6%、0%。具体表现为：第一，销售交通运输服务、邮政、基础电信、建筑、不动产租赁服务，销售不动产，

---

〔1〕 2017 年 4 月 19 日国务院常务会议决定，7 月 1 日起，将增值税税率由四档减至 17%、11% 和 6%三档，取消 13%这一档税率。中国第一大税种增值税税率简化合并将踏出第一步。

〔2〕 一般纳税人：①生产货物或者提供应税劳务的纳税人，以及以生产货物或者提供应税劳务为主（即纳税人的货物生产或者提供应税劳务的年销售额占应税销售额的比重在 50%以上）并兼营货物批发或者零售的纳税人，年应税销售额超过 50 万元的；②从事货物批发或者零售经营，年应税销售额超过 80 万元的。小规模纳税人：①从事货物生产或者提供应税劳务的纳税人，以及从事货物生产或者提供应税劳务为主（即纳税人的货物生产或者提供劳务的年销售额占年应税销售额的比重在 50%以上），并兼营货物批发或者零售的纳税人，年应征增值税销售额（简称"应税销售额"）在 50 万元以下（含本数）的；②除上述规定以外的纳税人，年应税销售额在 80 万元以下（含本数）。

转让土地使用权以及销售或进口正列举的农产品等货物税率为9%。第二，加工修理修配劳务、有形动产租赁服务和进口税率为13%。第三，销售无形资产（除土地使用权）为6%。第四，出口货物税率为0。第五，其余的，货物是13%，服务是6%。小规模纳税人征收率为3%。

增值税税率表

序号	税目	税率
1	销售或者进口货物（除9-12项外）	13%
2	加工、修理修配劳务	13%
3	有形动产租赁服务	13%
4	不动产租赁服务	9%
5	销售不动产	9%
6	建筑服务	9%
7	运输服务	9%
8	转让土地使用权	9%
9	饲料、化肥、农药、农机、农膜	9%
10	粮食等农产品、食用植物油、食用盐	9%
11	自来水、暖气、冷气、热水、煤气、石油液化气、天然气、二甲醚、沼气、居民用煤炭制品	9%
12	图书、报纸、杂志、音像制品、电子出版物	9%
13	邮政服务	9%
14	基础电信服务	9%
15	增值电信服务	6%
16	金融服务	6%
17	现代服务	6%
18	生活服务	6%
19	销售无形资产（除土地使用权外）	6%
20	出口货物	0%
21	跨境销售国务院规定范围内的服务、无形资产	0%

2020 年新冠疫情期间的税收政策调整。2020 年 2 月 11 日，国家税务总局对新出台的税收优惠政策进行梳理形成新冠肺炎疫情防控税收优惠政策指引，共涉及支持防护救治、支持物资供应、鼓励公益捐赠、支持复工复产四个方面 12 项政策。税收支持政策主要体现在如下政策或几个文件中：一是《财政部 海关总署 税务总局关于防控新型冠状病毒感染的肺炎疫情进口物资免税政策的公告》[财政部公告 2020 年第 6 号（2 月 1 日发布）]；二是《财政部税务总局关于支持新型冠状病毒感染的肺炎疫情防控有关税收政策的公告》[财政部 税务总局公告 2020 年第 8 号，（2 月 6 日发布）]；三是《财政部 税务总局关于支持新型冠状病毒感染的肺炎疫情防控有关捐赠税收政策的公告》[财政部 税务总局公告 2020 年第 9 号（2 月 6 日发布）]；四是《财政部 税务总局关于支持新型冠状病毒感染的肺炎疫情防控有关个人所得税政策的公告》[财政部 税务总局公告 2020 年第 10 号（2 月 6 日发布）]；五是《国家税务总局关于支持新型冠状病毒感染的肺炎疫情防控有关税收征收管理事项的规定》[国家税务总局公告 2020 年第 4 号（2 月 10 日发布）]；六是 2020年 2 月 25 日，国务院总理李克强主持召开的国务院常务会议部署了对个体工商户加大扶持，以帮助缓解疫情影响纾困解难，提出将减免小规模纳税人增值税的要求，自 3 月 1 日至 5 月底，免征湖北省境内小规模纳税人增值税，其他地区征收率由 3% 降至 1%。

（三）基本计算公式

1. 一般纳税人应纳税额计算

（1）增值税 = 销项税额 – 进项税额

（2）不含税销项税额 = 含税销售额 ÷ [1+税率（征收率）]

2. 小规模纳税人应纳税额的计算

（1）应纳税额 = 销售额 × 征收率

（2）销售额 = 含税销售额 ÷（1+征收率）

3. 进口货物应纳税额的计算

（1）应纳税额 = 组成计税价格 × 税率

（2）组成计税价格 = 关税完税价格 + 关税 + 消费税

（3）组成计税价格 = 关税完税价格 ×（1+关税税率）÷（1–消费税税率）

（四）计算相关概念与规定

1. 销售额的规定

（1）一般规定。销售额为纳税人发生应税销售行为收取的全部价款和价外费用，但是不包括收取的销项税额。价外费用，包括价外向购买方收取的手续费、补贴、基金、集资费、返还利润、奖励费、违约金、滞纳金、延期付款利息、赔偿金、代收款项、代垫款项、包装费、包装物租金、储备费、优质费、运输装卸费以及其他各种性质的价外收费。但下列项目不包括在内：①受托加工应征消费税的消费品所代收代缴的消费税；②同时符合条件的代垫运输费用；③同时符合条件代为收取的政府性基金或者行政事业性收费；④销售货物的同时代办保险等而向购买方收取的保险费，以及向购买方收取的代购买方缴纳的车辆购置税、车辆牌照费。

（2）混合销售的销售额。"营改增"之前指的是一项行为既涉及增值税又涉及营业税，之后按照现行的《营业税改征增值税试点实施办法》第40条规定，一项销售行为如果既涉及服务又涉及货物，为混合销售。从事货物的生产、批发或者零售的单位和个体工商户的混合销售行为，按照销售货物缴纳增值税。其他单位和个体工商户的混合销售行为，按照销售服务缴纳增值税。

（3）兼营应税劳务的销售额。[1] 纳税人兼营不同税率的货物或者应税劳务，应当分别核算不同税率货物或者应税劳务的销售额，未分别核算销售额的，从高适用税率。[2] 很多2018年之前出版的税法著作都存在兼营非应税劳务的概念。纳税人兼营免税、减税项目的，应当分别核算免税、减税项目的销售额。未分别核算销售额的，不得免税、减税。[3]

（4）价款和税款合并收取情况下的销售额。因增值税属于价外税，纳税人向购买方销售货物或应税劳务所收取的价款中不包含增值税税款，价款和增值税税款在增值税专用发票上也是分别注明的。但在经济业务活动中，有

---

[1] 从2016年5月1日起，全面"营改增"后，营业税暂停征，不再存在非增值税应税项目，兼营非应税劳务概念取消，但存在简易办法征收项目、集体福利（个人消费）以及非正常损失等，购进货物不得抵扣进项税额。

[2] 2017年修订的《增值税暂行条例》第3条规定。

[3] 2017年修订的《增值税暂行条例》第16条规定。

的一般纳税人，如商品零售企业，将货物或应税劳务直接销售给消费者、小规模纳税人，则只能开具普通发票，而不能开具增值税专用发票。另外，小规模纳税人发生销售货物或应税劳务，除通过税务所代开增值税专用发票外，也只能开具普通发票，将销售货物或应税劳务的价款和增值税税款合并定价并合并收取。这样，在计算应纳增值税税额时，应将含增值税的销售额换算成不含增值税的销售额。如果销售货物是消费税应税产品或进口产品，则全部价款中包括消费税和关税。

（5）税务机关核定销售额的确定方法。纳税人销售货物或者提供应税劳务的价格明显偏低无正当理由的，或者视同销售行为而无销售额的，由主管税务机关核定其销售额。税务机关可按下列顺序确定销售额：①按纳税人当月同类货物的平均销售价格确定；②按纳税人最近时期同类货物的平均销售价格确定；③按组成计税价格确定。其计算公式为：组成计税价格＝成本×（1+成本利润率）

（6）特殊销售方式的销售额的确定。①以折扣方式销售货物。纳税人以折扣方式销售货物分为两种，一种是商业折扣，又称价格折扣，是指销货方为鼓励购买者多买而给予的价格折让，即购买越多，价格折扣越多。商业折扣一般都从销售价格中直接折算，即购买方所付的价款和销售方所收的货款，都是按打折以后的实际售价来计算的。另一种是现金折扣，是指销货方为鼓励买方在一定期限内早日付款，而给予的一种折让优惠。对商业折扣，应作如下处理：一是销售额和折扣额在同一张发票上分别注明的，可按冲减折扣额后的销售额征收增值税；二是将折扣额另开发票的，不论财务会计上如何处理，在征收增值税时，折扣额不得冲减销售额。②纳税人采取以旧换新方式销售货物，应按新货物的同期销售价格确定销售额。所谓以旧换新销售，是指纳税人在销售过程中，折价收回同类旧货物，并以折价款部分冲减货物价款的一种销售方式。但税法规定，对金银首饰以旧换新业务，可以按照销售方实际收取的不含增值税的全部价款征收增值税。③采取以物易物方式销售货物。以物易物是一种较为特殊的购销活动，是指购销双方不是以货币结算，而是以同等价款的货物相互结算，实现货物购销的一种方式。以物易物双方都应作购销处理，以各自发出的货物核算销售额并计算销项税额，以各自收到的货物按规定核算购货额并计算进项税额。应注意的是，在以物易物活动中，应分别开具合法的票据，如收到的货物不能取得相应的增值税专用发票或其他合法票据的，不能抵扣进项税额。

（7）出租出借包装物情况下销售额的确定。纳税人为销售货物而出租、出借包装物收取的押金，单独记账核算的，不并入销售额，税法另有规定除外。但对逾期（一般以1年为限）未收回包装物而不再退还的押金，应并入销售额，并按所包装货物的适用税率计算销项税额。税法规定，对销售除啤酒、黄酒以外的其他酒类产品而收取的包装物押金，无论是否返还以及会计上如何核算，均应并入当期销售额征税。

（8）视同销售。将货物交付其他单位或者个人代销。销售代销货物。设有两个以上机构并实行统一核算的纳税人，将货物从一个机构移送其他机构用于销售，但相关机构设在同一县（市）的除外。将自产或者委托加工的货物用于非增值税应税项目。将自产、委托加工的货物用于集体福利或者个人消费。将自产、委托加工或者购进的货物作为投资，提供给其他单位或者个体工商户。将自产、委托加工或者购进的货物分配给股东或者投资者。将自产、委托加工或者购进的货物无偿赠送其他单位或者个人。

2. 进项税额的确定

（1）进项税额的概念。其是指纳税人购进货物、劳务、服务、无形资产、不动产支付或者负担的增值税额。进项税额＝（外购固定资产、原料、燃料、动力）×税率

（2）准予从销项税额中抵扣的进项税额。①从销售方取得的增值税专用发票上注明的增值税额。②从海关取得的海关进口增值税专用缴款书上注明的增值税额。③购进农产品，除取得增值税专用发票或者海关进口增值税专用缴款书外，按照农产品收购发票或者销售发票上注明的农产品买价和11%的扣除率计算的进项税额[1]，国务院另有规定的除外。进项税额计算公式：进项税额＝买价×扣除率。④自境外单位或者个人购进劳务、服务、无形资产或者境内的不动产，从税务机关或者扣缴义务人取得的代扣代缴税款的完税

---

[1] 根据《财政部、国家税务总局关于简并增值税税率有关政策的通知》：2017年7月1日起，纳税人销售原适用13%税率的产品，调整按11%计算销项税；同时文件规定核定扣除农产品进项税的企业利用农产品生产的产品，计算抵扣进项税仍适用《财政部、国家税务总局关于在部分行业试行农产品增值税进项额核定扣除办法的通知》的规定。

凭证上注明的增值税额。

（3）不准从销项税额中抵扣的进项税额。①用于简易计税方法计税项目、免征增值税项目、集体福利或者个人消费的购进货物、劳务、服务、无形资产和不动产。②非正常损失的购进货物，以及相关的劳务和交通运输服务。③非正常损失的在产品、产成品所耗用的购进货物（不包括固定资产）、劳务和交通运输服务。④国务院规定的其他项目。⑤纳税人购进货物、劳务、服务、无形资产、不动产，取得的增值税扣税凭证不符合法律、行政法规或者国务院税务主管部门有关规定的，其进项税额不得从销项税额中抵扣。

（五）例题计算

（1）某生产企业为增值税一般纳税人，2019年9月有关生产经营业务如下：①销售A产品给某商场，开具增值税专用发票，取得不含税销售额80万元，收取该商场11.3万元包装费；②购进货物取得增值税专用发票，注明支付的货款为60万元。计算该企业2019年9月应缴纳的增值税税额。2019年增值税税率为13%。

解：80+11.3÷（1+13%）＝80.80（万元）

　　　80.80×13%＝10.50（万元）　　　　→当期销项税额

　　　60×13%＝7.8（万元）　　　　　　→当期进项税额

　　　10.50−7.8＝2.2（万元）　　　　　→应缴纳的增值税税额

（2）某小型工业企业是增值税小规模纳税人。2019年3月份取得销售收入12.36万元（含增值税）。购进原材料一批，支付货款3.9万元（含增值税）。计算该企业当月的应纳增值税税额（小规模纳税人销售货物征收率为3%）。

解：当月的应纳增值税税额＝12.36÷（1+3%）×3%＝0.36（万元）

（3）某汽车制造厂为增值税一般纳税人，2019年12月进口汽车配件一批，海关审定的关税完税价格为144万元，从海关运往企业所在地支付运费6万元，取得承运部门开具的运输发票，进口汽车配件的关税税率为10%、增值税税率为13%。请计算该汽车制造厂2019年12月进口汽车配件应缴纳的增值税额。

解：进口环节缴纳的增值税＝144×（1+10%）×13%＝20.59（万元）

二、消费税

(一) 概念

消费税是以特定消费品为课税对象所征收的一种税，属于流转税的税类。在对货物普遍征收增值税的基础上，选择部分消费品再征收一道消费税，目的是为了限制某些产品的过度消费，引导消费方向，同时很多贵重商品或奢侈品消费者负担能力强，保证国家财政收入。

(二) 征税范围

卷烟、酒及酒精、化妆品、贵重首饰及珠宝玉石、鞭炮焰火、汽车轮胎、摩托车、小汽车、高尔夫球及球具、高档手表、游艇、木制一次性筷子、实木地板、成品油。

(三) 发展概括

1. 古代

消费税是一种古老的税种，在国外其雏形最早产生于古罗马帝国时期。当时，由于农业、手工业的发展，城市的兴起与商业的繁荣，于是相继开征了诸如盐税、酒税等产品税，这就是消费税的原型。以后在很多国家的税收中都存在，消费税作为流转税的主体税种，不仅可以保证国家财政收入的稳定增长，而且还可以调节产业结构和消费结构，限制某些奢侈品、高能耗品的生产、正确引导消费，目前已被120多个国家或地区所征收。20世纪70年代以来，随着供给学派经济学思想的影响不断扩大，各国纷纷开始探索降低所得税，开拓商品、劳务等间接税的征纳渠道。尤其是西方国家环境和生态保护意识增强，消费税征收范围的扩大就成为必然选择。

商鞅变法时，秦国就对酒征收10倍的税收，以限制消费。[1] 我国在西汉初年，国家曾一度放松对食盐生产和买卖的限制，私人可以自由煮盐、自由买卖，国家征收盐税，除此之外很多朝代也征收，还有茶税等。说明我国自古就有消费税的雏形，但可能更侧重财政意义。

---

[1] 战国时期，商鞅在秦国变法时，曾主张"贵酒肉之价，重其租，令十倍其朴"（《商君书·垦令》），以限制酒的消费，防止大臣和百姓沉湎于酒，影响治理国家和发展农业生产。可见当时秦国对酒不仅征收，而且税额极高，是酒的实际成本的10倍。但商鞅主张重征酒税的出发点，主要还不是着眼于财政目的。

2. 近现代

1928 年开始南京国民政府先后在苏、浙、皖、赣、闽、滇等六省试行特种消费税制度，裁撤厘金。先后在江西举办了内地特税、瓷类、木植、纸张、夏布、药材以及煤类等特税，并在江西大宗特税应办货物集中产地和货品集散地设立了大小特税征收机关几十个，在江西成功取代厘金。但由于特殊的时代环境，实施不久后就被废除。[1]

新中国成立后，在 1951 年政务院就根据国家公布和实行的《全国税政实施要则》的规定，颁布了《特种消费行为税暂行条例》，开始征收特种消费行为税，后来由于种种原因，消费税被迫取消。

3. 改革开放后

（1）初征。1989 年 1 月 14 日国家税务局颁布《关于对彩色电视机征收特别消费税的若干具体问题的通知》，1989 年 4 月 19 日国家税务局发布《关于对小轿车征收特别消费税的若干具体问题的通知》。

（2）正式开征。1993 年颁布《消费税暂行条例》，正式开始统一征收消费税，共 11 个税目。

（3）修改税目。2006 年 3 月，财政部、国家税务总局 33 号文件修订了消费税税目，增至 14 个，新增高尔夫球及球具、高档手表、游艇、木制一次性筷子、实木地板税目。取消汽油、柴油税目，增列成品油税目。汽油、柴油改为成品油税目下的子目（税率不变）。另外新增石脑油、溶剂油、润滑油、燃料油、航空煤油五个子目。取消护肤护发品税目，将原属于护肤护发品征税范围的高档护肤类化妆品列入化妆品税目。

（4）2008 年修订，增加了有关从价定率和从量定额复合计税方法的计算方式和规定。为金银首饰零售环节征税提供了依据。

（四）基本计算公式

1. 一般从价计征应纳税额

一般从价计征应纳税额=应税消费品的计税销售额×消费税税率

---

〔1〕　淦小罗："民国时期江西特种消费税研究（1928-1931）"，南昌大学 2009 年硕士学位论文。

2. 自产自用时应纳税额

(1) 组成计税价格 $= \dfrac{\text{成本} + \text{利润}}{1 - \text{消费税税率}} \times \text{消费税税率}$

(2) 组成计税价格 $= \dfrac{\text{成本} (1 + \text{成本利润率})}{1 - \text{消费税税率}} \times \text{消费税税率}$

3. 委托加工时应纳税额

组成计税价格 $= \dfrac{\text{材料成本} + \text{加工费}}{1 - \text{消费税税率}} \times \text{消费税税率}$

4. 从量定额的计税方法

计算公式为：应纳税额 = 应税消费品数量×单位税额[1]

5. 进口应税消费品的应纳税额计算

(1) 组成计税价格 $= \dfrac{\text{关税完税价格} + \text{关税}}{1 - \text{消费税税率}} \times \text{适用税率}$

(2) 进口复合计征法应纳税额的计算：组成计税价格×比例税率+应税消费品数量×单位税额

6. 一般境内复合计征法应纳税额的计算

应纳税额 = 应税销售数量（或移送数量）×定额税率+应税销售额×比例税率

（五）计算的相关概念与规定

1. 含税销售额的换算

应税消费品在缴纳消费税的同时，与一般货物一样，还应缴纳增值税，在实际交易中，常常会出现销售额中含有增值税的情况，在计算消费税时，应当换算为不含增值税的销售额。换算公式：不含税销售额 = 含税销售额÷（1+增值税税率或征收率）

2. 包装物押金的计税要求

税法规定了几种特殊情况处理包装物押金，对应逾期未收回的包装物、不再退还的和已经收取 1 年以上的押金，应并入消费品的消费额，对酒类产

---

[1] 计量单位的换算标准：①啤酒 1 吨 = 988 升；②黄酒 1 吨 = 962 升；③汽油 1 吨 = 1388 升；④柴油 1 吨 = 1176 升；石脑油 1 吨 = 1385 升；⑥溶剂油 1 吨 = 1282 升；⑦润滑油 1 吨 = 1126 升；⑧燃料油 1 吨 = 1015 升；⑨航空煤油 1 吨 = 1246 升。

品的包装物押金，一律并入销售额。这种特殊处理使会计处理和计算实务变得逐渐复杂。

3. 自产自用消费品销售额的确定

如果用于连续生产应税消费品的，不纳税，例如酒厂用生产出的酒精接着生产白酒，只对白酒征收消费税，酒精在移送时则无须缴税，这也再次表明了消费税单环节征收的特点。如果用于其他方面的，主要指用于生产非应税消费品、在建工程、管理部门、非生产机构、提供劳务，或者用于馈赠、赞助、集资、广告、样品、职工福利、奖励等方面是同销售的消费品，如把一次性筷子发给职工作福利，生产的小汽车用于本单位行政机构办公使用，在移送时缴纳消费税。

4. 外购应税消费品已纳税款的扣除

用外购已税消费品连续生产出来的应税消费品在计算征税时，可以按当期生产领用数量计算准予扣除外购的应税消费品已纳消费税税款。这一点也反映了消费税的单环节征收特点。从中我们可以看出计算实务的真正基础就在熟练掌握税法教材的基本规定，课堂的基本功至关重要。

5. 进口应税消费品的计算

与增值税相类似，进口时产生的消费税由海关代征，计税价格为组成计税价格，即并非在国外购买的商品的直接价格，即使有发票也不行，必须是我国税法认定的价格。

（六）计算例题

（1）某化妆品公司将一批自产的高档化妆品用作职工福利，其生产成本为 8500 元。①如果同类产品售价为 15 000 元，计算该批高档化妆品应缴纳的消费税税额。②如果该高档化妆品无同类产品市场销售价格，已知其成本利润率为 5%，计算该批高档化妆品应缴纳的消费税税额和增值税销项税额。提示：消费税税率为 15%。

解：①同类产品售价 15000 元：应纳消费税税额 = 15 000×15% = 2250（元）

②无同类产品售价：组成计税价格 = 成本×（1+成本利润率）÷（1-消费税税率）8500×（1+5%）÷（1-15%）= 10 500（元）

③应纳消费税税额 = 10 500×15% = 1575（元）

④增值税销项税额 = 10 500×1% = 1365（元）

（2）某酒厂 6 月份销售自产粮食白酒 7 吨，取得收入 120 000 元（不含增值税，下同），委托 A 厂加工药酒 20 吨，发出材料成本 60 000 元，支付加工费 8000 元，A 厂无同类货物销售额，药酒收回后直接对外销售，取得销售额为 52 000 元。已知粮食白酒比例税率为 20%，定额税率为 0.5 元每斤，药酒比例税率为 10%，要求计算该厂 6 月份应纳消费税税额。

解：①粮食白酒消费税计算公式：

应纳税额＝应税销售数量（或移送数量）×定额税率＋应税销售额×比例税率

粮食白酒应纳税额＝7×1000×2×0.5＋120 000×20%＝31 000（元）

②药酒消费税计算公式：

组成计税价格＝（材料成本＋加工费）÷（1－消费税税率）

应纳税额＝同类消费品销售价格（或组成计税价格）×比例税率

药酒应纳消费税额＝（60 000＋8000）÷（1－10%）×10%＝7555.56（元）

③该酒厂 6 月份应纳消费税税额：31 000＋7555.56＝38 555.56（元）

（3）某厂 8 月进口一批名牌手表，海关审定的关税完税价格为 30 万元，关税税率为 15%，消费税税率为 20%。当月在国内全部销售，开具的增值税专用发票上注明的价款、增值税税款分别为 71 万元、12.7 万元。要求：计算该化妆品厂 8 月应纳的增值税和消费税。答案：高档手表消费税税率 20%。

解：①组成计税价格＝（30＋30×15%）÷（1－20%）＝43.13（万元）

②进口环节应交消费税＝43.13×20%＝8.63（万元），即当月应交消费税 8.63 万元。

③进口环节应交增值税＝43.13×13%＝5.61（万元）

④当月应向税务部门交纳的增值税＝12.7－5.61＝6.46（万元）

三、关税

（一）定义

关税，是指一个主权国家对通过其关境的进出口货物课征的一种税收，是一个独立的税种，性质属于流转税。

（二）发展概括

关税是一个古老的税种，是伴随着主权的一种商品流通税，是商品跨境交易时需缴纳的税。在欧洲古罗马时就对来自东方的奢侈品征收关税。罗马人把帝国划分为九个进出口税区作为征税的依据，征收的种类有关税、入市税和通行税。古希腊城邦制时代也有关税的课征，商业港口成为关税的重要来源。在中世纪早期的欧洲，各地诸侯领主对通过自己领地的商品课征一定比例的实物，形成了国内关税，随着统一王权国家的建立，国内关税逐渐被废除，英、法、比利时等国纷纷建立了主权基础上的跨境关税法律制度，以后各国纷纷仿效。

中国有关关税的文字记载出现在西周，到了秦汉时代，已经较为常见。经历了隋、唐、宋、元、明、清各代，关税制度已经较成熟，成为很多朝代重要的财政收入来源。明朝曾在郑和下西洋后实行海禁，清雍正帝时期出现锁国政策，乾隆帝时期更是下令除广州一口通商的闭关锁国政策，导致关税制度严重萎缩。鸦片战争后，随着《南京条约》等众多不平等国际条约的签订，中国经历了长达90多年的协定关税时期，主权受到了限制，关税制变得残缺不全。1949年新中国成立后，主权完全独立，关税成为保护国内民族产业的重要法律制度，属于保护性关税。在改革开放政策实施后，关税逐渐呈现出开放型特点，自由化程度不断提高，有力地推动了中国国际贸易的发展。1992年推行社会主义市场经济体制后，关税更加突出支持开放、自由贸易，尤其是在2001年加入世贸组织后，大幅度的制定减让关税的法律与政策。十八大之后，我国与"一带一路"沿线国家，共实施4项自由贸易协定（FTA）和2项优惠贸易安排，包括中国–东盟FTA、中国–新加坡FTA、中国–巴基斯坦FTA、中国–格鲁吉亚FTA、亚太贸易协定和最不发达国家特别优惠关税待遇，惠及18个国家。其中，包括中国–东盟FTA、中国–新加坡FTA和最不发达国家特别优惠关税待遇项下进口货物的优惠关税税率已降为0。2018年7月6日开始，美国发动了对中国进口商品加征关税的贸易战，同时，为了保护中国的产业，中国政府也开始了对美国进口商品加征关税，关税成为保护我国国内经济的重要法律手段。

（三）基本公式

1. 从价计征

从价税应纳税额的计算公式为：关税税额=应税进（出）口货物数量×单位完税价格×税率

2. 从量计征

从量税应纳税额的计算公式为：关税税额=应税进（出）口货物数量×单位税额

3. 复合计征

计算公式为：关税税额=应税进（出）口货物数量×单位税额+应税进（出）口货物数量×单位完税价格×税率

4. 滑准计征

计算公式为：关税税额=应税进（出）口货物数量×单位完税价格×滑准税税率

（四）计算的基本概念和规定

1. 关税完税价格

（1）一般进口货物的完税价格。第一，以成交价格为基础的完税价格。进口货物的完税价格，由海关以该货物的成交价格为基础审查确定，并应当包括货物运抵中华人民共和国境内输入地点起卸前的运输及其相关费用、保险费。第二，进口货物海关估价的方法。进口货物的成交价格不符合规定的，或者成交价格不能确定的，海关经了解有关情况，并与纳税义务人进行价格磋商后，依次以下列方法审查确定该货物的完税价格：相同货物成交价格估价方法；类似货物成交价格估价方法；倒扣价格估价方法[1]；计算价格估价方法；合理方法。[2]

（2）特殊进口货物的完税价格。第一，运往境外加工的货物，出境时已向海关报明，并在海关规定期限内复运进境的，应当以加工后的货物进境时到岸价格与原出境货物（包括相同、类似货物）在进境时的到岸价格之间的差额作为完税价格。第二，对于运往境外修理的机械器具、运输工具或者其他货物，出境时已向海关报明并在海关规定期限内复运进境的，应当以审查确定的修理费和料件费作为完税价格。第三，租赁和租借方式进境的货物，

---

[1] 倒扣价格估价方法，是指海关以进口货物、相同或者类似进口货物在境内销售价格为基础，扣除境内发生的有关费用后，确定进口货物完税价格的估价方法。

[2] 合理方法，是指当海关不能根据成交价格估价方法、相同货物成交价格估价方法、类似货物成交价格估价方法、倒扣价格估价方法和计算价格估价方法确定完税价格时，海关根据相关规定的原则，以客观量化的数据资料为基础审查确定进口货物完税价格的估价方法。

以海关审查确定的货物的租金作为完税价格。第四，准予暂进口的施工机械、工程车辆、供安装使用的仪器和工具、电视或电影摄制机械，以及盛装货物的容器，如超过半年仍留在境内使用的，应自第七个月起，按月征收进口关税，其完税价格按原货物进口时的到岸价格确定。第五，对于国内单位留购的进口货样、展览品和广告陈列品，以留购价格作为完税价格。第六，按照特定减免税办法减税或免税进口的货物需予补税时，其完税价格仍按该项货物原进口时的成交价格确定。

（3）出口货物的完税价格。第一，以成交价格为基础的完税价格。出口货物的完税价格由海关以该货物的成交价格为基础审查确定，并应当包括货物运至中华人民共和国境内输出地点装载前的运输及其相关费用、保险费。第二，出口货物海关估价方法。出口货物的成交价格不能确定的，海关经了解有关情况，并与纳税义务人进行价格磋商后，依次以下列价格审查确定该货物的完税价格，同时或者大约同时向同一国家或者地区出口的相同货物的成交价格，同时或者大约同时向同一国家或者地区出口的类似货物的成交价格。根据境内生产相同或者类似货物的成本、利润和一般费用（包括直接费用和间接费用）、境内发生的运输及其相关费用、保险费计算所得的价格，按照合理方法估定的价格。

2. 滑准税率

滑准税率，是指关税的税率随着进口货物价格的变动而反方向变动的一种税率形式，即价格越高，税率越低，税率为比例税率。因此，实行滑准税率的进口货物应纳关税税额的计算方法与从价税的计算方法相同。目前我国对新闻纸实行滑准税率。[1]

3. 关税税则

关税税则，又称关税税率表，是指一国制定和公布的对进出其关境的货物征收关税税目和税率的分类表。表内包括各项征税或免税货物的详细名称，税率，征收标准（从价或从量），计税单位等。

---

〔1〕　1997年10月1日到加入世贸组织前，我国曾对进口新闻纸实行过滑准税。2003年对新闻纸实行单一的从价税税率，停止了滑准税。另外，2005年5月份我国开始对关税配额外棉花进口配额征收滑准税，税率滑动的范围为5%-40%，征收的目的是在大量棉花进口的情况下，减少进口棉对国内棉花市场的冲击，确保棉农收益。

现在世界上多数国家采用欧洲关税同盟研究小组拟定的《布鲁塞尔税则目录》。这个税则目录就是以商品性质为主，结合加工程度进行分类，把全部商品分为21大类，99章（小类）1097项税目。各国可在税目下加列子目，税则中商品分类之所以如此繁细，反映了商品种类增多，同时也是为了便于实行关税差别和贸易歧视政策，它是一国关税政策的具体体现。关税税则不是一成不变的，它随着国家经济管理体制和经济政策的变化而相应调整。事实上，我国的关税税则几乎每年都有程度不同的变化和调整。2018年12月29日国务院关税税则委员会公布了《进出口税则2019》，2019年12月30日国务院关税税则委员会公布了《进出口税则2020》，2020版《税则》对2019年审定的税目未作调整，对最惠国待遇、进口暂定税率、协定税率和特惠税率进行了调整。

（五）计算例题

（1）南京某公司从美国购进一辆小轿车，成交价格共100 000美元（FOB），另付港商佣金3%（FOB），运费6000美元，保险费率0.3%，适用税率为25%，要求计算进口该小轿车的关税（美元与人民币的汇率为1:7）

解：①完税价格 = $[(100\,000+6000)\div1-0.3\%+100\,000\times3\%]\times7=136\,318.96\times7=954\,232.72$（元）

②应纳关税 = 关税完税价格×关税税率 = $954\,232.72\times25\%=238\,558.18$（元）

（2）某出口货物成交价格为总价CIF新加坡40 000美元，运费总价为8 000美元，净重150公斤，毛重180公斤，保险费率为0.3%，美元与人民币的汇率为1:7，关税税率为10%，请计算该出口货物应纳关税税额。

解：①应纳关税税额 = 关税完税价格×关税税率

= $(40\,000\times(1-0.3\%)-8\,000)\times10\%=3212.04$（美元）

②应纳关税税额 = $3212.04\times7=22\,484.28$（元）

四、城乡维护建设税

（一）定义

城市维护建设税是指以纳税人实际缴纳的增值税、消费税的税额为计税依据，依法计征的一种税。是属于流转税类中的一个独立税种。一般税种法律并不会制定税款的专门用途，城市维护建设税专款专用，用来保证城市的公共事业和公共设施的维护和建设，就是一种具有受益税性质的税种。海关代征的增值税、消费税不予征收城市维护建设税。

（二）发展概括

城市维护建设税在我国从 1985 年开始征收，1985 年 2 月 8 日国务院令［1985］19 号发布《城市维护建设税暂行条例》，正式成为独立税种，但属于附加税、间接税，根据《国务院关于外商投资企业和外国企业适用增值税、消费税、营业税等税收暂行条例有关问题的通知》（国发［1994］10 号）和《国务院关于教育费附加征收问题的补充通知》（国发明电［1994］23 号）的规定，对外资企业暂不征收城市维护建设税和教育费附加。对中外合资企业和外资企业不征收城市维护建设税。自 2010 年 12 月 1 日起，《国务院关于统一内外资企业和个人城市维护建设税和教育费附加制度的通知》（国发［2010］35 号）规定，外资企业适用《城市维护建设税暂行条例》及有关城市维护建设税和教育费附加的法规、规章、政策。2011 年根据 1 月 8 日《国务院关于废止和修改部分行政法规的决定》，对《城市维护建设税暂行条例》进行修订，将其中的产品税修改为消费税。2016 年"营改增"政策实施后。原来按照营业税作为计税依据的城市维护建设税的计算依据改为增值税。2018 年 10 月 19 日财政部、国家税务总局推出《中华人民共和国城市维护建设税法（征求意见稿）》，至今尚待人大立法机关通过。

（三）基本公式

（纳税人实际缴纳的消费税、增值税税额）×税率

（四）计算的基本规定

纳税人所在地为城市市区的，税率为 7%；纳税人所在地为县城、建制镇的，税率为 5%；纳税人所在地不在城市市区、县城或建制镇的，税率为 1%。这种根据城镇规模不同。差别设置税率的办法，较好地照顾了城市建设的不同需要。

（五）计算例题

（1）某企业 3 月份销售应税货物缴纳增值税 34 万元、消费税 12 万元，出售房产缴纳增值税 10 万元、土地增值税 4 万元。已知该企业所在地使用的城市维护建设税税率为 7%。该计算该企业 3 月份应缴纳的城市维护建设税

税额。

解：应纳城市维护建设税额＝（34+12+10）×7%＝3.92（万元）

（2）某市化妆品生产企业（增值税一般纳税人 2019 年 3 月实际缴纳增值税 68 万元、实际缴纳消费税 92 万元，进口材料缴纳增值税 39 万元。在税务稽查过程中，税务机关发现 2018 年 10 月该企业将自产的成本为 5 万元的化妆品分给职工作福利未作税务处理，并查补税款，征收滞纳金。请计算 2019 年 3 月该化妆品生产企业应缴纳的城市维护建设税。化妆品成本利润率为 5%，消费税税率为 30%，该企业所在地使用的城市维护建设税税率为 7%。

解：①应补缴增值税和消费税＝5×（1+5%）÷（1-30%）×17%+5×（1+5%）÷（1-30%）×30%＝3.53（万元）

②该化妆品生产企业应缴纳城市维护建设税＝（68+92+3.53）×7%＝11.45（万元）

五、企业所得税

（一）定义

企业所得税，是指对中华人民共和国境内的企业（居民企业及非居民企业）和其他取得收入的组织以其生产经营所得为课税对象所征收的一种所得税。作为企业所得税纳税人，应依照《企业所得税法》缴纳企业所得税。但个人独资企业及合伙企业除外。

企业所得税的征税对象是纳税人取得的所得。包括销货物所得、提供劳务所得、转让财产所得、股息红利所得、利息所得、租金所得、特许权使用费所得、接受捐赠所得和其他所得。

居民企业应当就其来源于中国境内、境外的所得缴纳企业所得税。

（二）发展概括

中国所得税观念引自欧美和日本，1910 年左右清政府曾草拟《所得税章程》，包括企业所得税和个人所得税，但因清王朝的覆灭未能实施。1914 年民国政府颁布了《中华民国所得税条例》，但因政府更迭、社会动荡未能真正有效实施。1936 年南京国民政府颁布了《所得税暂行条例》，真正实现了有效实施，开启了中国现代所得税制长期、稳定征收的先河。1943 年，立法会又通过了《所得税法》，以基本法的形式确立了该税种在中国税法中的法律地位，保障该税种成为当时民国政府财政收入的重要来源。

新中国成立后，1950年政务院发布了《全国税收实施要则》，规定了工商业税（所得税部分）、存款利息所得税和薪给报酬所得税。其中工商业税（所得税部分）主要征税对象是私营企业、集体企业和个体工商户的营业收入，国营企业实行上缴利润制度，不征所得税。1958年和1973年两次进行税改，受苏联"非税论"影响，公私合营迅速推进，公有制经济大规模的建立，开始了进一步简化税制的改革，使得所得税被压缩的几乎消失。

十一届三中全会实行改革开放政策，为了让外商投资经营者看到中国构建的法律秩序，有效按照法治经济轨道运行，1980年全国人大通过了《中华人民共和国中外合资经营企业所得税法》（以下简称《中外合资经营企业所得税法》），1981年又通过了《中华人民共和国外国企业所得税法》（以下简称《外国企业所得税法》），这就将企业和国家的关系定位为税收征纳法律关系，为中国建立流畅的商品贸易机制奠定了税法基础。接着，1983年国务院决定在全国推行国营企业"利改税"政策，突破了国营企业只上缴利润的观念。1984年国务院发布了《中华人民共和国国营企业所得税条例（草案）》和《国营企业调节税征收办法》，开始了向国营企业征收所得税的法律征程。1985年国务院发布了《中华人民共和国集体企业所得税暂行条例》，1988年颁布了《中华人民共和国私营企业所得税暂行条例》，全面用法律条例的方式确立了国家与企业的财政分配关系。1991年将《中外合资经营企业所得税法》与《外国企业所得税法》合并，制订了《中华人民共和国外商投资企业和外国企业所得税法》，对外资企业统一税收标准。1993年底制订了《中华人民共和国企业所得税暂行条例》，统一了内资企业所得税税收标准。内外资企业分别立法收税的格局一直到2007年，3月份全国人大通过了《企业所得税法》，实现了内外资企业统一纳税的法律标准，提高了法律层级，也提高了法律的权威性。2017年2月对该法进行第一次修订，2018年12月进行第二次修订，一直至今。

（三）基本公式

应纳所得税＝（收入总额−成本、费用、损失）×所得税税率，其中成本是纳税人为生产、经营商品和提供劳务等所发生的各项直接耗费和各项间接费用。费用是指纳税人为生产经营商品和提供劳务等所发生的销售费用、管理费用和财务费用。损失是指纳税人生产经营过程中的各项营业外支出、经营亏损和投资损失等。2007年之前内资企业所得税普通税率为33%，外资企业为30%，后来统一为25%，降低了税负。

（四）计算的基本概念和规定

企业应纳税所得额的确定，是企业的收入总额减去成本、费用、损失以及准予扣除项目的金额。除此以外，在计算企业应纳税所得额时，对纳税人的财务会计处理和税收规定不一致的，应按照税收规定予以调整。企业所得税法定扣除项目除成本、费用和损失外，税收有关规定中还明确了一些需按税收规定进行纳税调整的扣除项目。

1. 主要内容

（1）利息支出的扣除。纳税人在生产、经营期间，向金融机构借款的利息支出，按实际发生数扣除。向非金融机构借款的利息支出，不高于按照金融机构同类、同期贷款利率计算的数额以内的部分，准予扣除。

（2）计税工资的扣除。企业合理的工资、薪金予以据实扣除，这意味着取消实行多年的内资企业计税工资制度，切实减轻了内资企业的负担。但允许据实扣除的工资、薪金必须是"合理的"，对明显不合理的工资、薪金，则不予扣除。如何解释合理应进一步明确规定。

（3）在职工福利费、工会经费和职工教育经费方面，继续维持了以前的扣除标准（提取比例分别为14%、2%、2.5%），但将"计税工资总额"调整为"工资薪金总额"，扣除额也就相应提高了。在职工教育经费方面，为鼓励企业加强职工教育投入，除国务院财税主管部门另有规定外，企业发生的职工教育经费支出，不超过工资薪金总额2.5%的部分，准予扣除。超过部分，准予在以后纳税年度结转扣除。

（4）捐赠的扣除。纳税人的公益、救济性捐赠，在年度会计利润的12%以内的允许扣除，超过12%的部分则不得扣除。

（5）业务招待费的扣除。业务招待费，是指纳税人为生产、经营业务的合理需要而发生的交际应酬费用。税法规定，纳税人发生的与生产、经营业务有关的业务招待费，由纳税人提供确实记录或单据，分别在下列限度内准予扣除。《中华人民共和国企业所得税法实施条例》（以下简称《企业所得税法实施条例》）第43条进一步明确，企业发生的与生产经营有关的业务招待费支出按照发生额的 60% 扣除，但最高不得超过当年销售（营业）收入的 5‰，也就是说税法采用的是"两头卡"的方式。一方面，企业发生的业务招待费只允许列支 60%，是为了区分业务招待费中的商业招待和个人消费，通过设计一个统一的比例，将业务招待费中的个人消费部分去掉。另一方面，最高扣除额限制为当年销售（营业）收入的 5‰，这是用来防止有些企业为不调增 40% 的业务招待费，采用多找餐费发票甚至假发票冲账，造成业务招待费虚高的情况。

（6）职工养老基金和待业保险基金的扣除。职工养老基金和待业保险基金，在省级税务部门认可的上交比例和基数内，准予在计算应纳税所得额时扣除。

（7）残疾人保障基金的扣除。对纳税人按当地政府规定上交的残疾人保障基金，允许在计算应纳税所得额时扣除。

（8）财产、运输保险费的扣除。纳税人缴纳的财产，运输保险费，允许在计税时扣除。但保险公司给予纳税人的无赔款优待，则应计入企业的应纳税所得额。

（9）固定资产租赁费的扣除。纳税人以经营租赁方式租入固定资产的租赁费，可以直接在税前扣除。以融资租赁方式租入固定资产的租赁费，则不得直接在税前扣除，但租赁费中的利息支出、手续费可在支付时直接扣除。

（10）坏账准备金、呆账准备金和商品削价准备金的扣除。纳税人提取的坏账准备金、呆账准备金，在计算应纳税所得额时准予扣除。提取的标准暂按财务制度执行。纳税人提取的商品削价准备金准予在计税时扣除。

（11）转让固定资产支出的扣除。纳税人转让固定资产支出是指转让、变卖固定资产时所发生的清理费用等支出。纳税人转让固定资产支出准予在计税时扣除。

（12）固定资产、流动资产盘亏、毁损、报废净损失的扣除。纳税人发生的固定资产盘亏、毁损、报废的净损失，由纳税人提供清查、盘存资料，经主管税务机关审核后，准予扣除。这里所说的净损失，不包括企业固定资产的变价收入。纳税人发生的流动资产盘亏、毁损、报废净损失，由纳税人提供清查盘存资料，经主管税务机关审核后，可以在税前扣除。

（13）总机构管理费的扣除。纳税人支付给总机构的与该企业生产经营有关的管理费，应当提供总机构出具的管理费汇集范围、定额、分配依据和方法的证明文件，经主管税务机关审核后，准予扣除。

（14）国债利息收入的扣除。纳税人购买国债利息收入，不计入应纳税所得额。

（15）其他收入的扣除。包括各种财政补贴收入、减免或返还的流转税，除国务院、财政部和国家税务总局规定有指定用途者，可以不计入应纳税所得额外，其余则应并入企业应纳税所得额计算征税。

（16）亏损弥补的扣除。纳税人发生的年度亏损，可以用下一年度的所得弥补，下一纳税年度的所得不足弥补的，可以逐年延续弥补，但最长不得超过5年。

2. 企业所得税不得扣除

在计算应纳税所得额时，下列支出不得扣除：

（1）资本性支出，是指纳税人购置、建造固定资产，以及对外投资的支出。企业的资本性支出，不得直接在税前扣除，应以提取折旧的方式逐步摊销。

（2）无形资产受让、开发支出，是指纳税人购置无形资产以及自行开发无形资产的各项费用支出。无形资产受让、开发支出也不得直接扣除，应在其受益期内分期摊销。

（3）资产减值准备。固定资产、无形资产计提的减值准备，不允许在税前扣除。其他资产计提的减值准备，在转化为实质性损失之前，不允许在税前扣除。

（4）违法经营的罚款和被没收财物的损失。纳税人违反国家法律、法规和规章，被有关部门处以的罚款以及被没收财物的损失，不得扣除。

（5）各项税收的滞纳金、罚金和罚款。纳税人违反国家税收法规，被税务部门处以的滞纳金和罚款、司法部门处以的罚金，以及上述以外的各项罚款，不得在税前扣除。

（6）自然灾害或者意外事故损失有赔偿的部分。纳税人遭受自然灾害或者意外事故，保险公司给予赔偿的部分，不得在税前扣除。

（7）超过国家允许扣除的公益、救济性捐赠，以及非公益、救济性捐赠。纳税人用于非公益、救济性捐赠，以及超过年度利润总额12%的部分的捐赠，不允许扣除。

（8）各种赞助支出。

（9）与取得收入无关的其他各项支出。

（五）计算例题

（1）某生产企业2019年度生产经营情况如下：①产品销售收入500万元；②产品销售成本300万元；③产品销售费用40万元；④发生管理费用35万元，其中业务招待费用5万元；⑤当年出租固定资产取得收入40万元；⑥购买国家公债取得利息收入10万元；⑦准许税前扣除的有关税费30万元；⑧经批准向企业职工集资100万元，支付年息15万元，同期银行贷款利率为10%；⑨通过县级人民政府向南方遭受雪灾地区捐款20万元。根据上述资料计算该企业2019年度应缴纳的企业所得税。

解：①收入总额：500+40+10=550（万元）

②会计利润：550-300-40-35-30-20-15=110（万元）

③纳税调整项目：

A. 业务招待费：5×60%=3（万元），540×5‰=27（万元）（按照主营业务收入+其他业务收入的合计金额计算扣除基数，国债利息收入不作为计算扣除基数）《企业所得税法实施条例》第43条规定，企业发生的与生产经营活动有关的业务招待费支出，按照发生额的60%扣除，但最高不得超过当年销售（营业）收入的5‰。

B. 集资利息：15-100×10%=5（万元）（超过银行同期贷款利率支付的利息部分不允许税前扣除）。

C. 捐赠扣除：110×12%=13.2（万元），20-13.2=6.8（万元）（《企业所得税法实施条例》第51条、52条和53条，企业发生的公益性捐赠支出，不超过年度利润总额的12%的部分，准予扣除。其中，年度利润总额，是指企业依照国家统一会计制度的规定计算的年度会计利润。）

D. 公债利息收入：公债利息收入属于免税收入，应做纳税调减10万元。

④应纳税所得额：110（会计利润）+3+5+6.8-10=114.8（万元）（企业每一纳税年度的收入总额，减除不征税收入、免税收入、各项

扣除以及允许弥补的以前年度亏损后的余额，为应纳税所得额。)

⑤企业应纳所得税：114.8×25%＝28.7（万元）

（2）某企业年终汇算清缴企业所得税，在对各项收入予以调整后，得出全年应纳税所得额为1400万元，并按此数额计算缴纳企业所得税350万元。但当税务机关核查时，发现该企业已有一笔通过希望工程基金会捐赠的款项300万元已在营业外支出中列支，未作调整。请分析并计算企业应补缴所得税税额。

解：①将300万元捐赠从营业外支出中剔除，计入所得。

所得额＝1400＋300＝1700（万元）

②捐赠扣除限额＝1700×12%＝204（万元）

③应纳税所得额＝1700－204＝1496（万元）

④应纳企业所得税额＝1496×25%＝374（万元）

⑤应补缴所得税额＝374－350＝24（万元）

六、个人所得税

（一）定义

个人所得税，是指国家对本国公民、居住在本国境内的个人的所得和境外个人来源于本国的所得征收的一种收益类税。这是一种直接税，属于终端性税种，是对个人收益的一种国家分配。征税原则既有属地主义也有属人主义。

（一）发展概括

如前所述，中国所得税观念引自欧美系日本，1910年左右清政府曾草拟《所得税章程》，包括企业所得税和个人所得税。1914年民国政府颁布了《中华民国所得税条例》，1936年南京国民政府颁布了《所得税暂行条例》，1943年立法会又通过了《所得税法》，这其中都包含着个人所得税法律制度，具体包括征薪给报酬所得税、证券存款利息所得税。新中国成立后，1950年7月政务院公布的《全国税政实施要则》中，就沿用了民国时期薪给报酬所得税，但由于我国生产力和人均收入水平低，实行低工资制，虽然设立了税种，却一直没有开征。

十一届三中全会之后，开始了改革开放，商品化的收益开始增加，个人所得税也被立法正式确立下来。1980年10月我国制定了《个人所得税法》，1986年实施了《城乡个体工商业户所得税暂行条例》，1987年实施了《中华人民共和国个人收入调节税暂行条例》，从法律形式上看税政缺乏统一性。1993 年 10 月第一次修订，同时发布了新修改的《个人所得税法》，统一了中外纳税人的纳税要求，1994 年 1 月国务院配套发布了《中华人民共和国个人所得税法实施条例》（以下简称《个人所得税法实施条例》）。1999 年 8 月第二次修正，开征储蓄存款利息所得税。[1] 2005 年 10 月第三次修正，自 2006 年 1 月 1 日起施行，工资、薪金所得起征点由每月 800 元增加到每月 1600 元；2007 年 6 月第四次修正，从 2008 年开始停征了储蓄存款利息。2007 年 12 月第五次修正，个人所得税免征额自 2008 年 3 月 1 日起由 1600 元提高到 2000 元。[2] 2011 年 6 月第六次修正，工资、薪金所得税起征点从现行的 2000 元提高到 3500 元，将现行个人所得税第 1 级税率由 5% 修改为 3%，9 级超额累进税率修改为 7 级，取消 15% 和 40% 两档税率，扩大 3% 和 10% 两个低档税率的适用范围，自 2011 年 9 月 1 日起施行。2018 年 8 月 31 日第七次修正，2019 年 1 月 1 日起全面施行，自 2018 年 10 月 1 日至 2018 年 12 月 31 日，先将工资、薪金所得基本减除费用标准提高至每月 5000 元，并适用新的综合所得税率。工资薪金、劳务报酬、稿酬和特许权使用费等四项劳动性所得首次实行综合征税。首次增加子女教育支出、继续教育支出、大病医疗支出、住房贷款利息和住房租金等专项附加扣除。优化调整税率结构，扩大较低档税率级距。[3] 目前《个人所得税法》修正至此。

（三）基本公式

1. 公式

应纳所得税额＝（扣除五险一金后月收入－扣除标准）×相应税率＝应纳税所得额×相应税率

2. 超额累进税率

超额累进税率，是指随着征税对象数量增大而随之提高的税率，即按征税对象数额的大小划分为若干等级，不同等级的课税数额分别适用不同的税率，课税数额越大，适用税率越高。超额累进税率一般在所得课税中使用，可以充分体现对纳税人收入多的多征、收入少的少征、无收入的不征的税收原则，

---

〔1〕 2002 年 1 月 1 日，个人所得税收入实行中央与地方按比例分享。

〔2〕 2010 年对个人转让上市公司限售股取得的所得征收个人所得税。

〔3〕 2019 年 1 月 1 日，个人所得税 APP 专项扣除功能上线，当日起可填报相关扣除信息。

从而有效地调节纳税人的收入，正确处理税收负担的纵向公平问题。[1]

3. 速算扣除计算法

应纳所得税额=应税所得额×适用税率-速算扣除数应税所得额。这是在计算之中形成的一种习惯算法，受到法律的认可。在计算时，按照超额累进税率的原理逐步计算比较麻烦，但是可以帮助初学者清晰弄懂累进的原理，按照速算扣除法主要是便于实用，因此，入门学习时最好依照累进原理逐步计算。

（四）计算的基本概念和规定

1. 个人所得税所得种类

（1）工资、薪金所得。是指个人因任职或受雇而取得的工资、薪金、奖金、年终加薪、劳动分红、津贴、补贴以及与任职或受雇有关的其他所得。这就是说，个人取得的所得，只要是与任职、受雇有关，不管其单位的资金开支渠道或以现金、实物、有价证券等形式支付的，都是工资、薪金所得项目的课税对象。

（2）个体工商户的生产、经营所得。第一，经工商行政管理部门批准开业并领取营业执照的城乡个体工商户，从事工业、手工业、建筑业、交通运输业、商业、饮食业、服务业、修理业及其他行业的生产、经营取得的所得。第二，个人经政府有关部门批准，取得营业执照，从事办学、医疗、咨询以及其他有偿服务活动取得的所得。第三，其他个人从事个体工商业生产、经营取得的所得，既个人临时从事生产、经营活动取得的所得。第四，上述个体工商户和个人取得的生产、经营有关的各项应税所得。

（3）对企事业单位的承包经营、承租经营所得，是指个人承包经营、承租经营以及转包、转租取得的所得，包括个人按月或者按次取得的工资、薪金性质的所得。

（4）劳务报酬所得，是指个人从事设计、装潢、安装、制图、化验、测试、医疗、法律、会计、咨询、讲学、新闻、广播、翻译、审稿、书画、雕刻、影视、录音、录像、演出、表演、广告、展览、技术服务、介绍服务、

---

〔1〕 除了超额累进税率外，我国土地增值税还规定了四级超率累进税率。此外，历史上还出现过超倍累进税率和全额累进税率，我国目前尚无。

经济服务、代办服务以及其他劳务取得的所得。

（5）稿酬所得，是指个人因其作品以图书、报纸形式出版、发表而取得的所得。

（6）特许权使用费所得，是指个人提供专利权、著作权、商标权、非专利技术以及其他特许权的使用权取得的所得。

（7）利息、股息、红利所得，是指个人拥有债权、股权而取得的利息、股息、红利所得，以及个人的存款利息（国家宣布 2008 年 10 月 8 日次日开始取消利息税）。

（8）财产租赁所得，是指个人出租建筑物、土地使用权、机器设备车船以及其他财产取得的所得。财产包括动产和不动产。

（9）财产转让所得，是指个人转让有价证券、股权、建筑物、土地使用权、机器设备、车船以及其他自有财产给他人或单位而取得的所得，包括转让不动产和动产而取得的所得。对个人股票买卖取得的所得暂不征税。

（10）偶然所得，是指个人取得的所得是非经常性的，属于各种机遇性所得，包括得奖、中奖、中彩以及其他偶然性质的所得（含奖金、实物和有价证券）。个人购买社会福利有奖募捐奖券、中国体育彩票，一次中奖收入不超过 10 000 元的，免征个人所得税，超过 10 000 元的，应以全额按偶然所得项目计税（截止至 2011 年 4 月 21 日的税率为 20%）。

（11）其他所得，除上述 10 项应税项目以外，其他所得应确定征税的，由国务院财政部门确定。

2. 个人所得税适用税率

个人所得税根据不同的征税项目，分别规定了三种不同的税率。

第一，工资、薪金所得，适用 7 级超额累进税率，按月应纳税所得额计算征税。该税率按个人月工资、薪金应税所得额划分级距，最高一级为 45%，最低一级为 3%，共 7 级。最早规定的是 10 级，后来改为 9 级，当前是 7 级。

2018 年 10 月 1 日起调整后的 7 级超额累进税率

全月应纳税所得额	税率	速算扣除数（元）
全月应纳税所得额不超过 3000 元	3%	0

续表

全月应纳税所得额	税率	速算扣除数（元）
全月应纳税所得额超过 3000 元至 12 000 元	10%	210
全月应纳税所得额超过 12 000 元至 25 000 元	20%	1410
全月应纳税所得额超过 25 000 元至 35 000 元	25%	2660
全月应纳税所得额超过 35 000 元至 55 000 元	30%	4410
全月应纳税所得额超过 55 000 元至 80 000 元	35%	7160
全月应纳税所得额超过 80 000 元	45%	15 160

第二，个体工商户的生产、经营所得和对企事业单位适用 5 级超额累进税率。适用按年计算、分月预缴税款的个体工商户的生产、经营所得和对企事业单位的承包经营、承租经营的全年应纳税所得额划分级距，最低一级为 5%，最高一级为 35%，共 5 级。

第三，比例税率。对个人的稿酬所得，劳务报酬所得，特许权使用费所得，利息、股息、红利所得，财产租赁所得，财产转让所得，偶然所得和其他所得，按次计算征收个人所得税，适用 20% 的比例税率。其中，对稿酬所得适用 20% 的比例税率，并按应纳税额减征 30%；对劳务报酬所得一次性收入畸高的，除按 20% 征税外，应纳税所得额超过 2 万元至 5 万元的部分，依照税法规定计算应纳税额后再按照应纳税额加征五成；超过 5 万元的部分，加征十成。

3. 综合征收的计算规定

根据 2019 年实施的新修订的《个人所得税法》第 6 条规定，劳务报酬所得、稿酬所得、特许权使用费所得与工资、薪金所得一并适用综合征收税制，即劳务报酬所得、稿酬所得、特许权使用费先按照规定的扣除比例计算应纳税所得额，不再按照 20% 的税率征收，而是按照工资、薪金所得 7 级超额累进税率计算，对应相应的税率然后计算。劳务报酬所得、稿酬所得、特许权使用费所得以收入减除 20% 的费用后的余额为收入额。稿酬所得的收入额减按 70% 计算。

对于劳务报酬，2018 年修订之前的规定是每次劳务报酬收入不足 4000 元的，用收入减去 800 元的费用；每次劳务报酬收入超过 4000 元的，用收入减去收入额的 20%；对劳务报酬所得一次收入畸高的，可以实行加成征收，具体办法由国务院规定。原《个人所得税实施条例》规定，应纳税所得额超过 20 000 元。对应纳税所得额超过元的部分，依照税法规定计算应纳税额后再按照应纳税额加征五成；超过 50 000 元的部分，加征十成。2018 年修订后，从 2019 年开始只扣除 20% 的费用，然后适用 7 级超额累进税率征收。

应纳税额 = 每次收入额 ×（1−20%）× 适用税率 − 速算扣除数

4. 其他类计算扣除项目及税率

（1）经营所得。适用 5% 至 35% 的超额累进税率，以每一纳税年度的收入总额减除成本、费用以及损失后的余额，为应纳税所得额。

（2）转让财产所得。以转让财产的收入额减除财产原值和合理费用后的余额，为应纳税所得额。

（3）财产租赁所得。每次收入不超过 4000 元的，减除费用 800 元；4000 元以上的，减除 20% 的费用，其余额为应纳税所得额。

（4）利息、股息、红利所得和偶然所得，以每次收入额为应纳税所得额，税率为 20%。

（五）计算例题

（1）中国公民王某系在国内某市单位任职，2019 年 12 月份取得收入情况如下：工资收入 4500 元，季度奖 2000 元；取得 2019 年年终奖 12 000 元。为某公司设计产品营销方案，取得一次性设计收入 18 000 元；转让自用住房一套，取得转让收入 100 万元，支付转让税费 5 万元，该套住房购买价为 80 万元，购买时间为 2008 年 6 月并不是家庭唯一住房。计算王某当月应缴纳多少个人所得税？在 2019 年 1 月 1 日后如何缴纳？

解：① 工资应交个人所得额 =（4500+2000）−3500＝3000（元）

3000 元对应税率为 10%（2018 年 10 月 1 日前）

（4500+2000）−5000＝1500（元）（2018 年 10 月 1 日后）

② 工资应交个人所得税 = 1500×3%＋（3000−1500）×10%＝195（元）

超额累进税率（2018 年 10 月 1 日前）

个人所得税 = 1500×3%＝45（元）（2018 年 10 月 1 日后）

③ 年终奖应交个人所得额 = 12 000÷12＝1000（元）　　　1000 元对应税率为 3%

年终奖应交个人所得税＝12 000×3%＝360（元）

④共交个人所得税：195+360＝555（元）（2018 年 10 月 1 日前）

个人所得税＝45+360＝405（元）（2018 年 10 月 1 日后）

⑤劳务应交个人所得税＝18 000×（1-20%）×20%＝2880（元）（2019 年 1 月 1 日前）

＝18 000×（1-20%）×20%-1410＝1470（元）（2019 年 1 月 1 日后）

⑥转让房屋应交个人所得税＝（100-80-5）×20%＝30 000（元）

⑦王某当月应交个人所得税＝555+2880+30 000＝33 435（元）（2018 年 10 月 1 日前）

个人所得税＝405+1470+30 000＝31 875（元）（2019 年 1 月 1 日后）

（2）李某在某出版社《最新增值税计算实务》一书，一次性稿酬收入为 50 000 元。请计算李某应交多少个人所得税？

解：①按修订前的个税规定，应纳税额为 50 000×（1-20%）×20%×（1-30%）＝5600（元）

②按新修订的个税规定，应纳税额为：50 000×（1-20%）×70%＝28 000（元）

③适用累进税率对应的税率及速算扣除数：28 000×25%-2660＝4360（元）

七、房产税

（一）定义

房产税是指以房屋的占有或使用为征税对象，按房屋的计税余值或租金收入为计税依据，向房屋所有权人征收的一种财产税。对个人自住用房不征税。

（二）发展概括

房产税属于人类社会古老的税种，欧洲中世纪时就出现过"窗户税、灶税、烟囱税"等，以房屋的部分构成为征税对象。《周礼·地官·司徒》中记载了一种"廛（chan）布"的周代商税，廛是存储货物的屋舍，布是钱币。

廛布类似后代的栈房税[1]。唐代时开征了间架税就属于房产税[2]，清朝和民国时期的房捐也属于房产税。新中国成立后，1950 年政务院颁布了《全国税政实施要则》，规定全国统一征收房产税。1951 年政务院颁布《城市房地产税暂行条例》，在法律上统一了房税和地税。1973 年并入工商税，只对个人、侨民和房产部门征收，1984 年全国改革工商税时，开始对企业恢复征收城市房地产税。1986 年 9 月，国务院颁布了《房产税暂行条例》，只针对企业保有城镇经营性用房和城镇个人出租用房征税，对个人保有房屋不予征税。2011 年 1 月 27 日，上海市政府出台了《上海市开展对部分个人住房征收房产税试点的暂行办法》，2011 年 1 月 28 日重庆市政府颁布了《重庆市个人住房房产税征收管理实施细则》，首次开始了对具有本国国籍部分公民的个人住房开始征收房产税。[3]

（三）基本公式

1. 从价计算应纳税额的计算公式

应纳税额＝房产原值×（1－减除比率）×1.2%

2. 从租计算应纳税额的计算公式

应纳税额＝房产租金收入×12%

（四）计算的基本概念和规定

第一，根据《房产税暂行条例》第 3 条规定，企业或个人对于经营自用

---

〔1〕　廛布是《周礼·地官·司徒》中所载周代征收的商税。周代商税比较复杂。商税的征收机关叫作"廛人"，掌管"五布"，即商税。"五布"是：①紟布，为列肆之税，谓在行肆坐卖货物的商税，即后世的商税。②緫布，管理货物出入的衡量，如后世的牙税。③质布，指质人（管理市场的人员）对违反商业票证规定的商人所课之税。④罚布，对违反市场管理法令的人所课之税。⑤廛布，为对商人放置货物于邸舍之中所课之税。即市内货仓税，廛类似后代的栈房。

〔2〕　"间架税"就是将百姓的房产按照占地面积、修筑年代以及房屋质量的好坏作为评判对象所征收的一种赋税。"间"是一间两间的意思，指房屋数量。"架"是前后两根柱子，两架即一间，还是指房屋数量。唐德宗在建中四年农历五月初八那天开始下文件对长安城的全部私有房产征收间架税，征到同年十月十五，就通令取消了。

〔3〕　上海的征税对象为在本市新购且属于该居民家庭第二套及以上住房的和非本市居民新购房，税率为 0.6%，免征额：合并计算的家庭全部住房建筑面积不超过 60 平方米，超过部分纳税。重庆征税对象为：个人拥有的独栋别墅，存量增量都收；个人新购的建筑面积交易单价达到上两年主城九区新建商品住房成交建筑面积均价 2 倍（含 2 倍）以上的住房；在重庆市同时无户籍、无企业、无工作的个人新购的第二套房房子，不管是高档房还是低档房，都得交税。税率：当地房价平均价格 2-3 倍，0.5%；3-4 倍，1%；4 倍以上 1.2%。三无个人购买的第二套以上住房为 0.5%。

的房屋，是以房产的原值一次性减除 10% 至 30% 后的余值来作为计税依据的。（减除的比例将由各省在 10%—30% 的幅度内确定。）如果没有房产原值作为依据，将由房产所在地的税务机关参考同类房产核定。

第二，个人出租住房要征收增值税及附加、个人所得税、印花税、房产税，其中房产税从 2001 年 1 月 1 日起，对个人按市场价格出租的居民住房，用于居住的，可暂减按 4% 的税率征收房产税。

第三，纳税人确定，产权属国家所有的，由经营管理单位纳税；产权属集体和个人所有的，由集体单位和个人纳税；产权出典的，由承典人纳税；产权所有人、承典人不在房屋所在地的，由房产代管人或者使用人纳税；产权未确定及租典纠纷未解决的，亦由房产代管人或者使用人纳税；无租使用其他房产的问题。纳税单位和个人无租使用房产管理部门、免税单位及纳税单位的房产，应由使用人代为缴纳房产税；产权属于集体所有制的，由实际使用人纳税。

（五）计算例题

（1）陈某自有一处平房，共 16 间，其中用于个人开餐馆的 7 间，房屋原值为 20 万。2019 年 1 月 1 日，王某将 4 间出典给李某，取得出典价款收入 12 万元，将剩余的 5 间出租给某公司，每月收取租金 1 万元。已知该地区规定按照房产原值一次扣除 20% 后的余值计税，则王某 2019 年应纳房产税费是多少？

解：①开餐馆的房产应纳房产税 $= 20 \times (1-20\%) \times 1.2\% = 0.192$（万元）

②房屋产权出典的，承典人为纳税人，王某作为出典人无须缴纳房产税。

③出租房屋应纳房产税 $= 1 \times 12 \times 12\% = 1.44$（万元）

④三项合计，应纳房产税 $= 0.192 + 1.44 = 1.632$（万元）

（2）甲企业一办公楼的房屋原值为 500 万元，建筑面积为 3000m²。2019 年 1 月 1 日，甲企业将办公楼的一部分出租给乙企业，出租面积为 600m²，租金为 20 万元，租赁期限为一年，该企业于 6 月 1 日一次性取得全部租金，则甲企业 2019 年全年应纳的房产税为多少万元？

解：①出租部分房产税 $= 20 \times 12\% = 2.4$（万元）

②自用部分房产税 $= 500 \times (1-30\%) \times 1.2\% \times (3000-600) \div 3000 =$

3.36（万元）

③2019 年全年应纳房产税＝2.4+3.36＝5.76（万元）

八、契税

（一）定义

契税，是指对土地、房屋权属转移时向其承受者征收的一种税，是对土地使用权转移契约和房屋所有权转移契约行为征收的一种地方税。是一种针对不动产交易行为征纳的税收。

（二）发展概括

中国契税起源于东晋时期的"估税"，当时的法律规定，凡买卖田宅、奴婢、牛马，立有契据者，每一万钱交易额官府征收四百钱即税率为 4%，其中卖方缴纳 3%，买方缴纳 1%。北宋时开始征收印契钱，由买方缴纳。此后各朝各代，对房屋的买卖、典当等产权变动都征收契税。到清朝末年，土地、房屋的买卖契税税率提高到 9%，典当契税税率提高到 6%。1912 年中华民国成立后，于 1914 年颁布《契税条例》，规定税率为，买契 9%，典契 6%，沿用清例。1917 年，北洋政府将税率改为买契 6%，典契 3%，降低了税率。1927 年南京国民政府公布《验契暂行条例》及章程，将契税划归地方收入。1940 年，国民政府公布《契税暂行条例》，将税率改为买契 5%，典契 3%。1942 年修改《契税暂行条例》，将税目扩大为买卖、典当、赠与和交换，后又增加了分割和占有两个税目。

新中国成立后，政务院于 1950 年发布《契税暂行条例》，规定对土地、房屋的买卖、典当、赠与和交换征收契税。1954 年财政部经政务院批准，对《契税暂行条例》进行了修改，规定对公有制单位承受土地、房屋权属转移免征契税。社会主义改造完成以后，土地禁止买卖和转让，征收土地契税也就自然停止了。这样使得契税征收范围大大缩小，收入额减少。到"文化大革命"后期，全国契税征收工作基本处于停顿状态。

改革开放后，国家重新调整了土地、房屋管理方面的有关政策，房地产市场逐步得到了恢复和发展，契税也被开始恢复征收，到 1990 年，全国契税征管工作全面恢复。恢复征收后，契税成为地方税收中最具增长潜力的税种。但由于 1950 年的《契税暂行条例》立法年代久远，很多规定与当前的实际情况相脱节，实际工作中难以操作和执行。为了适应建立和发展社会主义市场经济形势的需要，充分发挥契税筹集财政收入和调控房地产市场的功能，1997 年颁布了新的《契税暂停条例》，至今已经实施了 23 年。

（三）基本公式

契税采用比例税率。当计税依据确定以后，应纳税额的计算公式为：应纳税额＝计税依据×税率

其中计税依据为不动产的价格，具体分为：①国有土地使用权出让、土地使用权出售、房屋买卖，以成交价格为计税依据。成交价格是指土地、房屋权属转移合同确定的价格，包括承受者应交付的货币、实物、无形资产或者其他经济利益。②土地使用权赠与、房屋赠与，由征收机关参照土地使用权出售、房屋买卖的市场价格核定。③土地使用权交换、房屋交换，为所交换的土地使用权、房屋的价格差额。也就是说，交换价格相等时，免征契税。交换价格不等时，由多交付的货币、实物、无形资产或者其他经济利益的一方缴纳契税。④以划拨方式取得土地使用权，经批准转让房地产时，由房地产转让者补交契税。计税依据为补交的土地使用权出让费用或者土地收益。⑤成交价格明显低于市场价格并且无正当理由的，或者所交换土地使用权、房屋的价格的差额明显不合理并且无正当理由的，征收机关可以参照市场价格核定计税依据。

（四）计算的基本概念和规定

国家机关、事业单位、社会团体、军事单位承受土地、房屋用于办公、教学、医疗、科研和军事设施的，免征契税。城镇职工按规定第一次购买公有住房，免征契税。此外，财政部、国家税务总局规定：自 2000 年 11 月 29 日起，对各类公有制单位为解决职工住房而采取集资建房方式建成的普通住房，或由单位购买的普通商品住房，经当地县以上人民政府房改部门批准、按照国家房改政策出售给本单位职工的，如属职工首次购买住房，均可免征契税。自 2008 年 11 月 1 日起对个人首次购买 90 平方米以下普通住房的，契税税率暂统一下调到 1%。而且各省在税率优惠方面依法也有所调整。

（五）计算例题

（1）居民乙因拖欠居民甲 180 万元的款项无力偿还，2019 年 6 月经当地有关部门调解，以房产抵偿该笔债务，居民甲因此取得该房产的产权并支付

给居民乙差价款 20 万元。假定当地省政府规定的契税税率为 5%。请计算应缴纳的契税。

　　解：契税的纳税人为承受房产权利的人，所以应该是居民甲缴纳契税。由于该房产是用 180 万元债权外加 20 万元款项构成，故计税依据视为 200 万元，居民甲应纳契税＝（180+20）×5%＝10（万元）。

（2）某企业 2019 年 1—6 月拥有的房产、土地情况，以及发生的业务如下。拥有厂房原值 2500 万元，3 月底给厂房安装了智能化楼宇设施，整体安装价值 200 万元，该企业拥有露天游泳池原值 300 万元，独立围墙原值 150 万元，6 月底新购入写字楼一幢，产权转移书据上注明不含增值税成交价格为 8000 万元，同时取得房产证和土地使用证各一件。该企业占地面积 6000 平方米，其中 300 平方米土地无偿给消防队使用。6 月底以出让方式取得一块土地的使用权，因政府扶持享受减免了 300 万元的土地出让金后实际支付土地出让金 2700 万元。当地房产税原值减除比例为 20%，契税税率为 3%。请计算该企业 1—6 月应纳的房产税及应纳契税。

　　解：①房产税应纳税额＝2500×（1-20%）×1.2%×3/12+（2500+200）×（1-20%）×1.2%×3÷12＝6+6.48＝12.48（万元）
　　②对承受国有土地使用权应支付的土地出让金应征收契税，不得因减免出让金而减免契税。应纳契税额＝该企业应缴纳的契税＝（8000+2700+300）×3%＝330（万元）

九、印花税

（一）定义

印花税是对经济活动和经济交往中书立合同、领受具有法律效力的凭证的行为所征收的一种税。因采用在所立合同或其他应税凭证上粘贴印花税票作为完税的标志而得名[1]。

在中国，印花税的纳税人包括在中国境内书立合同、领受规定的经济凭证的企业、行政单位、事业单位、军事单位、社会团体、其他单位、个体工商户和其他个人。印花税是以经济活动中签立的各种合同、产权转移书据、

---

　　[1]　俗称贴花，与我们使用的邮票相类似。

营业账簿、权利许可证照等应税凭证文件为对象所征的税。而证券交易印花税指，根据书立证券交易合同的金额对卖方计征，是印花税的一部分。

（二）发展概括

印花税很早就在荷兰开征，1624 年为了应对经济危机，荷兰执政者公开竞选最优征税方式，印花税的设计被选中，由于其税源广泛，同时人们也希望订立合同、书领凭证有政府的印章更具权威，因此各国纷纷仿效，丹麦在 1660 年、法国在 1665 年、部分北美地区在 1671 年、奥地利在 1686 年、英国在 1694 年先后开征了印花税。由于欧美国家和地区广泛开征，它很快就成为世界上普遍采用的一个税种，在国际上盛行，但当时在欧洲并没有明确的印花税称呼。现如今，印花税逐渐衰落，美国 1966 年废止，日本 1999 年废止，新加坡 2001 年废止，德国 1991 年废止，正在征纳的国家和地区税率也很低了，逐渐在丧失其财政意义。

1889 年清王朝提出置办印花税，1907 年拟定《印花税规则》及办事章程，并决定在直隶省试办，但遭到商民的激烈反对，一直到满清王朝灭亡，也未能征收印花税。[1] 民国政府于 1912 年 10 月正式公布了《印花税法》，并于 1913 年正式实施。这是中国正式依法征收印花税的标志。在中国革命战争时期，中国共产党领导的各革命根据地、解放区也印制了多种印花税票。自 1938 年 5 月晋察冀边区开始，东北、山东、华中、陕甘宁、东江等地都印制发行了印花税票。

新中国成立后，由于税收不统一，中央政府于 1950 年 1 月公布了《全国税政实施要则》，于 12 月公布了《印花税暂行条例》，并于 1951 年 1 月公布了《中华人民共和国印花税暂行条例施行细则》，从此统一了印花税法。1958 年，全国施行税改，中央取消了印花税并将其并入工商统一税。1988 年 8 月 6 日国务院 11 号令发布《印花税暂行条例》，规定重新在全国统一开征印花税。当年 10 月 1 日，正式恢复征收印花税。现在都不实行贴花了，都是汇总缴纳，用税收缴款书或税票替代印花。网上申报并缴纳过的印花税也不用贴花了，因为有完税凭证，作为缴税证据。但很多凭证上还是需要贴花的，因

---

〔1〕 当时清政府请英、美、日分别帮助印刷了印花税票，由于不能实施，唯有"红印花"后被加盖成邮票，而日本、美国所印税票均没有被派上用场。

此印花税仍存留着其古老的形态。

（三）基本公式

1. 针对合同交易类

应纳数额=应纳税凭证记载的金额（费用、收入额）×适用税率

2. 针对证照贴本类

应纳税额=应纳税凭证的件数×适用税额标准

（四）计算的基本概念和规定

1. 税率

印花税税目税率表

税目	范围	税率	纳税人	说明
购销合同	包括供应、预购、采购、购销结合及协作、调剂、补偿、易货等合同	按购销金额 0.3‰贴花	立合同人	
加工承揽合同	包括加工、定做、修缮、修理、印刷、广告、测绘、测试等合同	按加工或承揽收入 0.5‰贴花	立合同人	
建设工程勘察设计合同	包括勘察、设计合同	按收取费用 0.5‰贴花	立合同人	
建筑安装工程承包合同	包括建筑、安装工程承包合同	按承包金额 0.3‰贴花	立合同人	
财产租赁合同	包括租赁房屋、船舶、飞机、机动车辆、机械、器具、设备等	按租赁金额 1‰贴花。税额不足 1 元的按 1 元贴花	立合同人	
货物运输合同	包括民用航空、铁路运输、海上运输、内河运输、公路运输和联运合同	按运输收取的费用 0.5‰贴花	立合同人	单据作为合同使用的，按合同贴花
仓储保管合同	包括仓储、保管合同	按仓储收取的保管费用 1‰贴花	立合同人	仓单或栈单作为合同使用的，按合同贴花

税 目	范 围	税 率	纳税人	说 明
借款合同	银行及其他金融组织和借款人（不包括银行同业拆借）所签订的借款合同	按借款金额 0.05‰贴花	立合同人	单据作为合同使用的，按合同贴花
财产保险合同	包括财产、责任、保证、信用等保险合同	按保险费收入 1‰贴花	立合同人	单据作为合同使用的，按合同贴花
技术合同	包括技术开发、转让、咨询、服务等合同	按所载金额 0.3‰贴花	立合同人	
产权转移书据	包括财产所有权和版权、商标专用权、专利权、专有技术使用权等转移书据	按所载金额 0.5‰贴花	立据人	
营业账簿	生产经营用账册	记载资金的账簿，按实收资本和资本公积合计金额 0.5‰贴花。其他账簿按件贴花 5 元	立账簿人	
权利、许可证照	包括政府部门发给的房屋产权证、工商营业执照、商标注册证、专利证、土地使用证	按件贴花 5 元	领受人	

以上，就是印花税税目税率表一览的相关内容。

2. 下列凭证可以免征印花税

已经缴纳印花税的凭证的副本、抄本，但是视同正本使用者除外；财产所有人将财产赠给政府、抚养孤老伤残人员的社会福利单位、学校所立的书据；国家指定的收购部门与村民委员会、农民个人书立的农副产品收购合同；无息、贴息贷款合同；外国政府、国际金融组织向中国政府、国家金融机构提供优惠贷款所书立的合同；企业因改制而签订的产权转移书据；农民专业合作社与本社成员签订的农业产品和农业生产资料购销合同；个人出租、承租住房签订的租赁合同，廉租住房、经济适用住房经营管理单位与廉租住房、经济适用住房有关的凭证，廉租住房承租人、经济适用住房购买人与廉租住房、经济适用住房有关的凭证。

（五）计算例题

甲企业 2019 年 6 月发生以下业务：①领取土地使用证、商标注册证、税务登记证、银行开户许可证各一份；②销售自产产品，签订销售合同，合同注明销售额为 400 000 元；③签订受托加工合同，为乙企业加工工作服。根据合同规定，由乙企业提供面料和主要衬料 800 000 元，本企业代垫辅料 20 000 元并收取加工费 30 000 元，该合同本月签订但当月未执行；④转让一项专利申请权，签订转让合同，协议转让金额 10 000 元，在当月取得转让收入；⑤购买一项土地使用权，签订土地使用权转让合同，合同注明价款为 600 000 元；⑥出租设备一台，签订财产租赁合同，合同约定年租金 180 000 元，租赁期两年。

已知，购销合同印花税税率为 0.3‰，加工承揽合同印花税税率为 0.5‰，技术合同印花税税率为 0.3‰，产权转移书据印花税税率为 0.5‰，财产租赁合同印花税税率为 1‰。请计算该企业 6 月份应缴纳的印花税。

解：①房屋产权证、工商营业执照、商标注册证、专利证、土地使用证应当按件贴花，每件 5 元。税务登记证、银行开户许可证均不缴纳印花税。甲企业领取权利、许可证照应缴纳印花税合计 = 5×2 = 10（元）；②甲企业签订产品销售合同应缴纳印花税 = 400 000×0.3‰ = 120（元）；③甲企业签订受托加工合同应缴纳印花税 =（20 000 + 30 000）×0.5‰ = 25（元）；④甲企业签订专利申请权转让合同应缴纳印花税 = 10 000×0.3‰ = 3（元）；⑤甲企业签订土地使用权转让合同应缴纳印花税 = 60×10 000×0.5‰ = 300（元）；⑥甲企业签订财产租赁合同应缴纳印花税 = 18×2×10 000×1‰ = 360（元）；⑦该企业 6 月份应缴纳的印花税 = 10 + 120 + 25 + 3 + 300 + 360 = 818（元）。

十、车船税

（一）定义

车船税，是指对在中国境内应依法办理登记的车辆、船舶，根据其种类，按照规定的计税依据和年税额标准计算征收的一种行为税。它实际上是对车船使用行为征税，并非对其财产征税，所以并未使用比例税率。

（二）发展概括

我国对车船税征收的历史悠久。明清时，曾对内河商船征收船钞。新中国成立前，不少城市对车船征收牌照税。新中国成立后，政务院于1951年颁布了《中华人民共和国车船使用牌照税暂行条例》，对车船征收车船使用牌照税。1986年9月在实施工商税制改革时，又发布了《中华人民共和国车船使用税暂行条例》。2007年1月1日实施的《中华人民共和国车船税暂行条例》就是在《中华人民共和国车船使用牌照税暂行条例》和《中华人民共和国车船使用税暂行条例》基础上合并修订而成的。新条例的出台，对于统一税制、公平税负、拓宽税基，增加地方财政收入，加强地方征税管理都具有重要的意义。

在国外，一些国家车船税也有不同的称谓和征收方式。例如德国从2009年开始，推出新的汽车税征收标准，德国对新型汽车按照二氧化碳排放量的多少进行征收。法国车主的税主要体现在燃油税中。日本所谓的车船税以及养路费都被包含在了汽油的价格里。从发达国家的经验看，"车头税"将被压缩或者被合并到燃油税中，例如，美英等发达国家非常重视私车使用环节的税收，但都不是固定税额，而主要通过燃油税来实现"多开多交、少开少交"的调节功能。

（三）基本公式

车船税按年征收税款，纳税人在规定的期限内一次缴纳全年税款。一般情形应纳税额＝辆数（整备质量吨位数、净吨位、艇身长度）×年基准税额

对购置的新车船，购置当年的应纳税额自纳税义务发生的当月起按月计算。应纳税额＝（年应纳税额÷12）×应纳税月份数

（四）计算的基本概念和规定

1. 计算要求

（1）对车辆净吨位尾数在半吨以下的按半吨计算，超过半吨的按1吨计算。（2）从事运输业务的拖拉机所挂的拖车，均按载重汽车的净吨位的5折计征车船使用税。（3）机动车挂车，按机动载货汽车税额的7折计征税。（4）客货两用汽车，载人部分按乘人汽车税额减半征税，载货部分按机动载货汽车税额征税。（5）船舶不论净吨位或载重吨位，其尾数在半吨以下的不计算，超过半吨的按1吨计算。（6）不及1吨的小型船只，一律按1吨计算。（7）拖轮计算标准可按每马力折合净吨位的5折计算。

2. 征税范围

（1）车辆，包括机动车辆和非机动车辆。机动车辆，指依靠燃油、电力等能源作为动力运行的车辆，如汽车、拖拉机、无轨电车等；非机动车辆，指依靠人力、畜力运行的车辆，如三轮车、自行车、畜力驾驶车等。（2）船舶，包括机动船舶和非机动船舶。机动船舶，指依靠燃料等能源作为动力运行的船舶，如客轮、货船、气垫船等。非机动船舶，指依靠人力或者其他力量运行的船舶，如木船、帆船、舢板等。

3. 车船税税目及其税率总结

车船税的税目	车船税的计税单位	年基准税	备注
乘用车［按发动机汽缸容量（排气量）分档］1.0升（含）以下的	每辆	60元至360元	核定载客人数9人（含）以下
乘用车［按发动机汽缸容量（排气量）分档］1.0升以上至1.6升（含）的	每辆	300元至540元	核定载客人数9人（含）以下
乘用车［按发动机汽缸容量（排气量）分档］1.6升以上至2.0升（含）的	每辆	360元至660元	核定载客人数9人（含）以下
乘用车［按发动机汽缸容量（排气量）分档］2.0升以上至2.5升（含）的	每辆	660元至1200元	核定载客人数9人（含）以下
乘用车［按发动机汽缸容量（排气量）分档］2.5升以上至3.0升（含）的	每辆	1200元至2400元	核定载客人数9人（含）以下
乘用车［按发动机汽缸容量（排气量）分档］3.0升以上至4.0升（含）的	每辆	2400元至3600元	核定载客人数9人（含）以下

续表

车船税的税目	车船税的计税单位	年基准税	备注
乘用车〔按发动机汽缸容量（排气量）分档〕4.0升以上的	每辆	3600元至5400元	核定载客人数9人（含）以下
商用车客车	每辆	480元至1440元	核定载客人数9人以上，包括电车
商用车货车	整备质量每吨	16元至120元	包括半挂牵引车、三轮汽车和低速载货汽车等
挂车	整备质量每吨	按照货车税额的50%计算	
其他车辆专用作业车	整备质量每吨	16元至120元	不包括拖拉机
其他车辆轮式专用机械车	整备质量每吨	16元至120元	不包括拖拉机
摩托车	每辆	36元至180元	
船舶机动船舶	净吨位每吨	3元至6元	拖船、非机动驳船分别按照机动船舶税额的50%计算
船舶游艇	艇身长度每米	600元至2000元	无

（五）计算例题

某机械制造厂2019年拥有货车3辆，每辆货车的整备质量均为1.499吨；挂车1部，其整备质量为1.2吨；小汽车2辆。已知货车车船税税率为整备质量每吨年基准税额16元，小汽车车船税税率为每辆年基准税额360元。请计算该厂2019年度应纳车船税。

解：挂车按照货车税额的50%计算纳税。整备质量、净吨位等计税单位，有尾数的一律按照含尾数的计税单位据实计算应纳税额。2013年应纳的车船税=1.499×3×16+1.2×16×50%+2×360=801.55（元）

十一、土地增值税

（一）定义

土地增值税，是指转让国有土地使用权、地上的建筑物及其附着物并取得收入的单位和个人，以转让所取得的收入减除法定扣除项目金额后的土地增值额为计税依据向国家缴纳的一种税，不包括以继承、赠与方式无偿转让房地产的行为。

（二）发展概括

我国在 1951 年开征了城市房地产税，后来随着土地国有化，地产税被取消。改革开放后，土地有偿使用制度开始实施，税收制度初步建立。1988 年颁布了《城镇土地使用税暂行条例》，1993 年 12 月 13 日颁布《土地增值税暂行条例》（国务院令［1993］第 138 号），1994 年 10 月 1 日开始实施。这是当年国家是针对海南地产泡沫中的土地炒买炒卖现象而开征的，1993 年之后，地产业陷入低潮，1996 年甚至出现全行业亏损，这个条例就一直没有被贯彻，从 2000 年后，各地才开始象征性的征收。

2006 年底，面对高涨的房价，国家税务总局下发了《关于房地产开发企业土地增值税清算管理有关问题的通知》，要求从次年 2 月 1 日起全面清算土地增值税，但随后金融危机爆发，这一政策没有得到严格执行。2010 年，国家税务总局 5 月 26 日公布了《关于土地增值税清算有关问题的通知》，明确土地增值税清算过程中的若干计税问题。在中央房地产宏观调控政策和各地细则均提及要加大土地增值税清算的情况下，通知的出台意味着土地增值税清算从严执行。由于该税存在税种设计最复杂、征税成本最高、税制不统一的现实情况，在理论界和实务界争议很大。

（三）基本公式

1. 应纳土地增值税＝增值额×税率

2. 增值额＝纳税人转让房地产所取得的收入减除可扣除项目金额后的余额

3. 可扣除项目

（1）取得土地使用权所支付的金额。（2）开发土地的成本、费用。（3）新建房及配套设施的成本、费用，或者旧房及建筑物的评估价格。（4）与转让房地产有关的税金。（5）财政部规定的其他扣除项目。

（四）计算的基本概念和规定

一是增值额未超过扣除项目金额50%的部分，税率为30%。

二是增值额超过扣除项目金额50%、未超过扣除项目金额100%的部分，税率为40%。

三是增值额超过扣除项目金额100%、未超过扣除项目金额200%的部分，税率为50%。

四是增值额超过扣除项目金额200%的部分，税率为60%。

上面所列四级超率累进税率，每级"增值额未超过扣除项目金额"的比例，均包括本比例数。

土地增值税税率表

档次	级 距	税率	速算扣除系数	税额计算公式	说明
一	增值额未超过扣除项目金额50%的部分	30%	0	增值额×30%	扣除项目指取得土地使用权所支付的金额；开发土地的成本、费用；新建房及配套设施的成本、费用或旧房及建筑物的评估价格；与转让房地产有关的税金；财政部规定的其他扣除项目
二	增值额超过扣除项目金额50%，未超过100%的部分	40%	5%	增值额×40%－扣除项目金额×5%	
三	增值额超过扣除项目金额100%，未超过200%的部分	50%	15%	增值额×50%－扣除项目金额×15%	
四	增值额超过扣除项目金额200%的部分	60%	35%	增值额×60%－扣除项目金额×35%	

（五）计算例题

某公司于 2019 年 12 月将一座写字楼整体转让给某单位，合同约定的转让价为 20 000 万元，公司按税法规定缴纳增值税 1000 万元，印花税 10 万元。公司为取得土地使用权而支付的地价款和按国家统一规定缴纳的有关费用和税金为 3000 万元。投入房地产开发成本为 4000 万元。房地产开发费用中的利息支出为 1200 万元（不能按转让房地产项目计算分摊利息支出，也不能提供金融机构证明）。已知：该公司所在省人民政府规定的房地产开发费用的计算扣除比例为 10%。计算该公司转让写字楼应缴纳的土地增值税税额。

解：（1）房地产转让收入为 20 000 万元。

（2）确定转让房地产的扣除项目金额：

①取得土地使用权所支付的金额为 3000 万元。

②房地产开发成本为 4000 万元。

③房地产开发费用为：（3000+4000）×10% = 700（万元）

④与转让房地产有关的税金为 1000 万元，但属于价外税，不能扣除。

⑤从事房地产开发的加计扣除为：（3000+4000）×20% = 1400（万元）

⑥转让房地产的扣除项目金额为：3000+4000+700+1400=9100（万元）

（3）计算转让房地产的增值额：20 000−9100 = 10 900（万元）

（4）计算增值额与扣除项目金额的比率：10 900÷9100 ≈ 120%

（5）计算应缴纳的土地增值税税额：应纳土地增值税税额 = 10 900×50%−9100×15% = 4085（万元）

十二、耕地占用税

（一）定义

耕地占用税，是对占用耕地建房或从事其他非农业建设的单位和个人征收的税，该税种既具有资源税特性，又具有行为税特征，在占用耕地环节一次性课征。

（二）发展概括

耕地占用税属于土地税之一种，在中国古代都属于田赋，后来分化出农业税、房产税、地产税，现在又分为土地增值税、城镇土地使用税、耕地占用税、房产税。1987 年 4 月 1 日国务院发布《耕地占用税暂行条例》，征税目的在于限制非农业建设占用耕地，建立发展农业专项资金，促进农业生产的全面协调发展。2007 重新公布《耕地占用税暂行条例》，自 2008 年 1 月 1 日起施行。2016 年 1 月 15 日，国家税务总局制定了《耕地占用税管理规程（试行）》，进一步规范和加强了征收管理，提高耕地占用税管理水平。

（三）基本公式

耕地占用税以纳税人实际占用的耕地面积为计税依据，以每平方米土地为计税单位，按适用的定额税率计税。其计算公式为：

应纳税额=实际占用耕地面积（平方米）×适用定额税率

（四）计算的基本概念和规定

1. 征税范围

包括纳税人为建房或从事其他非农业建设而占用的国家所有和集体所有的耕地。耕地是指种植农业作物的土地，包括菜地、园地。其中，园地包括花圃、苗圃、茶园、果园、桑园和其他种植经济林木的土地。

2. 税率规定

（1）人均耕地不超过 1 亩的地区（以县级行政区域为单位，下同），每平方米为 10-50 元；

（2）人均耕地超过 1 亩但不超过 2 亩的地区，每平方米为 8-40 元；

（3）人均耕地超过 2 亩但不超过 3 亩的地区，每平方米 6-30 元；

（4）人均耕地超过 3 亩以上的地区，每平方米 5-25 元。

（五）计算例题

村民张某 2018 年起承包耕地面积 3000 平方米。2019 年将其中 300 平方米用于新建住宅，其余耕地仍和上年一样使用，即 700 平方米用于种植药材，2000 平方米用于种植水稻。当地耕地占用税税率为每平方米 25 元，请计算张某应缴纳的耕地占用税。

解：农村居民占用耕地新建住宅，按照当地适用税额减半征收耕地占用税。张某应缴纳耕地占用税=300×25×50%=3750（元）

十三、资源税

（一）定义

以各种应税自然资源为课税对象、为了调节资源级差收入并体现国有资源有偿使用而征收的一种税。实际上就是对在我国境内开采应税矿产品和生产盐的单位和个人，就其应税数量征收的一种税，并非所有的自然资源。

（二）发展概括

中国古代最早的资源税记载可能就是战国时期的秦国，至迟自商鞅改革始，就有了对矿产开采征税的管理措施。据《盐铁论·非鞅篇》云："商君相秦，外设百倍之利，收山泽之税。"所谓"山泽之税"就包括矿产税。又据《汉书·百官公卿表》："少府，秦官，掌山海池泽之税，以给共养。"这说明秦时的矿产税是由少府负责收取的。汉兴，仍有矿产税之征，据《史记·平准书》云："山川园池市井租税之入，自天子以至于封君汤沐邑，皆各为私奉养焉，不领于天下之经费。"其"山川园池市井租税之入"中，应包括对采于山川之间的各种矿产征税资源税。除此之外，中国古代征收过银税、金税、铁税、山林税、渔税等。民国时征收过统一的矿区税、矿产税和矿统税。

在西方也很早就存在矿产税和盐税。后来发达国家曾将资源税列入收益类税收，过度开发后来逐渐开始治理，资源税向生态环境保护型转移。

新中国成立后，刚开始对盐征税，对矿产品征收货物税，后来逐渐开始实施计划经济体制和公有制，所有的资源包括矿产资源和盐，都由国家统一配置使用，甚至无偿调拨、划分，对资源开采与使用不予征收。

1984年，为了逐步建立和健全我国的资源税体系，我国开始征收资源税，颁布了《资源税暂行条例》。当时资源税税目只有煤炭、石油和天然气三种，后来又扩大到铁矿石。1993年12月25日重新修订颁布了《资源税暂行条例》，财政部同年还发布了《中华人民共和国资源税暂行条例实施细则》。2011年9月30日，国务院公布了《关于修改〈中华人民共和国资源税暂行条例〉的决定》，2011年10月28日，财政部公布了修改后的《中华人民共和国资源税暂行条例实施细则》，两个文件都于2011年11月1日起施行，此次修订后的"条例"扩大了资源税的征收范围，由过去的煤炭、石油，天然气、铁矿石少数几种资源扩大到原油、天然气、煤炭、其他非金属矿原矿、黑色金属矿原矿、有色金属矿原矿和盐等七种。2016年5月10日，财政部、国家税务总局联合对外发文《关于全面推进资源税改革的通知》，自2016年7月1日起，我国全面推进资源税改革，资源税征收方式由从量征收改为从价征收。我国将开展水资源税改革试点工作，并率先在河北试点，采取水资源费改税方式，将地表水和地下水纳入征税范围，实行从量定额计征。森林、草场、滩涂等资源在各地区的市场开发利用情况不尽相同，对其全面开征资源税条件尚不成熟，此次改革不在全国范围统一规定对森林、草场、滩涂等资源征税，但对具备征收条件的，授权省级政府可结合本地实际，根据森林、草场、滩涂等资源开发利用情况提出征收资源税具体方案建议，报国务院批准后实施。资源税的发展体现了征税范围逐步扩大的特点，同时也真正将资源纳入经济管理的范畴，也会起到很好的环境保护作用，抑制对非矿类自然资源的过度开发与破坏。

《中华人民共和国资源税法》已由十三届全国人大常委会第十二次会议2019年8月26日通过，自2020年9月1日起施行，在其税目中只看到有矿泉水，没有其他水资源，除此之外仍然以矿税和盐税为主，地表水和地下水取用仍处于试点阶段，并未将水资源全部和其他自然资源使用纳入最新立法。

（三）基本公式

1. 实行从价计征的

应纳税额＝应税资源产品的销售额×具体适用税率。

2. 实行从量计征的

应纳税额＝应税产品的销售数量×具体适用税率。

3. 应税产品为矿产品

包括原矿和选矿产品。

（四）计算的基本概念和规定

一是纳税人开采或者生产不同税目应税产品的，应当分别核算不同税目应税产品的销售额或者销售数量；未分别核算或者不能准确提供不同税目应税产品的销售额或者销售数量的，从高适用税率。

二是纳税人开采或者生产应税产品自用的，应当依照本法规定缴纳资源税；但是，自用于连续生产应税产品的，不缴纳资源税。

三是纳税人的免税、减税项目，应当单独核算销售额或者销售数量；未单独核算或者不能准确提供销售额或者销售数量的，不予免税或者减税。

四是国务院根据国民经济和社会发展需要，依照本法的原则，对取用地表水或者地下水的单位和个人试点征收水资源税。征收水资源税的，停止征收水资源费。水资源税根据当地水资源状况、取用水类型和经济发展等情况实行差别税率。

（五）计算例题

某煤矿将外购原煤和自采原煤按照 2 ∶ 1 的比例混合在一起销售，7 月销售混合原煤 900 吨，取得不含增值税销售额 50 万元，经计算确认，外购原煤单价 500 元／吨（不含增值税），该煤矿煤炭资源税税率为 8%，请计算当期该煤矿应纳的资源税。

解：①销售外购原煤不交资源税。

②外购原煤的购进金额 = 900×2÷3×500 = 30 （万元）

③应税原煤计税依据 = 50−30 = 20 （万元）（自采的）

④应纳资源税 = 20×8% = 1.6 （万元）（自采的）

十四、城镇土地使用税

（一）定义

城镇土地使用税，是指国家在城市、县城、建制镇、工矿区范围内，对使用土地的单位和个人，以其实际占用的土地面积为计税依据，按照法律规定的税额计算征收的一种税。

（二）发展概括

对城市土地征税，是近代社会的产物。在我国对农村土地征税始于夏朝。古代的各个时期，都把对土地课税，作为主要的收入来源。民国时期，曾制定土地税法，在部分城市开征过地价税和土地增值税。新中国成立后，设立了房产税和地产税。1951 年，政务院公布了《中华人民共和国城市房地产税暂行条例》，规定在城市中合并征收房产税和地产税。1973 年简化税制时，把对国营企业和集体企业征收的房地产税并到工商税中，只保留了对城市房产管理部门、个人和外侨征收此税。1984 年工商税制改革时，设立了土地使用税。1988 年 9 月，为了利用经济手段加强对土地的控制和管理，调节不同地区、不同地段之间的土地级差收入，促使城镇土地使用者节约用地，提高土地使用效益，国务院发布了《城镇土地使用税暂行条例》，用法律手段统一了城镇使用土地的依法纳税。2006 年 12 月 31 日《国务院关于修改〈中华人民共和国城镇土地使用税暂行条例〉的决定》（中华人民共和国国务院令第 483 号）修订条例内容，适用至今。

（三）基本公式

土地使用税应纳税额＝纳税人实际占用的土地面积×规定税额

不同单位共用一个高层建筑的土地证，应按拥有建筑面积占总建筑面积比例计算应缴纳的土地使用税。即年应纳税额＝（应税土地面积×该级次土地单位税额）×某纳税人使用建筑面积÷该楼总建筑面积。

（四）计算的基本概念和规定

（1）土地使用税每平方米年税额如下：大城市 1.5 元至 30 元；中等城市 1.2 元至 24 元；小城市 0.9 元至 18 元；县城、建制镇、工矿区 0.6 元至 12 元。

（2）省、自治区、直辖市人民政府，应当在法律规定的税额幅度内，根据市政建设状况、经济繁荣程度等条件，确定所辖地区的适用税额幅度。市、县人民政府应当根据实际情况，将本地区土地划分为若干等级，在省、自治区、直辖市人民政府确定的税额幅度内，制定相应的适用税额标准，报省、自治区、直辖市人民政府批准执行。经省、自治区、直辖市人民政府批准，经济落后地区土地使用税的适用税额标准可以适当降低，但降低额不得超过本条例第四条规定最低税额的 30%。经济发达地区土地使用税的适用税额标准可以适当提高，但须报经财政部批准。

（五）计算例题

某火电厂当年占地 80 万平方米，其中厂区围墙内占地 40 万平方米，厂区围墙外灰场占地 3 万平方米。生活区及其他商业配套设施占地 37 万平方米。已知该火电厂所在地的城镇土地使用税为每平方米 1.5 元，请计算该火电厂当年应缴纳的城镇土地使用税税额。

解：①厂区围墙内用地均应缴纳该税；

②厂区围墙外的灰场依法可以免征该税，其他用地需依法纳税；

③当年应纳城镇土地使用税税额＝（800 000－30 000）×1.5＝1 155 000（元）

十五、车辆购置税

（一）定义

车辆购置税是对在境内购置规定车辆的单位和个人征收的一种税，其性质属于行为类税收。

（二）发展概括

我国车辆购置税脱胎于车辆购置附加费，属于费改税的改革成果。1985年4月国务院发布了《车辆购置附加费征收办法》（国发〔1985〕50号），由交通部门统一征收。2001年1月1日起实施《中华人民共和国车辆购置税暂行条例》，统一将费改为税，各地由交通部门代征逐渐在2005年转为由税务局统一征收。车辆购置税在发达国家也普遍征收。2018年12月29日，十三届全国人大会常委会第七次会议通过了《中华人民共和国车辆购置税法》，自2019年7月1日起施行，原条例废止。

（三）基本公式

应纳税额＝计税价格×税率（如果低于国税总局颁布的最低计税价格则按国税总局规定的最低计税价格计征）

计税价格＝增值税的税前金额，而增值税税率13%。

新车购置税额＝购车价格（含税价）÷1.13（增值税率13%）×10%

（四）计算的基本概念和规定

应税车辆的计税价格，按照下列规定确定：①纳税人购买自用应税车辆的计税价格，为纳税人实际支付给销售者的全部价款，不包括增值税税款。②纳税人进口自用应税车辆的计税价格，为关税完税价格加上关税和消费税。③纳税人自产自用应税车辆的计税价格，按照纳税人生产的同类应税车辆的销售价格确定，不包括增值税税款。④纳税人以受赠、获奖或者其他方式取得自用应税车辆的计税价格，按照购置应税车辆时相关凭证载明的价格确定，不包括增值税税款。⑤纳税人申报的应税车辆计税价格明显偏低，又无正当理由的，由税务机关依照《税收征收管理法》的规定核定其应纳税额。

（五）计算例题

某汽车贸易公司2019年3月进口20辆小轿车（排气量为2.1升），海关审定的关税完税价格为25万元/辆，当月销售16辆，取得含税销售收入480万元。2辆企业自用；2辆赠送给合作单位，合同约定的含税价格为每辆30万元。请计算该公司应纳车辆购置税。（小轿车关税税率28%，消费税税率9%）

解：该公司应纳车辆购置税＝2×（25＋25×28%）÷（1－9%）×10%＝7.03（万元）

十六、环境保护税

（一）定义

环境保护税，是指国家向管辖的领域内排放污染物的生产经营者为了环境保护目的征收的一种税，属于行为类税收。

（二）发展概括

德国于 1904 年在污染严重的鲁尔工业区实行排污收费政策。1976 年 9 月，联邦德国制订了世界上第一部专门法律——《废水收费法》，此后，欧洲其他国家、日本、中国、澳大利亚、新西兰相继仿效并不断将收费范围由排放废水扩大到废气、废渣和其他公害物质。荷兰是征收环境保护税比较早的国家，为环境保护设计的税收主要包括燃料税、噪音税、水污染税等，经常被其他国家研究和借鉴。此外，1984 年意大利开征了废物回收费用，作为地方政府处置废物垃圾的资金来源，法国开征森林砍伐税，欧盟开征了碳税。这些税种的开征对碳排放减少起到了很好的促进作用。

我国在改革开放后，工业发展速度加快，排污的问题逐渐严重。1982 年 2 月国务院发布了《征收排污费暂行办法》，1988 年 7 月国务院发布了《污染源治理专项基金有偿使用暂行办法》。1989 年我国出台了《中华人民共和国环境保护法》，第 43 条规定了排放污染物的企业事业单位和其他生产经营者，应当按照国家有关规定缴纳排污费，并且专款专用。2002 年 1 月公布了《排污费征收使用管理条例》，自 2003 年 7 月 1 日起施行，前两个法规同时废止。2014 年 9 月 5 日，国家发改委、财政部和环境保护部联合印发《关于调整排污费征收标准等有关问题的通知》，要求各省（区、市）结合实际，调整污水、废气主要污染物排污费征收标准，提高收缴率，实行差别化排污收费政策，利用经济手段、价格杠杆作用，建立有效的约束和激励机制，促使企业主动治污减排，保护生态环境。2018 年 1 月 1 日《环境保护税法》正式开始实施。2018 年 1 月 7 日，财政部、国家发改委、环境保护部、国家海洋局四部委发布《关于停征排污费等行政事业性收费有关事项的通知》，在全国范围内统一停征排污费和海洋工程污水排污费。其中，排污费包括：污水排污费、废气排污费、固体废物及危险废物排污费、噪声超标排污费和挥发性有机物排污收费；海洋工程污水排污费包括：生产污水与机舱污水排污费、钻井泥浆与钻屑排污费、生活污水排污费和生活垃圾排污费。在费改税的征程上又取得了法治的巨大进步，税收法治原则再一次体现在环境保护税的确立上。

（三）基本公式

（1）应税噪声按照超过国家规定标准的分贝数确定（如下图所示）

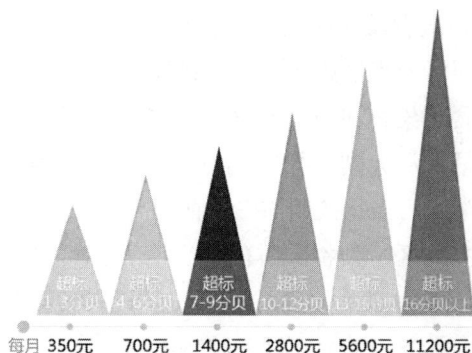

超标 1-3分贝	超标 4-6分贝	超标 7-9分贝	超标 10-12分贝	超标 13-15分贝	超标 16分贝以上
每月 350元	700元	1400元	2800元	5600元	11200元

备注：

① 一个单位边界上有多处噪声超标，根据最高一处超标声级计算应纳税额；当沿边界长度超过100米有两处以上噪声超标，按照两个单位计算应纳税额。

② 一个单位有不同地点作业场所的，应当分别计算应纳税额，合并计征。

③ 昼、夜均超标的环境噪声，昼、夜分别计算应纳税额，累计计征。

④ 声源一个月内超标不足15天的，减半计算应纳税额。

⑤ 夜间频繁突发和夜间偶然突发厂界超标噪声，按等效声级和峰值噪声两种指标中超标分贝值高的一项计算应纳税额。

大气污染物、水污染物、固体废物应纳税额=污染当量数×适用税额

应税大气污染物、水污染物的污染当量数=该污染物的排放量÷该污染物的污染当量值

应税固体废物的污染当量数=产生量-综合利用量（免征）- 储存量和处置量（不属于直接向环境排放污染物）

（2）应税大气污染物、水污染物、固体废物的排放量和噪声的分贝数，按照下列方法和顺序计算：① 纳税人安装使用符合国家规定和监测规范的污染物自动监测设备的，按照污染物自动监测数据计算；② 纳税人未安装使用

污染物自动监测设备的，按照监测机构出具的符合国家有关规定和监测规范的监测数据计算；③ 因排放污染物种类多等原因不具备监测条件的，按照国务院环境保护主管部门规定的排污系数、物料衡算方法计算；④ 不能按照本条第一项至第三项规定的方法计算的，按照省、自治区、直辖市人民政府环境保护主管部门规定的抽样测算的方法核定计算。

（3）每一排放口或者没有排放口的应税大气污染物，对前三项污染物征收环境保护税，按照污染当量数从大到小排序；每一排放口的应税水污染物，按照本法所附《应税污染物和当量值表》，区分第一类水污染物和其他类水污染物，按照污染当量数从大到小排序，对第一类水污染物按照前五项征收环境保护税，对其他类水污染物按照前三项征收环境保护税。（省、自治区、直辖市人民政府根据本地区污染物减排的特殊需要，可以增加同一排放口征收环境保护税的应税污染物项目数，报同级人民代表大会常务委员会决定，并报全国人民代表大会常务委员会和国务院备案。）

（四）计算的基本概念和规定

环境保护税税目税额表

税目		计税单位	税额
大气污染物		每污染当量	1.2 元
水污染物		每污染当量	1.4 元
固体废物	冶炼渣	每吨	25 元
	粉煤灰	每吨	30 元
	炉渣	每吨	25 元
	煤矸石	每吨	5 元
	尾矿	每吨	15 元
	其他固体废物（含半固态、液态废物）	每吨	25 元

税目		计税单位	税额
噪声污染	建筑施工噪声	建筑面积每平方米	3 元
	工业噪声	超标 1 分贝	每月 350 元
		超标 2 分贝	每月 440 元
		超标 3 分贝	每月 550 元
		超标 4 分贝	每月 700 元
		超标 5 分贝	每月 880 元
		超标 6 分贝	每月 1100 元
		超标 7 分贝	每月 1400 元
		超标 8 分贝	每月 1760 元
		超标 9 分贝	每月 2200 元
		超标 10 分贝	每月 2800 元
		超标 11 分贝	每月 3520 元
		超标 12 分贝	每月 4400 元
		超标 13 分贝	每月 5600 元
		超标 14 分贝	每月 7040 元
		超标 15 分贝	每月 8800 元
		超标 16 分贝	每月 11 200 元

（五）计算例题

某企业 8 月向大气直接排放二氧化硫、氟化物各 10 千克，一氧化碳、氯化氢各 100 千克，假设大气污染物每污染当量税额按《环境保护税税目税额表》最低标准 1.2 元计算，该企业只有一个排放口。请计算企业 8 月大气污染物应缴纳的环境保护税。

解：①计算各污染物的污染当量数

二氧化硫：$10 \div 0.95 = 10.53$

氟化物：$10 \div 0.87 = 11.49$

一氧化碳：$100 \div 16.7 = 5.99$

氯化氢：$100 \div 10.75 = 9.3$

②按污染物的污染当量数排序

（每一排放口或者没有排放口的应税大气污染物，对前三项污染物征收环境保护税）

氟化物（11.49）>二氧化硫（10.53）>氯化氢（9.3）>一氧化碳（5.99）选取前三项污染物

③计算应纳税额

氟化物：$11.49 \times 1.2 = 13.79$（元）

二氧化硫：$10.53 \times 1.2 = 12.63$（元）

氯化氢：$9.3 \times 1.2 = 11.16$（元）

十七、烟叶税

（一）定义

烟叶税，是指对在我国境内收购烟叶（指晾晒烟叶、烤烟叶）的单位征收的一种税。

（二）发展概括

烟叶税在独立之前包含在农业税中，1958 年我国颁布实施《中华人民共和国农业税条例》（以下简称《农业税条例》）。1983 年，以《农业税条例》为依据，国家选择特定农业产品征收农林特产农业税。当时农业特产农业税征收范围不包括烟叶，对烟叶另外征收产品税和工商统一税。1994 年我国进行了财政体制和税制改革，国务院决定取消原产品税和工商统一税，将原农林特产农业税与原产品税和工商统一税中的农林牧水产品税目合并，改为统一征收农业特产农业税，并于同年 1 月 30 日发布《国务院关于对农业特产收入征收农业税的规定》（国务院令 143 号）。其中规定对烟叶在收购环节征收，税率为 31%。1999 年，将烟叶特产农业税的税率下调为 20%。2004 年 6 月，根据《中共中央、国务院关于促进农民增加收入若干政策的意见》（中发〔2004〕1 号），财政部、国家税务总局下发《关于取消除烟叶外的特产农业税有关问题的通知》（财税〔2004〕120 号），规定从 2004 年起，除对烟叶暂保留征收特产农业税外，取消对其他农业特产品征收的特产农业税。2005 年 12 月 29 日，十届全国人大常委会第十九次会议决定，《农业税条例》自 2006

年1月1日起废止。烟叶税只得从农业税中独立出来，2006年4月28日，国务院公布了《中华人民共和国烟叶税暂行条例》。2017年12月27日，第十二届全国人大常委会第三十一次会议通过《烟叶税法》，自2018年7月1日起施行。至此，烟叶税完全独立成为一个税种，在我国税制结构中占有一席之地。

（三）基本公式

收购烟叶应缴纳的烟叶税：应纳烟叶税税额＝纳税人收购烟叶实际支付的价款总额×20%

在2018年之前的条例规定了收购价款，再用特别规定列出烟叶收购金额＝收购价款×（1+10%），10%为价外补贴。

这是根据《财政部、国家税务总局印发〈关于烟叶税若干具体问题的规定〉的通知》（财税〔2006〕64号）规定的烟叶收购金额和烟叶税及法定扣除率计算。烟叶收购金额包括纳税人支付给烟叶销售者的烟叶收购价款和价外补贴，价外补贴统一暂按烟叶收购价款的10%计算，即烟叶收购金额＝烟叶收购价款×（1+10%）。《烟叶税法》实施后该规定作废，该计算公式也已失效。

（四）计算的基本概念和规定

烟叶，是指烤烟叶、晾晒烟叶。

（五）计算例题

某烟草公司2019年8月13日支付烟叶收购价款总额为88万元，请计算该烟草公司8月收购烟叶应缴纳的烟叶税。

解：应缴纳的烟叶税＝88×20%＝17.6（万元）

十八、船舶吨税

（一）定义

船舶吨税，是指海关对外国籍船舶航行进出本国港口时，按船舶净吨位征收的一种税。因外国船舶进出港口时需要使用航道、灯塔等，属于一种使用税收。收取资金专项用于海上航标的维护、建设和管理。

（二）发展概括

1685年清政府准许闽海关开征沿海帆船梁头税。1843年10月后，根据不平等条约，海关规定凡商船进口按吨位每吨缴银。1858 年的《天津条约》规定，闽厦两关征收的船钞主要用于口岸的海务建设。1870 年，海关奉命施行《征免洋商船钞章程》，免去了很多船舶税。1920 年 8 月 17 日，总税务司署电令福建各关，所有摩托艇、舢板、帆船均须持有执照并交纳吨税。1945 年 10 月 9 日起实施财政部《征收船舶吨税办法》。

新中国成立后，1951 年 1 月 1 日，实施财政部、海关总署联合颁发的《海关代征吨税办法》。1952 年 9 月 29 日海关总署发布《中华人民共和国海关船舶吨税暂行办法》，1991 年交通部对税率表进行修订，1994 年 2 月 25 日《交通部、国家计委、财政部、海关总署关于调整船舶吨税税率的通知》（交财发〔1994〕206 号），再次修订。2012 年 1 月 1 日起施行《中华人民共和国船舶吨税暂行条例》。2017 年 12 月 27 日第十二届全国人大常委会第三十一次会议通过《中华人民共和国船舶吨税法》，自 2018 年 7 月 1 日起施行。

（三）基本公式

应纳税额＝船舶净吨位×适用税率

（四）计算的基本概念和规定

吨位，是指由船籍国（地区）政府签发或者授权签发的船舶吨位证明书上标明的净吨位。

2018 年《船舶吨税法》的吨税税率表

税目 （按船舶净吨位划分）	税率（元/净吨）						备 注
	普通税率 （按执照期限划分）			优惠税率 （按执照期限划分）			
	1 年	90 日	30 日	1 年	90 日	30 日	
不超过 2000 净吨	12.6	4.2	2.1	9.0	3.0	1.5	1. 拖船按照发动机功率每千瓦折合净吨位 0.67 吨 2. 无法提供净吨位证明文件的游艇，按
超过 2000 净吨，但不超过 10 000 净吨	24.0	8.0	4.0	17.4	5.8	2.9	

续表

税目 （按船舶净吨位划分）	税率（元/净吨）						备　注
	普通税率 （按执照期限划分）			优惠税率 （按执照期限划分）			
	1 年	90 日	30 日	1 年	90 日	30 日	
超过 10 000 净吨，但不超过 50 000 净吨	27.6	9.2	4.6	19.8	6.6	3.3	照发动机功率每千瓦折合净吨位 0.05 吨 　3. 拖船和非机动驳船分别按相同净吨位船舶税率的 50% 计征税款
超过 50 000 净吨	31.8	10.6	5.3	22.8	7.6	3.8	

（五）计算例题

甲公司拥有机动船舶 2 艘，净吨位分别为 200 吨、150 吨；150 千瓦的拖船 1 艘；小型机动船舶 4 艘，净吨位均为 1 吨。该地机动船舶车船税税额为：净吨位每吨年税额 3 元，请计算甲公司应缴纳的船舶吨税。

解：拖船按照发动机功率每千瓦折合净吨位 0.67 吨计算征收船舶吨税。

拖船按机动船舶税额的 50% 计算。

甲公司应缴纳船舶吨税 = 200×3 + 150×3 + 150×1×0.67×3×50% + 4×1×3 = 1212.75（元）

十九、课后作业

1. 某冰箱生产企业 10 月份发生如下经营业务：①购入 30 万元的原材料已验收入库，支付增值税 5.1 万元；②本月销售冰箱给一般纳税人，共收取不含税价款 60 万元，货款已收到；③销售给小规模纳税人冰箱，收取含税货款 23.4 万元；④将本单位生产的电器作为办公设备，价值 10 万元（不含税售价）；⑤上月未抵扣完的进项税额是 1.9 万元，该企业产品适用的增值税税率为 13%。计算该企业当月应缴纳的增值税。

解：①购入 30 万元的原材料已验收入库，支付增值税 5.1 万元，形成进项税 5.1 万元。（购买方）

②本月销售冰箱给一般纳税人，共收取不含税价款 60 万元，形成销项税 = 60×13% = 7.8（万元）

③销售给小规模纳税人冰箱，收取含税货款 23.4 万元，形成销项税 = 23.4÷1.13×13% = 2.69（万元）

④将本单位生产的电器作为办公设备，价值 10 万元（不含税售价），视同销售，形成销项税 10÷13% = 1.3（万元）

⑤上月未抵扣完的进项税额是 1.9 万元，本月可以继续抵扣。

当月应缴纳增值税 = 销项税 - 进项税 - 上期留抵额 = 7.8 + 2.69 + 1.3 - 1.9 - 5.1 = 4.79（万元）

2. 某商店为增值税小规模纳税人，2019 年 8 月，购进童装 280 套，"六一"儿童节之前以每套 128 元的含税价格全部零售出去，计算该商店当月销售这批童装应纳增值税税额。（小规模纳税人销售货物的征收率为 3%）

解：当月的应纳增值税税额 = 128÷（1+3%）×3%×280 = 1043.88（元）

3. 2019 年 11 月，甲公司从国外进口一批货物，海关审定的完税价格为 60 万元，已知：该批货物的进口关税税率为 10%，增值税税率为 13%，请计算甲公司进口该批货物应缴纳的增值税税额。

解：甲公司进口该批货物应缴纳的增值税税额 = 60×（1+10%）×16% = 10.56（万元）。

4. 甲卷烟厂生产 X 牌香烟，8 月发生如下业务：①8 月 5 日购买一批烟叶，取得增值税专用发票上注明的价款为 10 万元。②8 月 15 日将 1 中购入的烟叶发往乙烟厂，委托乙烟厂加工烟丝，收到专用发票注明支付加工费 4 万元。③收回烟丝后领取一半用于卷烟生产，另一半直接出售，取得价款 18 万。④8 月 16 日销售 X 卷烟 100 箱每箱不含税售价 1.5 万元，款项存入银行。请计算该烟厂当月应纳增值税和消费税。

解：增值税是（100×1.5+18）×13% -（4+10）×13% = 21.84 - 1.82 = 20.02（万元）

消费税是 69-3 = 66（万元），另外被代缴消费为 6 万元。

详细说明：①增值税进项税 = 1.3 万元；②乙烟厂代扣代缴消费税 =（10+4）÷（1-30%）×30% = 6（万元） 烟丝税率为 30%；甲烟厂委托加工可以抵扣的进项税额 = 4×17% = 0.52（万元）；③委托加工的烟丝收回后直接销售不再缴纳消费税；用于连续生产应税消费品的可以扣除已纳税款。所以销售烟丝不再缴纳消费税，用于连续生

产卷烟的烟丝，其已纳消费税 3 万元可以抵扣。销售烟丝增值税销

项税额 = 18×13% = 2.34（万元）；④销售 X 牌卷烟 100 箱，增值税销

项税额 = 100×1.5×13% = 19.5（万元）；消费税 = 100×150×0.0001+

100×1.5×45% = 69（万元）。⑤当期应纳消费税 = 69−3 = 66（万元）

当期应纳增值税 = 19.5+2.34−0.52−1.3 = 20.02（万元）

5. 某制药厂（增值税一般纳税人）1 月生产医用酒精 20 吨，成本 16 000

元，将 5 吨投入车间连续加工跌打正骨水，10 吨对外销售，取得不含税收入

10 000 元，企业当期销售跌打正骨水取得不含税收入 250 000 元，当期发生可

抵扣增值税进项税 30 000 元，请计算该企业当期应纳增值税和消费税。酒精

消费税税率为 5%，增值税税率为 13%。

解：酒精销售既缴纳增值税又缴纳消费税。酒精移送用于非消费税产品

的，在移送环节缴纳消费税但不缴纳增值税。跌打正骨水销售缴纳

增值税不缴纳消费税。

①该企业当期应纳的增值税 =（250 000+10 000）×13%−30 000 =

3800（元）

②该企业当期应纳的消费税 =（10 000+10 000÷10×5）×5% = 750

（元）

③20 吨还剩 5 吨，10 吨卖 10 000 元，每吨 1000 元，5 吨即 5000 元。

④合计缴纳增值税消费税合计 = 3800+750 = 4550（元）

6. 某烟草公司 1 月进口甲类卷烟 100 标准箱，海关核定的每箱卷烟关税

完税价格为 3 万元。已知卷烟关税税率为 25%，消费税比例税率为 56%，定

额税率为 0.003 元/支；每标准箱有 250 条，每条 200 支。计算该公司进口卷

烟应纳消费税税额。

解：根据消费税法律制度的规定，纳税人进口应税消费品，按照组成计

税价格和规定的税率计征消费税，进口卷烟实行复合方法计算应纳

税额。

①应纳关税税额 = 100×3×25% = 75（万元）

②组成计税价格 =（100×3+75+100×250×200×0.003÷10 000）÷

（1−56%）= 855.6818（万元）

③应纳消费税税额 = 855.681 8×56%+100×250×200×0.003÷10 000 =

480.6818（万元）

7. 某进口货物成交价格为每公斤 FOB 首尔 100 美元，总运费为 5500 美元，净重 1000 公斤，保险费率为 0.3%，美元人民币的汇率为 1:7，关税税率为 15%，请计算该批货物应纳关税税额。

解：关税完税价格 =（100×1000+5500）÷（1-0.3%）= 105 817.45（美元）

105 817.45 美元×7 = 740 722.15 元

740 722.15×15% = 111 108.32（元）

8. 我国某外贸公司 6 月份出口一批货物到英国，该批货物贸易合同的结汇价为人民币 300 000 元，出口关税税率为 20%，请计算该公司出口这批货物应缴纳的关税税额。

解：应纳税额 = 300 000 ÷（1+20%）×20% = 50 000（元）

9. 甲地板厂为外商投资企业，2019 年 8 月份进购一批木材，取得增值税发票注明不含税价格 800 000 元，当月委托位于县城的乙工厂加工成实木地板，支付不含税加工费 150 000 元。乙工厂 11 月份交付 50% 实本地板，12 月份完工交付剩余部分。已知实木地板消费税税率为 5%，甲地板厂所在地的城市维护建设税税率为 7%，请计算 11 月份乙工厂应代收代缴城市维护建设税。

解：①消费税 =（150 000+800 000）×50%÷（1-5%）×5% = 25 000（元）

②应代收代缴城市维护建设税 = 25 000×7% = 1750（元）

10. 某公司上年度取得收入总额 4000 万元，按照税法规定，全年准予扣除的成本、费用，损失共计 3800 万元，全年上缴增值税额 50 万元，消费税 80 万元，城市维护建设税和教育费附加 13 万元，请计算该公司上年度应缴纳的企业所得税。企业所得税税率为 25%。

解：①应纳税所得额 = 4000-3800-80-13 = 107（万元）

②应纳企业所得税 = 107×25% = 26.75（万元）

11. 某公司向税务机关申请年度应税所得额为 40 万元，经税务机关审核，公司全年实现销售收入总额 2000 万元，全年实际支付业务招待费 15 万元，根据所给资料计算公司该年度应缴纳的企业所得税。企业所得税税率为 25%。

解：①2000×0.5% = 10（万元），15×60% = 9（万元）取其小，可税前扣除 9 万元。

②业务招待费纳税调增额 = 15-9 = 6（万元）

③应纳税所得额=40+6=46（万元）

④应纳企业所得税=46×25%=11.5（万元）

12. 黄某2019年度综合所得应税收入额57.80万元，当年发生的支出如下：①按国家规定标准缴纳的"三险一金"共计5万元；②发生符合扣除标准的住房贷款利息1.2万元；③发生符合扣除标准的子女教育支出1.2万元；④发生符合扣除标准的赡养老人支出2.4万元；⑤通过红十字会向捐赠希望工程15万元。请问：假设当年度黄某无其他收入，应缴纳多少个税？

解：①黄某2019年度综合所得的应纳税所得额=57.8-6-5-1.2-1.2-2.4=42（万元）

②允许扣除公益慈善事业捐赠限额=42×30%=12.6（万元）（可以税前扣减部分）实际捐赠15万元>12.6万元

因此，2019年度允许扣除的公益慈善事业捐赠额为12.6万元。

③2019年应缴个人所得税=（42-12.6）×20%-1.692=4.188（万元）

13. 李某作为某晚报的特约撰稿人，应约在该晚报连载一篇小说十次，每次获得稿费3000元。请按照新的个税法规定的综合征收方式计算李某应纳个税税额。

解：根据《国家税务总局关于印发〈征收个人所得税若干问题的规定〉的通知》（国税发〔1994〕89号）第4条第2款规定，个人的同一作品在报刊上连载，应合并其因连载而取得的所有稿酬所得为一次，按税法规定计征个人所得税。

①李某连载的稿酬应纳税所得额为3000×10×（1-20%）×（1-30%）=16 800（元）

②应纳税额=16 800×20%-1410=1950（元）

③改革前需要交税16 800×20%=3360（元），改革后少缴了1410元。

14. 某企业有一处房产原值1000万元，2019年7月1日用于投资联营（收取固定收入，不承担联营风险），投资期为5年。已知该企业当年取得固定收入50万元，当地政府规定的扣除比例为20%。该企业2019年该房产应缴纳房产税为多少？

解：〔1000×（1-20%）×1.2%〕÷2+50×12%=10.8（万元）

15. 杭州市民孙女士四年前购入一套位于滨江区滨盛路的商品房，面积

105 平方米，总价 94.5 万元，购入时缴纳契税及其他相关费用 1.8 万元。孙女士购置此房的目的不是自住而是投资。购入后，孙女士对此房进行了装修，共发生装修费用 5.5 万元（已取得装修发票）。装修完毕后，孙女士将此房用于对外出租。根据租房合同，该房每月的租金为 4000 元，租期三年。孙女士的出租房屋行为，涉及哪些税？税额各为多少？

解：根据相关税法规定，孙女士出租房屋行为，涉及以下税种。

①房产税，以租金收入 4% 计算缴纳。每年应缴房产税 = 4000×12×4%＝1920（元）

②增值税，3% 税率的基础上减半计算缴纳。每年应缴增值税 = 4000×1.5%×12＝720（元）

③城市维护建设税、教育费附加及地方教育费附加，以增值税税额的 12% 计算缴纳。每年应缴税额＝720×12%＝86.4（元）

④个人所得税，按个人出租住房取得的所得的 10% 计算缴纳，也可按租金收入的 0.5% 征收。每年应缴税额 = 4000×12×0.5% = 240（元）

⑤免征城镇土地使用税。

⑥免征印花税。

16. 红星企业破产清算时，其房产评估价值为 4000 万元，其中 A 栋房产价值 2000 万元，B 栋房产价值 1000 万元，C 栋房产价值 1000 万元。以其中价值 3000 万元的 A 栋和 B 栋房产抵偿欠债权人贾某的债务 2800 万元，将价值 1000 万元的 C 栋房产拍卖给赵某，拍卖收入 1200 万元。债权人贾某获得房产后，将其中的 A 栋与王某进行房屋交换，取得补偿差价 500 万元。将其中的价值 1000 万元的 B 栋房产抵偿了自己所欠钱某的债务 800 万元。请计算上述当事人行为应缴纳的契税税额。本题契税税率一律适用 3%。

解：①企业依照法律、法规规定实施破产，债权人（包括破产企业职工）承受破产企业土地、房屋权属以抵偿债务的，免征契税，所以贾某不用缴纳契税。

②拍卖房产的承受方应缴纳契税，赵某缴纳契税＝1200×3%＝36（万元）。

③契税是境内转移土地、房屋权属时，对承受产权的单位和个人征

收的；土地使用权交换、房屋交换，计税依据为所交换的土地使用权、房屋的价格差额，王某应缴纳契税＝500×3%＝15 万元，钱某缴纳契税＝800×3%＝24（万元）。

④以上当事人合计应缴纳契税＝36+15+24＝75（万元）。

17. 某企业某年 2 月开业，当年发生一下有关业务事项：①领受房屋产权证，工商营业执照，土地使用证各一件；②与其他企业订立转移专用技术使用权数据一份，所载金额 100 万元；③订立铲平销售合同 1 份，所载金额 200 万元；④订立借款合同一份，所载金额 200 万元；⑤企业记载资金的账簿，实收资本资本公积为 800 万元；⑥其他营业账簿 10 本。计算企业当年应集纳的印花税额。

解：①权利、许可证照，按件贴花五元 3×5＝15（元）；②产权转移书据，按所载金额万分之五贴花 100 万元×0.0005＝500 元；③购销合同，按购销金额万分之三贴花 200 万元×0.0003＝600 元；④借款合同，按借款金额万分之零点五贴花 200 万元×0.00005＝100 元；⑤营业账簿 生产经营用账册，按固定资产原值与自有流动资金总额万分之五贴花。其他账簿按件贴花五元 800 万元×0.0005＝400 元；⑥10×5＝50（元），综上共计：15+500+600+100+400+50＝1665（元）。

18. 某运输公司 2019 年有如下运输工具：运输卡车 10 辆，整备质量 12.4 吨/辆，4 月购入乘用车 12 辆，当月办理登记取得车辆行驶证，当地政府规定的乘用车车船税年税额 1000 元/辆，运输卡车车船税年税额 80 元/吨。请计算该公司 2019 年度应缴纳车船税。

解：《车船税法》及其条例涉及的整备质量、净吨位、艇身长度等计税单位，有尾数的一律按照含尾数的计税单位据实计算车船税应纳税额。2019 年度该公司应缴纳的车船税＝12.4×10×80+12×1000×（12-3）÷12＝18 920（元）

19. 某房地产开发公司出售一幢写字楼，收入总额为 10 000 万元。开发该写字楼有关支出为：支付地价款及各种费用 1000 万元；房地产开发成本 3000 万元；财务费用中的利息支出为 500 万元（可按转让项目计算分摊并提供金融机构证明），但其中有 50 万元属加罚的利息；转让环节缴纳的有关税费共计为 555 万元，不含增值税；该单位所在地政府规定的其他房地产开发费用计算扣除比例为 5%。试计算该房地产开发公司应纳的土地增值税。

解：①取得土地使用权支付的地价款及有关费用为 1000 万元；

②房地产开发成本为 3000 万元；

③房地产开发费用 = 500−50+（1000+3000）×5% = 650（万元）；

④允许扣除的税费为 555 万元；

⑤从事房地产开发的纳税人加计扣除 20%，加计扣除额 =（1000+3000）×20% = 800（万元）；

⑥允许扣除的项目金额合计 = 1000+3000+650+555+800 = 6005（万元）；

⑦增值额 = 10000−6005 = 3995（万元）；

⑧增值率 = 3995÷6005×100% = 66.53%

⑨应纳税额 = 3995×40%−6005×5% = 1297.75（万元）

20. 某县房地产开发公司占用耕地 10 000 平方米用于住宅小区建设，其中 3000 平方米将建设一所全日制中学，已知该县耕地占用税每平方米税额为 9 元，请计算该县税务局对房地产公司应征收多少耕地占用税。

解：7000×9 = 63 000（元）

21. 某煤矿为增值税一般纳税人，2019 年 4 月发生下列业务：①开采原煤 40 000 吨，移送加工洗选煤 80 吨；②采取托收承付方式销售原煤 480 吨，每吨不含税售价为 150 元，货款已经收讫；③销售未税原煤加工的选煤 60 吨，每吨不含税售价 300 元（含每吨收取 50 元从坑口到码头的运费，能够取得相应的凭证）；当月还将生产的 5 吨选煤用于职工宿舍取暖，该煤矿原煤与选煤的折算率为 60%；当月将 17 吨选煤赠送给某有业务往来的企业；④销售从某天然气开采企业购进的天然气 45 000 立方米，取得不含税销售额 67 000 元，并收取优质费 1017 元。

已知：该煤矿原煤资源税税率为 5%；天然气资源税税率为 6%，请计算该企业当期应纳资源税税额。

解：①第一项业务：开采环节不需要计算缴纳资源税，将未税原煤移送加工洗选煤，移送环节不缴纳资源税，业务①应纳资源税为 0。

②第二项业务：业务应缴纳的资源税 = 480×150×5% = 3600（元）。

③第三项业务：纳税人将其开采的原煤，自用于连续生产洗选煤的，在原煤移送使用环节不缴纳资源税；将其开采的原煤，自用于其他

方面（如用于职工宿舍）的，视同销售原煤，按同期对外销售价格计算应纳资源税；纳税人将其开采的原煤加工为洗选煤销售的或用于职工宿舍等视同销售，以洗选煤销售额乘以折算率作为应税煤炭销售额计算缴纳资源税，且洗选煤销售额中包含的运输费用以及随运销产生的装卸、仓储、港杂等费用应与煤价分别核算，凡取得相应凭据的，允许在计算煤炭计税销售额时予以扣减。

应纳资源税 = （60+5+17）×（300-50）×60%×5% = 615（元）

④第四项业务：销售购进的天然气，不缴纳资源税，应纳资源税为0。

⑤该煤矿当月应缴纳资源税 = 3600+615 = 4215（元）

22. 某市乳制品加工企业2019年占地60 000平方米，其中办公占地5000平方米，奶牛养殖基地占地28 000平方米，肉制品加工车间占地16 000平方米，企业内部道路及绿化占地11 000平方米。企业所在地城镇土地使用税单位税额每平方米0.8元。请计算该企业全年应缴纳城镇土地使用税。

解：根据税法的相关规定，直接用于农、林、牧、渔业的生产用地免征城镇土地使用税，但不包括农副产品加工场地和生活办公用地；对企业厂区以外的公共绿化用地暂免征收城镇土地使用税，企业厂区以内的照章征收城镇土地使用税。

应纳城镇土地使用税 = （60 000-28 000）×0.8 = 25600（元）

23. 某汽车制造厂将自产的小汽车10辆自用，同类型应税车辆的最低计税价格为200 000元/辆，该厂账面的小汽车的成本为100 000元/辆，成本利润率为10%。请计算该汽车制造厂应纳车辆购置税（以上价格均不含增值税）

解：纳税人自产自用应税车辆的计税价格，按照纳税人生产的同类应税车辆的销售价格确定，不包括增值税税款。该厂应纳车辆购置税 = 200 000×10×10% = 200 000（元）

24. 假设某企业8月产生尾矿1000吨，其中综合利用的尾矿300吨（符合国家和地方环境保护标准），在符合国家和地方环境保护标准的设施贮存200吨。计算该企业8月尾矿应缴纳的环境保护税。

解：（1000-300-200）×15 = 7500（元）

25. 某烟草公司（增值税一般纳税人）6月份收购烟叶，支付烟叶生产者收购总价款3万元，货款全部付清。请计算该公司6月份应纳烟叶税。

解：3×20%＝0.6（万元）

26. 有净吨位为 9000 吨的某国货轮"维多利亚"号，停靠在我国天津新港装卸货物。纳税人自行选择为 30 天期缴纳船舶吨税。该国与我国签订有船舶税费优惠条款，请计算应征的船舶吨税。

解：首先确定适用税率，净吨位 9000 吨的轮船 30 天期的优惠税率为 2.9元/净吨位。应纳税额＝9000×2.9＝26 100（元）

第四章　国债法概述

本章主要学习国债和国债法的基本概念，国债法律的基本制度，熟悉国债的基本功能，了解我国国债基本的法律规定，并掌握国债法的基本适用。

第一节　本章概述

一、知识背景

很多人并不完全熟悉国债的功能，对于国债与公共财政、税收之间的关系也不是很了解。因此，熟悉国债法律制度应先了解的内容是国债的历史发展脉络，了解其功能演化，这样就会知晓国债法原理。西方传统国债理论的主导思想在20世纪30年代以前对国债基本持否定态度但是自人类进入垄断资本主义社会后，对国债则持肯定的态度。

国债始于权力"换"金钱，在人类历史上，私人之间的借贷行为和债务关系源远流长，几乎与人类的历史一样长。而"主权债务"或者"国债"相比之下要"年轻"很多，仅仅才几百年的历史，现代意义上的国债恰恰起源于债务危机。欧洲历史上战争不断，大大小小的国王为给战争融资而经常深陷债务泥潭，"国债"就是为解决国王们的财政困难，偿还其巨额的战争负债而发明出来的一种融资手段。在国债产生以前，这些国王们的借款活动是以国王的个人名义来进行的，本质上是国王的私人债务。但是借款给国王要冒很大的风险，这些国王为了逃避偿债义务，经常宣布自己之前从商人手里借来的钱为商人本应缴纳的税金，不再予以偿还，或者新继位的国王不承认前任国王所欠下的债务，法国国王甚至用杀掉债权人这种残酷手法来逃债。由于国王的这种经常性违约，导致其信誉很低，在借款之时不得不支付比一般商人要高的利率。这样就出现了一个恶性循环，国王要支付的高额利息加重了其财务负担，经常使其陷入债务危机。而面对债务危机国王经常又以违约的方法来解决，这让国王在借贷市场上信誉扫地，其在今后的借款中必须支付更高的利率，而沉重的利息负担会很快又一次导致国王陷入债务危机以及接踵而来的再次违约。这个恶性循环让国王的负债能力失去了可持续性，无法正常借贷的国王经常会面临财政困境，为了实现低息借款，国王们想出了一个新办法，即把国王的"私人债务"转换为由一个比国王信誉更高的公共机构所发行的"公共债务"。

在16世纪，奥地利的哈布斯堡王朝为了筹集对法战争的资金，利用其领地荷兰联邦的议会来为其发行债券。在债权人看来，皇帝和国王总有一天会去世，债务的继承人也不确定。而议会是永久性机构，其信用度要高于国王。哈布斯堡皇帝为了长期以低息筹集巨额资金，将用于偿还本息的税收交给了荷兰议会。不仅如此，在1542年又将设立新税种，以及决定财政支出的权限交给了荷兰议会。正是在哈布斯堡皇帝以交出部分财政权为代价，将自己的"个人借贷"转换为由议会这一公共机构发行"公共债务"的过程中，国债诞生了。英国"光荣革命"之后，来自荷兰的威廉继承了英国的王位，威廉也把荷兰的这套国债制度带入了英国，英国政府的融资能力大大加强。18世纪后半叶英国国债的平均利率为3.7%，而法国信用最好的债务的利率也达到了6.1%。这是拿破仑战争中英国最终获胜的关键，因为战争的背后是财政，法国为战争融资付出的成本远高于英国。其他国家看到国债制度的优点，开始竞相模仿，使得"国债"最终成为世界各国财政制度中不可或缺的组成部分。

国债铺就美国联邦之路。国债产生、发展的历史在背后实质上体现的是一个具有普遍意义的解决债务危机的逻辑，陷入债务危机的国王交出征税权、预算权等自己原先所掌控的财政权，给更具公信力的机构——议会，作为回报，国王获得了更大规模、更具可持续性和成本更低的廉价资金。这一解决国王债务危机的办法并不是让国王勒紧裤腰带还钱，而是把国王的"私人债务"转化为国民共同承担的"公共债务"，也就是国债。而国王所必须付出的代价就是交出自己的财政权，议会可以通过公共预算控制来约束国王的开支。

这个过程意义重大，因为其中蕴含着根本性的制度变革。历史上西欧国家在用"国债"的办法解决国王债务危机的进程实质上也就是"资产阶级革命"，因为正是在国债制度的诞生、发展和完善中，"王权"受到越来越多的限制，国王让渡出自己的财政权，以代议制为核心的现代国家体制才逐渐形成。

　　美利坚合众国的建立也是遵循了与其欧洲先辈们一样的逻辑。独立战争刚刚结束后的美国实际上只是由十三个州组成的松散邦联，每个州其实都相当于一个主权国家，如果从权限上来讲，当时美国邦联制下的中央政府还要远逊色于今天的欧盟。但是美国在独立后不久就遭遇债务危机，因为美国各个州和大陆会议在独立战争期间所发行的大量债券在战后无法兑现。美国解决独立战争后债务危机的办法是由中央政府全部接收各个州的地方债务，一次性地免除各个州的债务负担，而中央政府则从各州获取了征税权和管理国际贸易的权力。紧接着，中央政府就成立财政部，以中央政府的信用为担保发行新的国债，用筹来的资金偿还各州之前欠下的债务。这一债务危机化解之道同样遵循了"以财政权力换取融资能力"的原则，把原先各个州的"私债"转换为由整个联邦共同承担的"国债"，而州则将原属自己的财政权（主要是征税权）让渡给中央政府。这场债务危机也让美国的政治制度发生了根本性的变革，促使美国通过了新宪法，美国从原先松散的邦联转变为由中央政府统一行使主权的联邦国家。[1]

　　了解国债在国外发展的一般历史，就能理解其功能演化的一般轨迹，深刻的理解现代国债法中规定的一般制度的用意及作用。我国在清朝末期就开始发行国内公债并大量举借外债。

二、本章涉及内容

（一）主要概念

国债，国债法，国债市场

（二）基本原理和制度

1. 国债的种类和功能

2. 国债的发行制度与国债的偿还制度

---

〔1〕　见赵柯、李刚："从国债历史看欧洲的未来"载《学习时报》2017 年 2 月 6 日。

3. 国债市场交易制度

4. 中国国债制度的历史演变

5. 国债法的法律性质

三、法律法规

1981 年 1 月，国务院通过《国库券条例》，决定发行国库券来弥补财政赤字，以后又发行了国家重点建设债券、财政债券、重点企业债券、保值公债、特种公债等。到 1992 年止，每年都颁布一个国库券条例，对发行对象与方式、发行数额及利率、还本付息的期限、国库券及其他债券的贴现、抵押和转让、国债律责任、国债管理机构等内容予以规定。1989 – 1991 年每年还颁布了一个特种国债条例，对特种国债的发行对象、发行数额、发行期限、利率及偿还期等内容予以规定。现行的国债法规是 1992 年 3 月 18 日由国务院颁布的《国库券条例》，2011 年做了修订，但是，该条例作为国债法已不能适应社会主义市场经济发展的需要。2009 年财政部颁布《2009 年地方政府债券预算管理办法》，开始允许地方政府发行债券，《国务院关于加强地方政府性债务管理的意见》（国发〔2014〕43 号），2015 年 3 月《地方政府一般债券发行管理暂行办法》。2013 年我国出台了《储蓄国债（电子式）管理办法》，2014 年新颁布了《商业银行柜台记账式国债交易管理办法》（中国人民银行公告〔2014〕第 28 号）。

另外还有《中华人民共和国国债一级自营商管理办法》《国债一级自营商资格审查与确认实施办法》《1993 年国库券发行工作若干具体事项的规定》《1997 年到期国债还本付息办法》《国债期货交易管理暂行办法》《中华人民共和国国债托管管理暂行办法》《证券交易所管理办法》《中国证券交易系统有限公司业务规则》《跨地区证券交易管理暂行办法》等。

第二节　基本概念

一、法律概念

（一）国债

国债又称国家公债，是国家以其信用为基础，按照债券的一般原则，通过向社会筹集资金所形成的债权债务关系。国债以国家财政为信用基础，依托国家公权力的政治平台，既是一种财政手段，亦是一种金融投资工具，既是一种公共财政制度，也是一种债权债务制度，既要遵循财政法的原理，又要遵守债务法的原理。

（二）国债法

国债法，是指由国家制定的调整国债在发行、流通、转让、使用、偿还和管理等过程中所发生的社会关系的法律规范的总称。它主要规范国家（政府）、国债中介机构和国债投资者涉及国债时的行为，调整国债主体在国债行为过程中所发生的各种国债关系。

国债法与民法特别是与民法中的债法有密切的联系，民法中有关债的理论及其具体规定常常也可适用于国债法。

第三节 基本原理和制度

一、国债制度的种类和功能

（一）种类

①按举借债务方式不同，国债可分为国家债券和国家借款。②按偿还期限不同，国债可分类定期国债和不定期国债。③按发行地域不同，国债可分为国家内债和国家外债。④按发行性质不同，国债可分为自由国债和强制国债。⑤按使用用途不同，国债可分为赤字国债、建设国债、特种国债和战争国债。⑥按是否可以流通，国债可分为上市国债和不上市国债。⑦按债券的流动性划分，可分为可流通国债和不可流通国债。⑧按发行的凭证为标准，可分为凭证式国债和记账式国债。

依照上述国债的分类，国库券只是属于定期国债中的一种，指不超过一年期的国债，但是在当前实践中，长期国债经常发行，而国库券条例就难以规范到。而在我国正在实施的法规规章中，国债与国库券的名称都在使用，由于缺乏统一的国债立法，因此，实践中的国债发行操作仍缺乏规范性、权威性和严肃性。以上分类在我国的国库券发行和国债发行中大多数都出现过，并且现在还有很多正在使用，但是却缺少统一、完整、明确的法律规定，使用者用起来随意性很强，但是社会大众却对使用规范很迷茫，法律的学习者对国债法律法规的学习也感到很乱。

（二）功能

1. 筹措军费

这是在战时各国经常采用的方法，俗称战争债券，是以政府的名义发行债券，资金用于战争行动。1861 年 5 月 15 日美国宾夕法尼亚州议会批准了发售 300 万美元战争债券的计划。一战期间，英国政府为了支付战争开支而发行了大量债券，导致战后英国从世界最大债权国沦为净债务国。2015 年 2 月 1 日英国财政部赎回了 1927 年丘吉尔任财政大臣时发行的价值 2.18 亿英镑的永久性债券（console），这些债券是为了偿还英国在第一次世界大战甚至是拿破仑和克里米亚战争时期欠下的债务而发行的。

图一

图一为日本为发动侵华战争发行的国债债券/1943 年发行（昭和 18 年）右部有清晰的圆形印章标注"大东亚战争"字样。[1]

2. 平衡财政收支

政府通过发行债券可以吸收单位和个人的闲置资金，帮助国家渡过财政

───────────────

〔1〕 参见 http://www.kongfz.cn/23921339/pic/

困难时期，实现财政收支平衡，而不用去考虑增税难度和增发货币印发通货膨胀。但是赤字国债的发行量一定要适度，否则会造成严重的通货膨胀。在日本，《财政法》禁止发行赤字国债，但为了刺激战后经济发展，1947 年后逐步由传统的预算平衡原则转而实行凯恩斯主义的赤字财政政策。在美国，由于联邦储备银行具有很大的独立性和严格的银行制度，因而，弥补赤字的主要方法是发行公债。2019 年 12 月 11 日，美国财政部公布的数据显示，11 月份美国联邦政府只获得了 2250 亿美元的税收和其他收入，但支出却达到创纪录的 4340 亿美元，差额的 2090 亿美元只能够通过发行债券的方式筹集。2019 财年，美国联邦政府的赤字规模为 9840 亿美元[1]。2019 年 12 月 10 日，日本政府通过 2019 年度补充预算将追加发行逾 2 万亿日元（约合人民币 1300 亿元）赤字国债。以上发行都以法案的形式获得了国会的批准。

3. 筹集建设资金

国家要进行基础设施和公共设施建设，为此需要大量的中长期资金，通过发行中长期国债，可以将一部分短期资金转化为中长期资金，用于建设国家的大型项目，以促进经济的发展。美国 1798 年的伊利运河第一次公开发行债券，促成了美国东西部的第一次大贯通。我国 1950 年就发行过折实公债，1954-1958 年又相继发行了国家经济建设公债。2019 年 4 月 2 日厦门市通过上海证券交易所政府债券发行系统成功发行 2019 年轨道交通项目专项债券，债券票面利率为 3.68%，发行年限 15 年，发行规模 35 亿元。2019 年 3 月 25 日至 4 月 3 日，宁波、浙江、四川、陕西、山东、北京六个省市财政厅（局）将作为首批试点在柜台市场发行地方政府债（地方政府专项债券）。因厦门地区未被列入首批试点，市民暂时还没办法直接通过银行柜台购买到本次发行的债券，而主要由相关投资机构负责承销。

4. 借换国债的发行

借换国债是为偿还到期国债而发行，在偿债的高峰期，为了解决偿债的资金来源问题，国家通过发行借换国债，用以偿还到期的旧债，这样可以减轻和分散国家的还债负担。我国已发行的转换债有：①1990 年转换债，将

---

〔1〕"11 月美国赤字再创新高，国债超出或致债市生乱，需防美国转嫁风险"，搜狐新闻网，访问日期：2019 年 12 月 12 日。

1990 年到期的单位持有的 1981 年至 1985 年国库券和 1987 年国家重点建设债券，转换成等额的新债，期限 5 年，年利率 8%，不计复利，1995 年偿还；②1991 年转换债，将 1991 年到期的单位持有的 1982 年、1983 年、1984 年、1986 年和 1988 年国库券，转换成等额的新债，期限 5 年，年利率 8%，不计复利，1996 年偿还；③1992 年转换债：将 1992 年到期的单位持有的 1993 年、1994 年和 1987 年国库券，转换成等额的新债，期限 5 年，年利率 8%，不计复利，1997 年偿还。

5. 对经济进行宏观调控

我国国债宏观调控功能逐步增强。一方面，每年预算筹资任务圆满完成，有力地支持了财政政策的顺利实施和国民经济的健康发展。另一方面，改善了宏观调控，支持了经济持续健康较快发展。国债管理更加规范、公开、透明。国债管理规范程度和透明度是衡量一国国债管理水平的重要指标。我国采取了多项措施切实规范国债管理，提高国债管理透明度。目前，我国国债发行、兑付等各项管理都建立了较好的制度体系，管理公开、公正、规范、透明。我国已经形成了按年公布关键期限记账式国债发行计划，按季公布当季国债发行计划，每半年向全国人大和社会报告国债管理及市场发展情况，按年公布当年国债还本付息明细及兑付方法等规范做法，促进了国债市场的健康发展。

以上关于国债的种类和功能的内容在很多国家的国债法中都有相关规定，我国也在诸多的法规、规章中有所体现，但应逐渐构建关于国债制度的统一的基本法。

二、国债的发行制度与偿还制度

（一）发行审批制度

1. 中央国债发行管理制度

《预算法》（2014 年、2018 年均是）[1] 第 34 条规定，中央一般公共预算中必需的部分资金，可以通过举借国内和国外债务等方式筹措，举借债务应

---

[1] 1994 年颁布的《预算法》第 27 条规定，中央政府公共预算不列赤字，在 2014 年删去了。2014 年增加了人大批准限额的规定。

当控制适当的规模，保持合理的结构。对中央一般公共预算中举借的债务实行余额管理[1]，余额的规模不得超过全国人民代表大会批准的限额。国务院财政部门具体负责对中央政府债务的统一管理。

这说明中央政府发行国债必须经过权力机关的批准，具体表现为：一是在每年向全人大作预算报告时，报告当年年度预算赤字和年末国债余额限额，全国人大予以审批；一般情况下，年度预算赤字即为当年年度新增国债限额。二是在年度预算执行中，如出现特殊情况需要增加年度预算赤字或发行特别国债，由国务院提请全国人大常委会审议批准，相应追加年末国债余额限额。三是当年期末国债余额不得突破年末国债余额限额。四是国债借新还旧部分由国务院授权财政部自行运作。财政部每半年向全国人大有关专门委员会书面报告一次国债发行和兑付等情况。五是每年一季度在中央预算批准前，由财政部在该季度到期国债还本数额以内合理安排国债发行数额。

2. 地方公债发行管理制度

（1）开端。《2009 年地方政府债券预算管理办法》第 2 条规定，经国务院批准同意，以省、自治区、直辖市和计划单列市政府为发行和偿还主体，由财政部代理发行并代办还本付息和支付发行费的 2009 年地方政府债券。这是改革开放以来第一次规定允许地方政府发行债券。然后要求经过地方人大审查批准。2009 年度政府预算未报经本级人民代表大会审查批准的，要将本地区地方政府债券收入或者债券转贷收入和支出纳入预算，报请同级人民代表大会审查批准。2009 年度政府预算已经报本级人民代表大会审查批准的，要根据地方政府债券收支计划及时编制预算调整方案，报同级人民代表大会常务委员会审查批准。满足了法律程序的要求。

（2）法律化。《预算法》（2014 年、2018 年均是）第 35 条规定，经国务院批准的省、自治区、直辖市的预算中必需的建设投资的部分资金，可以在国务院确定的限额内，通过发行地方政府债券举借债务的方式筹措。举借债务的规模，由国务院报全国人民代表大会或者全国人民代表大会常务委员会批准。省、自治区、直辖市依照国务院下达的限额举借的债务，列入本级预

---

〔1〕　自 1981 年恢复发行国债以来，我国一直采取逐年审批年度发行额的方式管理国债。2006 年开始实施余额管理，立法机关不具体限定中央政府当年国债发行额度，而是通过限定一个年末不得突破的国债余额上限以达到科学管理国债规模的方式。

算调整方案，报本级人民代表大会常务委员会批准。举借的债务应当有偿还计划和稳定的偿还资金来源，只能用于公益性资本支出，不得用于经常性支出。除前款规定外，地方政府及其所属部门不得以任何方式举借债务。

除法律另有规定外，地方政府及其所属部门不得为任何单位和个人的债务以任何方式提供担保。国务院建立地方政府债务风险评估和预警机制、应急处置机制以及责任追究制度。国务院财政部门对地方政府债务实施监督。1994年的《预算法》没有规定地方政府可以举债。

（二）发行方式

根据历史上各国采用的发行办法，发行方式主要有：①私募。即中央政府向特定的投资者直接发行国债，中国80年代直接向企业发行的国债和特种国债发行常常采取这种方式，现在已不再使用。②公募。即中央政府向社会公开发行国债，在这种场合，投资者的身份一般不受限制。③直接发行。即中央政府不通过承销商而直接发行国债，中国特种国债的发行常常选择这种方式。④间接发行。即中央政府委托承销商代为发行国债，各国绝大多数的国债发行都选择这种方式。⑤直接公募。即中央政府以公募方式直接发行国债，美国的国债发行部门采用这种方式。⑥间接公募。即中央政府委托承销商以公募方式向社会公开发行国债，一般来说，间接发行都是间接公募。⑦行政性发行。即中央政府运用行政机制强制发行国债，中国80年代发行国债常常采用这种方式，目前已经很难见到。⑧定价发行。即中央政府在直接确定国债发行价格（如折价）的基础上发行国债。⑨竞争性投标发行。即在承销商和投资者就国债的利率或发行价格进行竞争性投标的基础上，中央政府按投标人的报价，依次确定国债认购者，直至国债发行完毕为止。⑩非竞争性投标发行。即承销商和投资者就愿意认购的国债数量进行投标，中央政府在投标的基础上向各个认购者分配国债数量的发行方式。

国债法应当将常用的发行方式规定下来，并规定法定方式以外的使用条件。还有其他分类的方法，在这里就不一一列举。

（三）偿还制度

1. 中央国债

目前《预算法》没有规定偿还制度，只有《国库券条例》第4条规定，每年国库券的发行数额、利率、偿还期等，经国务院确定后，由财政部予以公告。对偿还期进行了明确。第 7 条规定，国库券的发行和还本付息事宜，在各级人民政府统一领导下，由财政部门和中国人民银行组织有关部门多渠道办理。对于一年期以内的国债的偿还做了简单规定。偿还方式、资金来源及不能偿还的补救方式并未明确规定，今后在制定国债法时可以考虑规定。

2. 地方公债

《预算法》第 35 条规定，举借的债务应当有偿还计划和稳定的偿还资金来源，这就要求在发债时就有明确安排。而且国务院建立地方政府债务风险评估和预警机制、应急处置机制以及责任追究制度。国务院财政部门对地方政府债务实施监督。但仍然对未能偿还的补救方式做出规定。

《2009 年地方政府债券预算管理办法》第 10 条规定，地方政府债券到期后，由中央财政统一代办偿还。地方财政要足额安排地方政府债券还本付息所需资金，及时向中央财政上缴地方政府债券本息、发行费等资金。如果届时还本确实存在困难，经批准，到期后可按一定比例发行 1~5 年期新债券，分年全部归还。对于未按时上缴的，中央财政根据逾期情况计算罚息，并在办理中央与地方财政结算时如数扣缴。该规章对地方公债偿还的补救方式做出了规定，但是不够完善。

三、国债市场交易法律制度

（一）交易的法律根据

《国库券条例》第 8 条规定，国库券可以用于抵押，但是不得作为货币流通。第 9 条规定，国库券可以转让，但是应当在国家批准的交易场所办理。

（二）交易种类

国债有两种，一种是凭证式国债，利率比同期存款利率高，类似储蓄又优于储蓄，2013 年我国出台了《储蓄国债（电子式）管理办法》，2020 年 3 月 6 日又发布了《储蓄国债（凭证式）管理办法（征求意见稿）》，逐渐在完善交易法律规则。另一种是记账式国债，又称无纸化国债，目前主要是通过证券交易所交易，可以像股票一样买卖。与凭证式国债相比，收益率和变现能力优势都较为明显，记账式国债的利率比凭证式国债高。由于记账式国债可以上市流通，不仅可以获得固定的利息，同时还可以通过低买高卖获得差价收入。2015 年《地方政府一般债券发行管理暂行办法》第 18 条规定，一般债券应当在中央国债登记结算有限责任公司办理总登记托管，在国家规定的证券登记结算机构办理分登记托管。一般债券发行结束后，符合条件的应按有关规定及时在全国银行间债券市场、证券交易所债券市场等上市交易。这就是法定的交易方式。

（三）国债回购制度

1. 正回购

正回购就是央行与某机构签订协议，将自己所持有的国债按照面值的一定比例卖出，在规定的一段时间后，再将这部分国债买回。买卖之间的差价，就是这段时间内资金的使用成本。与发行央行票据一样，正回购也是回笼货币的一种手段。

2. 逆回购

逆回购为央行向一级交易商购买有价证券，并约定在未来特定日期将有价证券卖给一级交易商的交易行为，逆回购为央行向市场上投放流动性的操作，逆回购到期则为央行从市场收回流动性的操作。

图二

这是我国目前央行与经批准的一级交易商（如商业银行）依据《中华人民共和国商业银行法》《中华人民共和国证券法》及中央登记清算公司、证券交易所的文件开展的业务。

（四）国债期货交易制度

根据1995年《国债期货交易管理暂行办法》（证监发字〔95〕22号）规定，国债期货交易需遵守下列要求。

1. 交易场所

国债期货交易场所是指中国证监会会同财政部批准进行国债期货交易的

交易场所。未经中国证监会会同财政部批准，任何交易场所不得开展国债期货交易。

2. 交易要求

国债期货交易场所制定和修改国债期货交易管理规则必须报中国证监会会同财政部审核批准。国债期货交易场所设计国债期货合约必须经中国证监会会同财政部批准后方可上市交易。

3. 法律责任

对未经中国证监会商财政部批准，擅自上市国债期货合约的交易场所限期停止国债期货交易，没收全部非法所得、处以 10 万元以上 300 万元以下的罚款。对未经中国证监会批准，擅自开展国债期货经纪业务的机构，限期停止国债期货经纪业务，没收全部非法所得、处以 10 万元以上 100 万元以下的罚款。给他人造成损失的，应当依法承担民事赔偿责任。构成犯罪的，移交司法部门依法追究刑事责任。

四、中国国债发行的历史沿革

近代以来，中国出现了国债发行制度。我国首次发行的债券，是 1894 年清政府为支付甲午战争军费的需要，由户部向官商巨贾发行的，当时称作"息借商款"。甲午战争后，清政府为交付赔款，又发行了公债，总额为白银 1 亿两（当时称"昭信股票"）。

清政府 1911 年发行公债券，为了修建湖广铁路，债券由盛宣怀签发，为期 40 年，1951 年 6 月到期。面额分 100、20 两种。600 万英镑的债券，当时就合 9000 万两白银，清廷拿到巨额资金后又宣布铁路国有化，对外借款，欺骗民众，导致保路运动爆发，进而引发辛亥革命，成为大清帝国的亡国公债。

自清政府开始发行公债以后，旧中国历届政府为维持财政平衡、都发行了大量公债。北洋政府、南京国民政府、武汉国民政府以及蒋介石政府先后发行了数十种债券。同盟会在革命期间发行了中国革命政府军债券，民国成立后偿还。民国政府于 1913 年发行了"黄金融资债券"，据说很多美国人至今一直还要求中国政府代替清政府和北洋政府偿还这些国债，甚至通过诉讼方式以求还债。中国政府早已宣布不承认这些恶债。

新中国成立后，中国国债发行经历了以下阶段：第一，新中国刚刚建立的 1950 年，当时为了保证仍在进行的革命战争的供给和恢复国民经济，发行了总价值约为 302 亿元的"人民胜利折实公债"。第二，1954-1958 年，为了进行社会主义经济建设分 5 次发行了总额为 35.46 亿元的"国家经济建设公债"。第三，1979 年以后，为了克服财政困难和筹集重点建设资金，中国从 1981 年起重新开始发行国债。截止到 1995 年，共发行了 8 种内债，有国库券、国家重点建设债券、财政债券、特种债券、定向债券、保值债券、转换债券等，累计余额达 3300 亿元。第四，从 1996 年以来至今，发行国债已经成为中国政府经济建设和宏观调控的重要工具，尤其是 2009 年之后允许地方政府也发行公债，成为中国经济崛起的重要财政和金融工具。从《预算法》到相关的法规规章，发行、交易制度逐渐完善，但是缺乏统一的国债基本法，这是需要继续完成的重要法律使命。

五、国债法的法律属性

国债法属于经济法部门，划归在财政法领域中。从国债制度出现以来，其功能多样，但核心都是为解决财政问题，即国家政权分配或占据社会财富的问题。在强制性的国债法律中，体现的是一种国家为了某种政治目的强行组织分配社会收益，虽然会还本付息，但对当时购买国债的主体、市场资金流动及经济社会都有很大影响。在自愿购买的国债法律中，国债成为合法筹集资金以完成财政目标的重要融资工具，必须获得法律的授权后才可以进行，这样就成了国家税收之外的重要财政手段，具有机动性和目标性，对税法是一个重要的补充，同时具有很强的宏观调控功能，它的核心是建立在国家政权的统治信用基础上。经济法是国家对经济的组织、协调、管理或干预的法律部门，国债法体现的就是分配领域和资本流通领域，现代经济法更多的体现的是国家通过发行债务弥补赤字预算，支持国家经济职能的扩张，实现宏观经济结构平衡，弥补自由市场机制的不足。因此，无论是在古代社会，还是近现代社会，国家借债都有直接的财政功能，相关的立法都具有明显的经济法性质。

虽属于财政法的重要组成部分，但与税法等其他财政法的组成部分也有比较明显的区别，如国债法主体的平等性即明显区别于其他组成部分，尽管国债法的一方主体必须是国家，但在国债法律关系中，国家是作为债务人与其他权利主体发生权利义务关系的，其他权利主体是否与国家发生债权债务关系，一般都由自己的意志决定，在国债法律关系中，他们与国家处于平等的地位，但在其他财政法律关系中，主体间的隶属性则明显区别于国债法。另外，国家取得国债收入的权力与其还本付息的义务是紧密联系在一起的，而其他权利人要享有取得本息的权利，也必须履行支付购买国债资金的义务。因此，从一定意义上讲，国债法是具有公法性质的私法。同时也在一定程度上多少包含有行政法的内容。

第四节　国债法律制度概念、原理的实践

一、发行国债

随着 2020 年 2 月 10 日全国各地陆续开始复工复产，疫情防控工作进入新的阶段，国民经济也逐步进入有序生产阶段。而就疫情的暴发情况来看，不得不承认新冠肺炎将给我国一、二季度的经济增长带来较大冲击，部分抗风险能力弱的中小企业已经向市场发出求救信号。2 月 11 日，一些专家学者呼吁提请全国人大审议通过增发 1 万亿特别国债，用于支持中小企业减税降费和对疫情地区进行转移支付，特殊时期采取特殊办法。截止到 3 月 27 日，并没有消息确认增发特别国债。全国人大及其常委会作为审批权力机关，为何至今没有回复或启动程序呢？这就需要权力机关在审批环节严格把关，认真权衡利弊，因为在新冠肺炎疫情暴发以来，我国已经依法采取了相当多的应对措施，再要发行数量如此庞大的特别国债，必须深入调研。

财政政策方面，针对疫情严重地区的企业，出台了专项补助、减税降费、兜底采购收储等支持保供的财税政策。金融政策方面，向市场投放超预期流动性，引导贷款市场报价利率下调，降低企业融资成本，提振实体经济信心，并设立专项再贷款，专门用于支持重点医用和重点生活物资的生产企业。这说明我国已经采取了适度的应对政策。而至今我国共发行过 3 次特别国债，含 2 次新发和 1 次续发。首次新发是 1998 年财政部面向四大国有银行定向发行的 2700 亿元特别国债，主要用于补充银行资本金。第二次新发是 2007 年面向农业银行和银行间市场发行的共计 1.55 万亿元特别国债，用于购买等值

美元外汇储备，作为中国投资有限责任公司成立的注册资本金。第三次续发是2017年财政部针对2007年定向发行6000亿元特别国债1期的到期续发。这些特别国债均为专款专用，基本上不具有宏观调控的功能。而目前的损失无法准确估量，而且发行后很可能呈现"大水漫灌"效应，针对性并不突出，再加上从提案做出到会议讨论、专家论证、代表表决需要很长一段时间，是否能够成为应急资金尚很难说。因此至今未能提上议事日程。这就体现了人大及其常委会的财政预算权力，在审批环节严格审查申请发行国债的用途及目标，依法把控债券发行风险，使国债的功能在法律的范围内得以有效实现。

二、违法使用国债专项资金的监管

中国邮政储蓄银行原行长陶礼明涉嫌受贿、挪用公款被判刑。5年内，陶礼明与他人合谋多次恶意超发数亿元国债，将其中约3.4亿元国债资金挪用于炒股、投资理财，供个人牟利。其手法之专业、规模之巨大十分罕见。检察机关指控，2000年至2004年的5年间，陶礼明与两名同事、下属合谋，先后8次超发凭证式国债，累计超发国债共计4.2亿多元。超发国债资金中的3.436亿元，被陆续转出为私人牟利，截至案发，向中邮储国债专户回款共计3.6亿多元，尚有4271.8万元未归还。我国的凭证式国债由商业银行代理财政部发行，各银行发行规模均是定额的。银行如果操作不当引起超发，超出定额的部分通常要自己消化处理，原则上超发资金需妥善返还给认购者。检察机关调查发现，早在2000年凭证式第一期国债发行过程中，邮储银行无意中超发了1253.64万元。下属向其汇报后，陶礼明决定将超发的国债资金用于对外投资。随后，陶礼明等三人将投资所得的90余万元予以私分。偶然尝到"甜头"的陶礼明，从此将超发国债当做了"挣外快"的门道。经陶礼明同意，此后中邮储7次故意操作超发国债。"实质就是把广大投资者认购的超发国债，当成了'私产'牟利，是明显的违规做法。"上海一家股份制商业银行的债券交易员说，由于案件中的手法十分专业，以至于挪用后多年未被发觉。[1]

如此巨大的国债资金监管漏洞令人不寒而栗，发行国债是有明确的财政

〔1〕 "中国邮政储蓄银行原行长陶礼明腐败案追踪"，中共天津市和平区纪委监委网，访问日期：2019年10月29日。

目标的，否则就会扰乱经济秩序，权力机关在发行审批上虽然依法办事，但是却在发行实施环节出现了如此大的法律漏洞，不得不让我们对国债法的实施现实充满担忧，居然8次超发国债没有被发现，这绝对需要认真反思并追责，监管制度在"一把手"面前形同虚设，给国家和社会到来了巨大的灾难。陶礼明在被判刑后于2016年6月1日死在监狱，但很多损失却无法挽回。我国为了严肃处理国债项目资金管理、使用中存在的违规问题，根据国务院《关于违反财政法规处罚的暂行规定》、财政部《国债转贷地方政府管理办法》（财预字〔1998〕267号）、《关于加强国债专项资金财政财务管理与监督的通知》（财基字〔1998〕619号）、《关于加强基础设施建设资金管理与监督的通知》（财基字〔1990〕50号）、《基本建设财务管理若干规定》（财基字〔1998〕4号）、1999年《关于对国债专项资金违规问题处理意见的通知》等有关文件的规定，授权财政专员办对查出的国债项目申报、国债专项资金拨付和使用中的违规问题作相关严肃处理，但是本案反映的情况却是这么多规定也没能阻止陶礼明超发国债并挪用的结果。2020年财政部发布了《关于修订印发〈记账式国债发行远程招标现场管理与监督办法〉的通知》（财库〔2020〕8号），《财政部中国人民银行关于印发〈记账式国债发行远程招标现场管理与监督办法〉的通知》（财库〔2011〕186号）同时废止。这是为了更好的堵住制度的漏洞。

三、合法使用国债技改资金被冤判

原公诉机关河北省衡水市人民检察院。原审被告人张文中，原系物美控股集团有限公司董事长。2009年3月30日因犯诈骗罪、单位行贿罪、挪用资金罪被判处有期徒刑十二年，二审终审后一直在申诉，并两次减刑后于2013年2月6日刑满释放。之后继续申诉，2018年5月30日被最高人民法院再审认定无罪。

2002年初，被告人张文中得知国家对重点企业、重点项目实行国债贴息补贴政策，遂与被告人张伟春、物美集团副总裁张某1等人商议此事，并委派张伟春到原国家经贸委等部门进行了咨询。在得知该批国债技改贴息资金主要用于支持国有企业技术改造项目、物美集团作为民营企业不属于国债技改贴息资金支持范围的情况下，张文中与张伟春商量后决定以中国诚通控股集团有限公司（国有企业，以下简称"诚通公司"）下属企业的名义进行申报。为此，张文中与诚通公司董事长田某1多次联系，田某1答应了张文中的要求。在张文中指使下，张伟春等人以虚假资料编制了物美集团技改项目《可行性研究报告》，以诚通公司下属企业名义上报原国家经贸委。物流项目获得审批后，物美集团既未实施，也未向银行申请贷款。物美集团以信息化项目为名，以与其关联公司北京和康友联技术有限公司（以下简称和康友联公司）签订虚假设备采购合同和开具虚假发票为手段，获得1.3亿元贷款，用于公司日常经营，未实施信息化项目。2003年10月29日，财政部将3190万元国债技改贴息资金拨付到诚通公司，后诚通公司将该款汇入物美集团账户，物美集团将该款用于偿还公司贷款。案发后，已追缴赃款3190万元。认定上述事实的主要证据有《国家重点技术改造项目管理办法》《国家重点技术改造项目国债专项资金管理办法》《关于组织申报2002年国债技术改造项目的通知》《关于下达2002年国家重点技术改造项目计划（第八批国债专项资金项目）的通知》、规划意见书、采购合同、进账单、发票等书证，证人张某1、田某1、李某1、李某2、于某1、杨某、张某2、于某2等人的证言以及被告人张文中、张伟春的供述等。

最高人民法院在再审时认为，物美集团在申报国债技改贴息项目时，国债技改贴息政策已有所调整，民营企业具有申报资格，且物美集团所申报的物流项目和信息化项目均属于国债技改贴息重点支持对象，符合国家当时的经济发展形势和产业政策。原审被告人张文中、张伟春在物美集团申报项目过程中，虽然存在违规行为，但未实施虚构事实、隐瞒真相以骗取国债技改贴息资金的诈骗行为，并无非法占有3190万元国债技改贴息资金的主观故意，不符合诈骗罪的构成要件。故原判认定张文中、张伟春的行为构成诈骗罪，属于认定事实和适用法律错误，应当依法予以纠正。以上是关于该案的部分摘录，主要针对涉及国债资金使用的内容，主要信息选自最高人民法院在裁判文书网发布的判决书文件。

此案轰动全国，在央视《今日说法》栏目播出后社会反响巨大。人们首先考虑的问题就是使用国债资金风险怎么会如此之大？此案虽然存在巨大冤屈，但是原审司法机关也是出于保护国家国债资金合法使用的目的，因此从审判材料中可以看出，当时针对国债使用的法律法规并不够细致，很多规定存在模糊区域，理解起来也有很大偏差，因此导致了对案件定性的认识截然不同，最后经最高人民检察院和最高人民法院深入、细致的审查才发现了其中的错误认识与判断，这反映了我们的立法不足之处，需要在改革中不断完善，这样的冤案也会逐渐减少。

四、发行国债调控经济

2019 年 7 月 5 日中央人民政府首次在澳门发行 20 亿元人民币国债，其中机构国债发行金额为 17 亿元人民币，票息率为 3.05%，期限 3 年。面向澳门居民零售的国债金额为 3 亿元人民币，期限两年，票息率为 3.3%。人民币国债给澳门市民提供了安全稳健的人民币投资产品。目前，澳门人民币市场尚处于发展阶段，国债作为中央政府债券，天然享有最高安全等级，是债券市场最为安全、稳健的投资品种。澳门发展特色金融，主要面临的是法律体系、登记结算系统、交易场所等基础设施的制约。这次中央政府发行人民币国债给存在的这些制约提供了很好的突破机会，中央政府筹集到了更多的财政资金，澳门机构和居民也多了一个投融资渠道，刺激了澳门投资经济的增长。既影响了投资机制，又增加了投资机会，一举多得，促进了市场经济的进一步发展。[1]

---

〔1〕　郭鑫：“中央政府首次在澳门发行人民币国债”，新华网，访问日期：2019 年 7 月 5 日。

第五章　政府采购法概述

本章主要学习政府采购法的一般概念与原理。该法属于财政法中的组成部分，我们需要了解政府采购法发展的一般过程，熟悉政府采购制度的基本情况与内容。

第一节　本章概述

一、知识背景

政府采购行为与普通的商业采购行为性质有很大不同，不能简单地以买卖法的内容去对待，因为涉及公共财政制度与国家的财政，因此需要严格按照法律的程序进行。政府采购行为自古有之，古代的王朝经常会向手工艺人购买商品，会向农牧民采购农牧商品，如《红楼梦》中真实历史背景的曹家江宁织造府，就是一种为皇家王朝采购丝织物品的机构，古代瓷器烧制的官窑实际上是一种民营官买的关系，而不是真正的国营企业。国家或政府作为购买者，是一种存在商品经济的社会中正常存在的一种现象，自古公私有别，现代社会市场经济体制中更是如此。只不过现代社会由于法治高度发达，法律体系细致完善，因此专门制定了政府采购的法律。这是国家认识到了这种采购行为的特殊性，发现了其与一般的市场购买行为的区别，因此在合同法的基础上再针对其特殊性制定法律。它涉及国家对市场经济的参与、协调和干预，它确定的采购对象对市场竞争会产生直接的影响，它确定的采购原则会波及成千上万个企业的利益，这绝不是行政法可以涵盖的，是经济法的性质。在采购的监管程序中存在行政行为这是显而易见的，这反映了政府采购法也包含有行政法的内容。

二、本章涉及内容

（一）主要概念

政府采购，政府采购法，采购人，采购代理机构，供应商，政府采购合同。

（二）基本原理和制度

1. 政府采购法律制度历史沿革

2. 政府采购法的功能

3. 政府采购法的基本原则

4. 政府采购当事人

5. 政府采购方式和程序

三、法律法规

2003 年 1 月 1 日开始实施《政府采购法》，2015 年 3 月开始实施《政府采购法实施条例》、2017 年 7 月实施《政府采购货物和服务招标投标管理办法》（财政部令第 87 号），2004 年颁布的财政部令第 18 号《政府采购货物和服务招标投标管理办法》废止和 2018 年 3 月实施《政府采购质疑和投诉办法》（财政部令第 94 号），财政部 2004 年发布的《政府采购供应商投诉处理办法》（财政部令第 20 号）废止，2018 年 11 月中央通过《深化政府采购制度改革方案》指导法律法规进一步修订工作。

第二节　基本概念

一、政府采购的法律概念

（一）政府采购

政府采购，是指国家各级政府为从事日常的政务活动或为了满足公共服务的目的，利用国家财政性资金和政府借款购买货物、工程和服务的行为。

（二）政府采购法

政府采购法是指调整政府采购活动中所产生的社会关系的法律规范的总

称。政府采购法是有关规范政府财政支出活动的重要法律，是财政法的重要组成部分。

二、采购当事人

（一）采购人

采购人是指依法利用国家财政性资金和政府借款购买货物、工程或服务的国家机关、事业单位、团体组织。

（二）采购代理机构

采购代理机构是指具备一定条件，经政府有关部门批准而依法拥有政府采购代理资格的社会中介机构。采购代理机构可分为集中采购机构和一般采购代理机构。

设区的市、自治州以上人民政府根据本级政府采购项目组织集中采购的需要设立集中采购机构。集中采购机构的性质是：第一，集中采购机构是采购代理机构，它只能根据采购人的委托，以代理人的身份办理政府采购事务。集中采购机构完全是为了向采购人提供采购服务而设立的。第二，集中采购机构不是政府机关，而是非营利性的事业法人。

（三）供应商

供应商是指向采购人提供货物、工程和服务的法人、其他组织或者自然人。我国《政府采购法》第22条规定了供应商的条件。

三、政府采购合同

政府采购合同是招标采购单位与采购单位及投标单位之间约定权利义务的协议，是政府采购货物、服务等所依据的重要法律文件，既有私法的性质也有公法的性质。

它与一般民商事合同的最大区别在于：政府采购合同的拟定不仅要符合《中华人民共和国合同法》的规定，而且还要符合《政府采购法》的规定不仅要双方协商一致，还要遵从强制性的实体要求与程序要求。政府采购合同的拟定必须要以招标文件（包括竞争性谈判文件、询价采购文件等）为蓝本，不能脱离招标文件的基本原则与范围。政府采购合同既有民事合同的属性，又具有行政合同的属性，它是指行政主体为了实现行政管理目的，而与公民、法人或其他组织就相互间的权利义务所达成的协议，它的一方为政府相关部门，其目的是政府各级及其所属机构为了开展日常政务活动或为公众提供公共服务的需要所进行的采购。政府采购合同属于双务、有偿合同，即指当事人双方相互之间存在对待给付义务，且当事人一方取得权利必须支付相应代价的合同。这个代价一般是指支付报酬或酬金，报酬或酬金属于财政性资金。

第三节　基本原理和制度

一、政府采购法律制度历史沿革

与政府做生意可追溯到几千年前，古埃及早在公元前 2500 年左右就对供应材料与工人建造金字塔时的注意事项进行有序管理，他们甚至设置了书记员职位，将金字塔建造中所需的材料及工程进度逐一备案。在中世纪，随着教会大兴土木、军队也不断发起战争，公共采购也进入了一个新的发展时期。欧洲工业化城市的兴起，导致政府更多依赖于私人供应商提供的货物、工程与服务，然而，这一切一直延续到 18 世纪末，美国立法创建了专门管理采购事务的机构。随着一战与二战爆发后对国防采购的大量需求，现代采购进入了一个更复杂的层面，但采购却仅仅扮演着办事员的角色，通过获得货物与服务的供应从而保持经济的正常运转。20 世纪 70 年代，许多政府都发现了公共采购的低效浪费，与之相对应的则是私营部门采购的高效与管理完善。随着全球化与技术变革所带来的挑战，大量来自于私营部门的先进管理技巧与方式在 20 世纪 80 年代被注入公共部门，公共采购也逐渐成为各国政府重要的经济行为。[1]

政府采购在西方市场经济国家已有 200 多年的历史，但在我国起步较晚，尚属于新生事物。随着社会主义市场经济体系的逐步建立与完善，我国对政府采购的认识也越发的全面、清晰。1996 年率先在上海市展开政府采购的尝试，1998 年扩大试点范围，随后陆续颁布了《政府采购管理暂行办法》《政府采购招标投标管理暂行办法》等一系列相关办法与规定，配合以切实可行

---

〔1〕　"公共采购的历史发展追溯"，载《中国政府采购报》2016 年 1 月 27 日。

的相关措施，使得政府采购工作于2000年在全国铺开。并于2003年1月1日开始实行《政府采购法》，至此我国政府采购制度框架已初步形成。[1] 实施17年来政府采购法制化程度不断提高，但是在采购的效率、监督管理等方面仍存在很多法律制度上的漏洞，在很多贪污腐败领域的刑事案件被公布后，人们发现了很多采购程序与实施过程中的问题，并提出了完善的要求。2018年中央通过《深化政府采购制度改革方案》，指出深化政府采购制度改革要坚持问题导向，强化采购人主体责任，建立集中采购机构竞争机制，改进政府采购代理和评审机制，健全科学高效的采购交易机制，强化政府采购政策功能措施，健全政府采购监督管理机制，加快形成采购主体职责清晰、交易规则科学高效、监管机制健全、政策功能完备、法律制度完善、技术支撑先进的现代政府采购制度，为进一步完善政府采购方面的法律法规指明了方向。

二、政府采购法的功能

（一）提高财政资金的使用效率

当个人和企业在购买商品或服务时，总是尽可能地做到物美价廉，这是人性最基本的体现。但是在政府采购领域，却经常出现质次价高的情况，问题往往出在具体执行采购的个人身上，因为他可能出现的私欲就会产生寻租行为，最后与销售方或生产方串通一气，损公肥私，这样的例子在现实中不胜枚举。在政府采购制度推行之前，各国有单位采购行为均由本单位决定，尤其是由"一把手"决定，买车、盖楼、培训、调研、福利、保险、办公用品等等，导致了"一支笔"的结果，寻租空间巨大，贪污腐败盛行，搞得民怨沸腾，社会风气败坏，买贵不买贱情况非常普遍。《政府采购法》确立的制度逐渐提高了公家资金的使用效率，从立法上开始堵住漏洞。虽然自该法实施以来，法律上仍存在很多不足，作弊行为层出不穷，但是违法者法律风险却越来越大，自从十八大以来，法治的弦越绷越紧，政府采购法的基本制度得到了越来越严格的执行，监管也日益严格，资金使用效率在不断提高，该法也在不断地完善中，实施该法的细则不断增多。

例如，云南省昆明市财政局、纪委和公安局等多个部门近期被曝集体

---

〔1〕 "我国政府采购的历史与现状"，http://blog.sina.com.cn/s/blog_7014ad5c0101kj8f.html。

"高价"采购。其中，昆明市财政局采购 4 台服务器、68 台台式机、8 台笔记本电脑，成交价 57 万余元，比市场价高出一倍。昆明市中级人民法院采购 125 台笔记本电脑，每台 6760 元，而中标机型市场价为 5099 元，一单生意就比正常价格高出 21 万元。[1]

江苏省 2019 年把政府采购预算编制挺在前面，做到先预算、后采购，坚决纠正随意扩大预算等变通行为。加强风险点的信息化防控，对采购预算、指标和用款计划进行全程监管。去年查处政府采购领域违规违纪案件 39 起。在全国率先实施政府采购"网上商城"模式，缩短招标采购时间，笔笔留痕，提高政府采购透明度。省财政厅搭建的省级"网上商城"采购平台，针对采购方需要，组织优选 13 大类 160 个品目商品，以及单项或同批 20 万元以下货物，价格公开透明，不仅低于电商平台官网价格，更低于市场平均价。采购人可以像淘宝购物一样，自主选择采购商品。目前，全省四分之三以上市县加入省级"网上商城"，采购单位和交易额稳步增长。去年全省网上采购单位达 5000 多家，成交金额 8 亿多元，较上年翻了一番，有效解决了采购商品"质次价高"、集中采购周期长、零星采购效率低等问题。第三方调查显示，全省采购单位对"网上商城"满意度超过 90%，财政部充分肯定并多次推广江苏"网上商城"经验。[2] 这就是《政府采购法》严格实施带来的效率。

（二）防止腐败频发，增加违法成本

公共购买行为确实存在公与私的博弈现象，私欲膨胀则会损害公共利益，这种情况在人类社会中都会出现，只是近年来我国的情况非常严重而已。《政府采购法》及其相关制度的建立，可以构建起严格的监督制度基础，违法犯罪者在实施谋取私利、损害公益的行为时，由于有法律制度存在，就会对其形成制度阻力，要想绕过法律屏障，就需要冒很大风险，在日益严格的法治建设状态下，很多存贪欲的采购者就会放弃利益输送行为，而那些铤而走险者，则经常触碰到法律的"高压线"，最后锒铛入狱，悔恨不已！

例如，吉林省政府采购中心行政科原科长李某被法院以受贿罪判有期徒刑 5 年。李某负责吉林省内所有事业单位的汽车采购，因而众多汽车公司都

---

〔1〕"多地政府采购领域腐败频发吃回扣成'明规则'"，载《经济参考报》2010 年 8 月 10 日。

〔2〕林培、戴民辉："江苏政府采购杜绝'质次价高'去年节省采购资金 307 亿元"，载《新华日报》2019 年 1 月 22 日。

想方设法给他送礼。而且李某每购一台汽车，都会收到少则1000元、多则几千元的回扣。至案发，李某共收受吉林省昌运汽车公司和吉林省华生汽车公司等数家汽车企业贿赂款6.5万元。与李某一同被查处的还有吉林省政府采购中心采购处原副处长张某等6名政府采购部门负责人。张某因拿了7万余元回扣，也被吉林市中级人民法院判刑。江西金溪县教育局原局长辛某因受贿121万余元，被法院判处有期徒刑8年。其中，辛某在学校课桌、教学器材等采购业务中，收受经销商贿赂15.9万元，收受其他人的贿赂财物8.9万余元。在采购中，辛某不惜"明码标价"，对每套学生课桌就要收取销售商15元回扣。小到学校教学设备采购，大到基建项目，都必须由辛某拍板。在采购中明暗回扣盛行，权钱交易明显。[1] 这些胆大妄为的贪污犯们最终在严格的政府采购制度中被网罗，这是因为建立了这些细致的交易环节才可能让他们违法后被查出。

（三）宏观经济调控

政府采购虽然是一种公共购买行为，但是其采购的目标却直接对市场产生影响，持续不断地公共物品、公共服务采购需求直接对接市场竞争，如果被列入采购目标，那么供应商将会获得很大的市场份额，尤其在中国这样庞大的国度内，公有制基础雄厚，政府采购的法律主体数量庞大，政府、党政机关、事业单位、国有企业等，对我国的市场供给具有巨大的吸引力。这样，政府采购的方向与政策就具有生产、供应导向性，可以通过这个导向性影响宏观经济结构与运行。

例如我国《政府采购法》第9条规定，政府采购应当有助于实现国家的经济和社会发展政策目标，包括保护环境，扶持不发达地区和少数民族地区，促进中小企业发展等。第10条规定，政府采购应当采购本国货物、工程和服务。这两个条款具有很强的宏观经济调控的导向，如果政府集中采购的目录向这些领域和方向倾斜，宏观上这些经济领域就能得到良好的支持与发展。政府采购制度可以调节社会总需求，实现总供求平衡。政府可根据宏观经济冷热程度及发展态势，在可利用的弹性区间内适时、适量地安排政府采购，

---

[1] 胡锦武、张旌："江西金溪县原教育局长受贿121万余元被判刑"，新华网，访问日期：2008年6月24日。

产生政府支出的乘数效应，凋节供求总量。从 2012 年开始，很多中央部委就已经成为新能源汽车的示范试点使用单位。据介绍，国家机关事务管理局组织过部分中央部委新能源汽车试运行效果反馈，反馈"满意"的占比达到70%。现阶段新能源汽车的高增长在很大程度上是政策推动，而不是市场需求拉动的。现行的三大政策促进了新能源汽车的快速发展，一是中央政府及地方政府的高额补贴刺激。二是各地不限牌照、不限行等特殊政策。三是一些特定领域政府直接推动，比如公务车更新比例不低于 50% 等。政府采购支持了新能源汽车行业的艰难起步，将来市场不断扩大后，生产成本逐渐降低，我国的汽车行业就真正的升级换代了，那时就会在国际上真正具有强大的竞争力了。

（四）保护政府采购当事人特别是供应商的合法权益

我国社会主义市场经济追求的是公平、公开的竞争，而这就需要一个法律支持的竞争平台。政府采购法要求建立的招投标制度就是这样一个平台，我国政府采购法实施以来，逐步为供应商提供竞争的平台。随着政府采购法在实施中的不断完善，随着政府采购制度采购要求与目录的不断升级，各类有实力的生产经营者就会获得日益公正的竞争平台与环境。对于采购者也是一种很好的保护。由于政府采购法规定了很多硬性的指标，很多单位的"一把手"也不敢轻易触碰高压线，但又不愿得罪人，法律明确规定的制度不容易轻易跨越这是一般人熟悉的，这样采购者就可以依法回绝亲戚朋友的输送利益交易要求，有效地保护了采购者本人。很多被"围猎"的单位一把手如果不能把握自己，可能就走向绝路。如果能依法合理回绝，求助者也不太好意思逼人太甚，毕竟法律有明确的"红线"划在那里了。现在很多单位将政府采购信息越来越多的详细公布在网络上，所有的交易环节都在线上公布，这样留下的"死角"就几乎没有空间了。权力没有监督不仅是导致腐败的土壤，也是危害权力者的温床，毕竟在缺乏监督的巨大诱惑下人性是变多的，人类长久以来更相信的是制度，而不是人性，人性受环境影响很大，这是社会的基本规律，法律更不能无视这一规律。

三、政府采购法的基本原则

（一）一般原则：公开、公平、公正和诚实信用原则

我国《政府采购法》第三条规定，政府采购应当遵循公开透明原则、公平竞争原则、公正原则和诚实信用原则。这就需要采购部门和代理采购机构必须将计划采购的商品和服务信息公开，最好是能通过网站统一公开发布，使符合条件的供应商都有机会了解到该信息。必须严格按照法律规定的供应商名单公开统一报价竞争，而不能采取法律没有规定的限制性的条件，如省份、优质等级，获奖、所有制等。以下是从 2020 年 3 月中国采购网网上摘取的几个省的集中采购目录：西藏自治区 2020 年度政府集中采购目录及采购限额标准 2020-03-11；内蒙古自治区 2020 年全区统一集中采购目录 2020-03-11；河南省 2020 年政府集中采购目录及标准 2020-03-11；广西 2020 年政府集中采购目录及标准 2020-03-11；山西省 2020 年度集中采购目录及采购限额标准 2020-03-13；浙江省 2020 年度政府集中采购目录及标准和政府采购品目分类目录 2020-03-11，通过网上链接就可以直接打开相应的采购目录网页，网页上详细公布了采购的商品名称、规格、要求，这是我们可以看到的当前我国关于政府采购公开等原则的制度实施情况。

如果违反了以上原则，就会受到法律的制裁。2017 年河北省公开了故城县财政局行政处罚决定书显示，故城县城市管理综合执法局 2016 年 3 项保洁服务项目计 7 065 956 元未公开招标，被处同价款 7 065 956 元 1% 的罚款 70 600 元。2017 年度 3 项保洁服务项目计 9 413 948 元未公开招标，被处同价款 9 413 948 元 1% 的罚款 94 100 元。以上 2016 年度 3 个城区保洁服务项目和 2017 年度 3 个城区保洁服务项目均是参照上年度费用标准，由县政府与原供应商直接签订服务合同延包，由故城县城市管理综合执法局支付服务费，城区保洁服务属于该单位的职能事项，合同数额均已超出河北省规定的政府采购公开招标数额标准（80 万元）。故城县城市管理综合执法局未按《政府采购法》规定的公开招标方式实施采购，违反了《政府采购法》第 26 条第一款，应当采用公开招标方式而擅自采用其他方式采购的。以上违法违规事实有《故城县城市管理综合执法局自查报告》、财政检查底稿、记账凭证复印件、县政府文件、财政检查询问笔录等为证，2017 年 9 月 18 日故城县城市管

理综合执法局收到行政处罚事项告知书和行政处罚听证告知书后，未提出陈述、申辩和听证要求。对此，故城县财政局做出前述的处罚。[1] 这就需要各级政府采购部门要严格遵守《政府采购法》规定的原则，依法依规进行采购，以达到法治的要求。

（二）工程采购的法律适用原则：招投标

我国《政府采购法》第4条规定，政府采购工程进行招标投标的，适用招标投标法。《中华人民共和国招标投标法》（以下简称《招标投标法》）第3条规定，在中华人民共和国境内进行下列工程建设项目包括项目的勘察、设计、施工、监理以及与工程建设有关的重要设备、材料等的采购，必须进行招标：①大型基础设施、公用事业等关系社会公共利益、公众安全的项目；②全部或者部分使用国有资金投资或者国家融资的项目；③使用国际组织或者外国政府贷款、援助资金的项目。这说明对于工程的采购监管上比较特殊，因为工程采购涉及的资金量巨大，较一般的货物和服务耗资多，因此需要更加严格的制度约束。例如2014年7月7日，被告江苏某某中学建校舍工程，由于主管部门领导干涉，没有经过招标投标即将其工程发包给原告江苏某某建筑工程有限责任公司施工。2015年5月7日，工程竣工验收合格后，为了应付检查、审计或者顺利备案，被告与原告补办了招标投标手续及中标合同。后工程合格交付使用后，因被告一致拖欠工程尾款800万元，原告多次催要未果，诉之法院，要求被告支付拖欠工程款，并承担合同约定的迟延付款违约金50万元。法院经过审理认为，被告未经招标投标即将工程发包给原告施工，违反了招标投标法的强制性规定，后双方当事人虽补办手续及中标合同文件，但该补办行为不符合招标投标活动应遵循公开、公正、公平竞争，择优选择承包单位的原则，故应当认定所签订施工合同及补办招标投标手续行为无效。《最高人民法院关于审理建设工程施工合同纠纷案件适用法律问题的解释》第1条，"建设工程施工合同具有下列情形之一的，应当根据合同法第五十三条第（五）项的规定，认定无效：（三）建设工程必须进行招标而未招标或者中标无效的。"因合同无效违约金条款也无效。根据合同无效质量合

---

〔1〕 艺铭："因未公开招标—县级单位被罚款共计16万余元"，政府采购信息网，访问日期：2017年9月27日。

格，参照合同约定支付剩余工程价款，被驳回了其他诉讼请求[1]。我们可以看到，该案中工程采购未经招投标，导致合同无效的后果，相关主管部门也对该行为进行了处罚。

（三）维护政府采购市场国内开放性原则

我国《政府采购法》第5条规定，任何单位和个人不得采用任何方式，阻挠和限制供应商自由进入本地区和本行业的政府采购市场。我国在形式上是大一统的社会主义国家，市场巨大，但是地方保护主义却由来已久，可能会严重的自由、公平竞争。有些地方的政府采购附加了很多条件，致使外省市的供应商无法达到要求，被挡在公平竞争的门外，只是地方主义对大一统市场的破坏，我国向来坚决反对。《中华人民共和国反垄断法》第33条规定，行政机关和法律、法规授权的具有管理公共事务职能的组织不得滥用行政权力，实施下列行为，妨碍商品在地区之间的自由流通：①对外地商品设定歧视性收费项目、实行歧视性收费标准，或者规定歧视性价格；②对外地商品规定与本地同类商品不同的技术要求、检验标准，或者对外地商品采取重复检验、重复认证等歧视性技术措施，限制外地商品进入本地市场；③采取专门针对外地商品的行政许可，限制外地商品进入本地市场；④设置关卡或者采取其他手段，阻碍外地商品进入或者本地商品运出；⑤妨碍商品在地区之间自由流通的其他行为。这个条款针对的是行政性垄断的违法行为，而政府采购恰好就属于这个领域，地方政府利用手中的权力胡乱划分竞争的资质与标准，制定不合理的要求，对竞争者产生不公正的待遇。

例如，南康区体育公园体育场工程在招标公告中设置三项一级资质条件，且设置在2009年1月1日以后，获得过全国建筑业AAA级信用企业证书，入选为赣州市政府工程预选承包商名录施工企业，最后满足该条件的施工企业不足四家。于是有企业通过人民网投诉到南康区委。经查，确实存在问题：①招标单位未严格按照相关法规要求设置投标人资质等级，排挤潜在投标人，体育公园体育场工程中的体育场地设施项目专业承包二级资质就可以满足该项目的资质要求，但招标人却设置为一级资质，同时还要求2009年1月1日

---

[1] 曹敏："在应当招标而未经过招投标签订的施工合同，在工程完工验收时进行补办手续及合同文件，是否具有法律效力？"，http://www.zgjsls.com/article_ content.aspx？id=21006。

以后获得过全国建筑业 AAA 级信用企业证书；②相关职能部门审核不认真，把关不严，招标办作为监管单位履职不力。最后区纪委下达监察建议书，要求整改，重新发布招投标公告，责成区招标办、区建设局写出书面检查。[1] 这种认为设置的目标很明确，就是排挤相关竞争者，最后达到关系人的利益目标，这严重地破坏了政府采购程序，应受到法律的制裁。

（四）预算约束原则

我国《政府采购法》第 6 条规定，政府采购应当严格按照批准的预算执行。第 8 条规定，政府采购限额标准，属于中央预算的政府采购项目，由国务院确定并公布。属于地方预算的政府采购项目，由省、自治区、直辖市人民政府或者其授权的机构确定并公布。这是对于政府采购金额进行限制的直接法律依据。各级政府及公共部门需求很多，但是不能没有限制，必须依照预算制度进行严格控制，否则会造成收不抵支的负债困境。地方政府的债务问题在我国当前是一个非常棘手的政治经济问题，很多地方政府规划项目，开发商垫资施工，最后政府难以支付采购款项，造成开发商陷入财务困境。

例如，辽宁一镇政府因欠债 3700 万被列入失信黑名单，最高法院督办执行，最后丹东中级人民法院将该镇政府依法列入失信黑名单[2]。有网友在最高人民法院网失信被执行人名单系统中以"人民政府"进行搜索，竟出现了480 多项失信公开信息，其中大多数为乡镇人民政府，但也有地市级别政府"上榜"，比如黑龙江大庆市人民政府、辽宁新民市人民政府、广东清远市人民政府办公室。经统计发现，全国 480 多个失信的政府中，20 个县级及以上政府 22 次被纳入该名单，年度分布分别为 2015 年有 8 个、2016 年有 9 个（10 次）、2017 年有 3 个（4 次）。其中，18 个政府"全部未履行"生效文书确定的法律义务，只有两个政府履行了部分法律义务。[3] 这是一个令人震惊的数字，这么多政府居然赫然出现在被执行人名单上，这种失信对法律的破

---

〔1〕 "江西网友反映某体育工程招标涉嫌暗箱操作获官方回应"，人民网，访问日期：2014 年 6 月 26 日。

〔2〕 李显峰："辽宁一镇政府负债 3700 万被列入失信黑名单"，载《北京青年报》2016 年 6 月 22 日。

〔3〕 沈度："全国 20 个县级以上政府成老赖：多半拒不履行"，载《重庆晨报》2017 年 4 月 1 日。

坏力是极大的。政府是一个地方信用最高的部门，人民有困难了经常找政府，但是现在却因预算约束不到位，导致欠款及其频繁，以上 480 家是原告胆大起诉了，有多少开发商、施工人根本不敢去告。这项原则应该还有更多的追究责任条款作为辅助，才可能依法控制过度无约束采购。

2019 年 7 月 1 日实施的《政府投资条例》第 6 条规定，政府投资应当与经济社会发展水平和财政收支状况相适应。国家加强对政府投资资金的预算约束。政府及其有关部门不得违法违规举借债务筹措政府投资资金。第 34 条规定，"项目单位有下列情形之一的，责令改正，根据具体情况，暂停、停止拨付资金或者收回已拨付的资金，暂停或者停止建设活动，对负有责任的领导人员和直接责任人员依法给予处分：（四）擅自增加投资概算；（五）要求施工单位对政府投资项目垫资建设"。这是国务院对政府采购预算约束的重要法规，说明中央意识到了地方政府欠债投资的风险，开始了依法进行严格的管控。近年来，地方债务风险已经严重影响了中国社会经济的正常发展，对中国市场经济导向也是一个严重的威胁。2019 年 1 月 30 日，国务院总理李克强主持召开国务院常务会议，听取清理拖欠民营企业中小企业账款工作汇报，2018 年 11 月以来，各地区、各有关部门和大型国有企业积极清理被拖欠的民营企业中小企业账款。目前全国政府部门、大型国有企业已清偿账款 1600 多亿元，拖欠的农民工工资和民生工程款项等得到了优先清偿。而且不断在加大清欠力度，要求建立台账，制定清偿计划，地方政府新增债券要优先用于偿还拖欠款，地方政府融资平台通过发债或其他金融工具置换存量债务节省的利息支出要全部用于清欠[1]。这种大规模的清欠行动说明这种现状已经不是法院利用法律能解决的问题了，已经上升到政治问题了，必须由国家最高政权机构组织处理，否则法治原则无法得到贯彻实施。

（五）采购本国货物原则

我国《政府采购法》第 10 条规定，政府采购应当采购本国货物、工程和服务。但有下列情形之一的除外：①需要采购的货物、工程或者服务在中国境内无法获取或者无法以合理的商业条件获取的；②为在中国境外使用而进

---

[1] 高亢："我国将加大清欠民营企业中小企业账款力度完善长效机制"，新华网，访问日期：2019 年 1 月 30 日。

行采购的。这说明采购国货是非常明确的，除外条件也是很明确的，但是在执行中却可能被忽视。2004 年，Linux 应用与政府采购研讨会在京召开，科技部高新技术发展及产业化司某领导指出，不少省市负责软件采购的主管部门，大规模采购国外软件，这些做法不仅严重违反了《政府采购法》，而且沉重打击了国产软件的发展，把国产软件逼上了绝路，呼吁主管部门采取紧急措施，刹住这股风，也呼吁国产软件企业拿起法律武器维护自己的合法权益。[1] 但也有人持不同意见，认为软件政府采购是遵守政府采购法指导，是公平的，并不有意支持或者排斥哪一家企业。外商也可以成为本国软件，只要符合条件。并不是不买外国的软件，有所不同的是要进行审批。[2] 这个争议说明国外的产品或服务可能比国货先进，质量好，功能优良，但是我国的法律态度非常鲜明，一般都要采购国货，很多省市公开大批量采购国外软件肯定是违反了该原则，应予纠正。至于说需要审批那是另外一回事，可能有特殊需求，申请后主管部门明白其采购意义，当然可能审批。

（六）集中采购与分散采购相结合原则

我国《政府采购法》第 7 条规定，政府采购实行集中采购和分散采购相结合。集中采购的范围由省级以上人民政府公布的集中采购目录确定。属于中央预算的政府采购项目，其集中采购目录由国务院确定并公布。属于地方预算的政府采购项目，其集中采购目录由省、自治区、直辖市人民政府或者其授权的机构确定并公布。纳入集中采购目录的政府采购项目，应当实行集中采购。该原则明确了集中采购的硬性规定，列入目录的必须进行集中采购，否则就违反法律了，我国当前集中采购的目录在网上随时可以查到，这些被公布的集中采购目录明确要求必须由我国《政府采购法实施条例》第 4 条规定，分散采购是指采购人将采购限额标准以上的未列入集中采购目录的项目，自行采购或者委托采购代理机构代理采购的行为，既可能自行采购，也可能委托采购。网上公布了河北省招标限额的规模标准，本书截取了其中的一小部分，以解释"限额标准以上"，采购人采购未纳入集中采购目录的政府采购

---

〔1〕　张贝悦："科技部官员炮轰政府软件采购，称违反采购法"，载《京华时报》2004 年 11 月 27 日。

〔2〕　宋保强："《软件政府采购法》出台本国软件有了明确界定"，天极网，访问日期：2004 年 11 月 9 日。

项目，一次或批量采购达到 50 万元以上的，由采购人经同级政府采购监督管理部门审核后，委托省级以上人民政府财政部门认定的政府采购代理机构代理采购或具有相应资质的集中采购机构代理采购。公开招标数额标准，①货物项目：单项或者批量采购金额 50 万元以上的。②服务项目：单项或批量金额 30 万元以上的。③纳入政府采购的公共工程项目：施工单项合同估算价 50 万元以上的。④施工单项合同估算价在 150 万元以上的。⑤重要设备、材料等货物的采购，单项合同估算价在 50 万元以上的。⑥勘察、设计、监理等服务的采购，单项合同估算价在 30 万元以上的。分散采购既有数额标准要求，也有程序要求，分散采购不是自己随意去买，而是一种对应于集中采购的制度。集中采购次数少，由主管部门集中组织委托。

四、政府采购方式和程序

（一）公开招标

公开招标，是指招标人（政府采购中心或其委托的中介机构）公开在媒体等平台上公开刊登招标公告，通知供应商投标的条件、时间、地点与具体要求的一种采购方式。对此我国有明确规定。2020 年 1 月 7 日，国务院办公厅印发《中央预算单位政府集中采购目录及标准（2020 年版）》，自 2020 年 1 月 1 日起实施，2016 年 12 月 21 日印发的《中央预算单位 2017-2018 年政府集中采购目录及标准》同时废止。该规定指出，除集中采购机构采购项目和部门集中采购项目外，各部门自行采购单项或批量金额达到 100 万元以上的货物和服务的项目、120 万元以上的工程项目应按《政府采购法》和《招标投标法》有关规定执行。还规定，政府采购货物或服务项目公开招标数额标准为 200 万元。政府采购工程以及与工程建设有关的货物、服务公开招标数额标准按照国务院有关规定执行。这个标准也与时俱进，修改后更加符合市场的实际情况。

（二）邀请招标

我国《政府采购法》第 29 条规定，符合下列情形之一的货物或者服务，可以依照本法采用邀请招标方式采购：①具有特殊性，只能从有限范围的供应商处采购的；②采用公开招标方式的费用占政府采购项目总价值的比例过大的。例如某省重点工程项目计划于 2019 年 12 月 28 日开工，由于工程复杂、技术难度高、一般施工队伍难以胜任，业主自行决定采取邀请招标方式。于 2019 年 8 月 4 日向通过资格预审的五家施工承包企业发出了投标邀请书。该五家企业均接受了邀请，并于规定时间购买了招标文件。这种做法是否合法呢？根据《招标投标法》（2017 修订）第 11 条规定，国务院发展计划部门确定的国家重点项目和省、自治区、直辖市人民政府确定的地方重点项目不适宜公开招标的，经国务院发展计划部门或者省、自治区、直辖市人民政府批准，可以进行邀请招标。显然业主的做法违反了法律的规定，应予纠正。

（三）竞争性谈判

我国《政府采购法》第 30 条规定，符合下列情形之一的货物或者服务，可以依照本法采用竞争性谈判方式采购：①招标后没有供应商投标或者没有合格标的或者重新招标未能成立的；②技术复杂或者性质特殊，不能确定详细规格或者具体要求的；③采用招标所需时间不能满足用户紧急需要的；④不能事先计算出价格总额的。例如，2019 年贵州省疾病预防控制中心对以下项目进行国内竞争性谈判采购，发布公告，本书截取其中的一小部分内容呈现竞争性谈判，①采购项目内容：项目名称，精神卫生典型案例视频拍摄项目二次；项目需求，详见附件；采购预算，6 万元。②供应商资格要求："营业执照副本复印件、税务登记证副本复印件、组织机构代码证复印件"或"三证合一复印件"；"经审计的 2017 年度或 2018 度的财务报告"复印件或"2019 年基本开户银行出具的资信证明"复印件；2019 年任意一个月缴纳税收的凭据或证明材料复印件（依法免税的供应商须提供相应证明文件）；2019 年任意一个月社会保障资金缴纳证明材料复印件（不需要缴纳社保资金的供应商须提供相应证明文件）等。

（四）单一来源采购

我国《政府采购法》第 31 条规定，符合下列情形之一的货物或者服务，可以依照本法采用单一来源方式采购：①只能从唯一供应商处采购的；②发生了不可预见的紧急情况不能从其他供应商处采购的；③必须保证原有采购项目一致性或者服务配套的要求，需要继续从原供应商处添购，且添购资金总额不超过原合同采购金额百分之十的。例如，S 市 A 单位欲采购"移动监管系统通讯服务"，选择 B 代理采购机构为其提供采购代理服务，经过一次流产的单一来源采购、一次流标的公开招标采购、两轮竞争性谈判，最终由 C

公司以 68 万元价格竞标成功，比预算价 236 万元低了 71%。本案中，经 A 单位要求，B 代理采购机构最初选择单一来源采购方式，将 C 公司作为此次采购的唯一供应商，并在网上发布公告，理由是"该标的性质特殊"。公示期间，相关供应商提出质疑，并向政府采购监督部门反应情况，经政府采购监督部门审查后认为异议理由成立，要求采购人变更采购形式，单一来源采购方式得以终止。本案例中，从"相关供应商提出质疑"的情况来看，该标的并非只存在"唯一供应商"。本案最初的单一来源采购公示中，有一个采购需求要素较为令人注目，"移动信号发射基站必须达 10 个以上"。乍一看，这是采购方为满足自己的业务需要提出的正常的采购需求。我们再看"相关供应商"的质疑和阐述，尽管己方发射基站数量没有 10 个以上，但发射信号强度大，完全能够满足采购方采购需求，因此，他们指出，"这是采购人在招标文件中蓄意设置限制性条款"。从相关供应商质疑内容不难看出，对"发射基站"规定数量而不是规定工作能力，与采购宗旨显然是不吻合的，确实属于限制型条款。[1] 这样在本案中选择单一来源采购就违反了法律的规定，应予纠正，给其他供应商以公平的竞争机会。

（五）询价

我国《政府采购法》第 32 条规定，采购的货物规格、标准统一、现货货源充足且价格变化幅度小的政府采购项目，可以依照本法采用询价方式采购。例如，某县政府集中采购机构通过询价方式采购三台电脑、桌椅及软件，预算价是 19 000 元。集中采购机构共向 A、B、C 三家电脑公司询问了报价，最终确定了 A 公司以 18 300 元的报价中标，同时向 B、C 公司通报了询价结果。举报人 D 公司也是本县一家电脑公司，举报集中采购机构每次只向 A、B、C 三家电脑公司询价，排斥了其他供应商的竞标权。该县政府采购监督管理部门介入调查后发现，缺乏拟询价对象的资料，采购代理机构并没有依法成立询价小组，采购人员之间缺乏必要的内部牵制，整个询价环节由张某一个人询价完成。最后，这次采购行为被认定为违法，要求其重新按照《政府采购法》的程序进行询价采购，责令相关责任人作出书面检查。[2]

---

〔1〕 冒银飞："严格单一来源采购使用各方都有责"，政府采购信息网，访问日期：2016 年 7 月 25 日 。

〔2〕 崔建才："一起询价采购案例的调查及启示"，载《公共支出与采购》2007 年第 8 期。

第四节 基本概念、原理和制度的实践情况

一、政府采购合同的性质

政府采购合同，是指公益性采购人为实现采购任务，而利用财政资金依法定形式、程序与供应商之间签订的以货物、工程和服务为主要内容的明确相互的权利、义务关系的协议。对于政府采购合同的性质问题，法律实务界、学术界长期以来存在不少争论，大致存在以下三种不同观点：一是认为政府采购合同属于行政合同；二是认为政府采购合同属于民事合同；三是认为政府采购合同兼具有民事合同和行政合同的属性，是一种混合性的合同。这种争议给司法实践带来了很大麻烦，如果发生纠纷，应按民事诉讼还是行政诉讼呢？我国《政府采购法》明确规定："政府采购合同适用合同法。采购人和供应商之间的权利和义务，应当按照平等、自愿的原则以合同的方式约定。"但也只是规定了政府采购合同适用合同法，并没有明确说政府采购合同就是民事合同。

在最高人民法院发布的 2001 年和 2011 年《民事案件案由规定》中都没有规定政府采购合同属于民事纠纷案由，在 2004 年《最高人民法院关于规范行政案件案由的通知》中规定了行政合同，但没有说明如何界定行政合同，也没有提政府采购合同。在 2020 年 1 月 1 日起施行的《最高人民法院关于审理行政协议案件若干问题的规定》中规定了行政协议，具体指明包括：政府特许经营协议；土地、房屋等征收征用补偿协议；矿业权等国有自然资源使用权出让协议；政府投资的保障性住房的租赁、买卖等协议；符合本规定第一条规定的政府与社会资本合作协议；其他行政协议，并没有提到政府采购协议，在我国当前的民事审判实务中，有的将这种纠纷列入民事诉讼，有的认为属于行政协议。

例如，2004 年建筑公司经县政府招投标承接了剧团施工工程，在政府拨付工程款迟延情况下与剧团签订暂缓施工协议后停工，一停近 1 年，虽期间拨付部分工程款，建筑公司未恢复施工，并发函解除合同。2006 年，剧团诉请解除合同，返还工程款及违约损失，建筑公司亦提相应反诉。

法院认为，①《政府采购法》第 2 条规定，"本法所称政府采购，是指各级国家机关、事业单位和团体组织，使用财政性资金采购依法制定的集中采购目录以内的或者采购限额标准以上的货物、工程和服务的行为。"第 50 条规定，"政府采购合同的双方当事人不得擅自变更、中止或者终止合同。政府采购合同继续履行将损害国家利益和社会公共利益的，双方当事人应当变更、中止或者终止合同。有过错的一方应当承担赔偿责任，双方都有过错的，各自承担相应责任。"②涉案工程系建筑公司经政府招、投标承接的，并与剧团签订了建筑施工合同，工程款均由县政府财政拨付，该工程属于政府依法采购的工程项目，因双方对该项工程合同的解除主张未经政府许可，故不具有诉请解除该合同的诉讼主体资格，属不符合条件的当事人，判决驳回双方诉请。[1] 也就是说因不具有诉请解除合同的诉讼主体资格，属不符合条件的当事人，这个合同不属于民事合同。有的法官认为属于行政合同，[2] 可是政府并不是合同的当事人，怎么去起诉政府？行政协议有一方是政府，可是政府采购合同中并没有政府，当事人只能是采购人或经授权的采购代理机构和供应商，这使当事人陷入了困境。本书认为应属于民事诉讼，但应当优先适用《政府采购法》的规定，可以考虑征询政府的意见或将其列为第三人，不能动辄驳回诉讼，合同履行陷入僵局后只能诉诸诉讼，这是对当事人最后的救济线，程序上应当给予机会。

二、采购国货的认定

我国《政府采购法》规定了采购国货原则，但是该条文在实施中可能会被曲解使用。医疗器械，尤其是大件医疗设备，在达到一定限额规定后，公立医院采购通常是要公开招标的。《政府采购进口产品管理办法》中明确规定

---

〔1〕 福建平潭法院（2006）岚法民初字第 631 号"某剧团与某建筑公司施工合同纠纷案"，参见陈爱心："平潭县闽剧团诉平潭县第五建筑工程公司建设工程施工合同案（政府采购）"，载国家法官学院、中国人民大学法学院编：《中国审判案例要览》（2007 年商事审判案例卷），人民法官出版社、中国人民大学出版社 2008 年版，第 82 页。

〔2〕 政府采购合同，虽然其性质具有一定的复杂争议性，但究其本质而言仍应视为是行政合同，不应因其现在适用于合同法就混淆其性质，应当正视行政合同的合法存在，承认政府采购合同的行政合同属性，在我国法律层级的立法上，引入行政合同的概念，并加以制度完善。见张彬："浅析政府采购合同的性质"，中国法院网，访问日期：2018 年 1 月 17 日。

了如果采购人需要采购的产品国产品牌不能够满足，可以在获批后采购进口。但是一些招标代理机构却以此作为幌子，设置歧视国产品牌的具体参数，最终被罚！

　　某采购代理机构在组织完一"个体化测序仪项目"的招标后，遭到了未中标供应商 H 公司的质疑。在质疑中称，此次采购是专为中标供应商 S 公司量身打造招标条件的，限制、排斥了自己参加投标，也排斥了其他潜在投标人，以达到违法采购进口产品的目的。采购代理机构回复，采购人在委托其采购进口产品时提供了财政部门批准采购进口产品的审批文件，因此采购进口产品并不违法。对采购代理机构的质疑答复不满，H 公司向当地财政部门提起了投诉。H 公司在投诉中称，此次采购应采购国产品牌，因为国内的产品已经能满足需求。财政部门受理投诉后，采购代理机构辩称，H 公司在获知 S 公司的招标公告和招标文件后直至递交投标文件之前未依法提出质疑，应视为认可招标文件的所有条款。采购代理机构接受了 H 公司的报名，在评标过程中也予以资格审查和标书符合性审查通过，并未进行限制和排斥。招标文件设置的投标人资格条件根本不存在为 S 公司量身打造的问题。当地财政部门受理投诉后查明，此次采购的招标文件评分内容中，设置"投标产品的质量及技术性能的先进性、实用性、完整性及对招标文件技术规格的满足性"分值，"投标产品知名度以及采购人市场调研考察的认可度"分值，但未细化并明确具体的评分标准。根据评分表记录，针对上述两项，评标委员会对 S 公司的打分与给其他两家投标供应商的打分相差极大。整个案件总结概括下来，涉及三个重要问题：①财政部门审核同意采购进口产品的项目是否就可以限制国货？②采购进口产品是否可以指定特定的品牌。③招标文件可否只设分值不设评分标准。

　　最终判定结果，财政部门的判定经财政部门批准后允许采购进口产品，并不是仅允许采购进口产品，更不允许倾向于采购某具体品牌的进口产品，中标人及其中标产品应按政府采购程序、根据评标委员会客观、独立的评分结果确定。此次采购的招标文件规定要求设备为原装进口产品，在招标文件分值设置上又存在相当大分值的主观评分项，未明确具体的评分标准，违反了《财政部关于加强政府采购货物和服务项目价格评审管理的通知》（财库〔2007〕2 号）第四点关于"公开评审方法和评审因素"的规定，且结合评分结果情况来看，本项目评审人员对中标产品具有比较明显的倾向性，对其他产品评分不够公平、不够公正，影响或可能影响采购结果。因此，认定本项目采购结果违法，责令重新开展采购活动。[1]

从本案件可以看出，在我国的招标采购市场，由于部分招标代理机构打着合规的幌子玩猫腻，在招标条件中设置歧视国产、为特定品牌量身打造的现象屡有发生，这些违法行为往往隐蔽性很强，其中又可能暗藏着利益交换行为和贪赃枉法行为，因此需要监管者熟悉政府采购法的知识与执法经验，又要有公正的执法精神，才能公正的裁判这种投诉。

---

〔1〕 医路快建："歧视国产品牌进口医疗设备中标案被判结果违法"，搜狐网，访问日期：2019年4月22日。

第六章　转移支付法概述

本章主要学习转移支付法的一般概念与原理。该法属于财政法中的组成部分，我们需要了解转移支付法发展的一般过程，熟悉转移支付制度的基本情况与内容。

第一节　本章概述

一、知识背景

转移支付涉及的种类很多，在实践中我们可以看到国际的转移支付，国内上下级政府之间的转移支付，政府对企业或居民的转移支付，在古代社会也存在中央政府给地方政府拨款的情况，在资本主义国家，联邦政府也有时会给州或省资金支持，它是一个政府使用资金的制度，尤其是上下级政府间资金使用的一种调剂制度，在现代社会中更多的是为了满足公共目标。本章所介绍的转移支付主要是上下级政府间的转移支付，而且我国法律已经明确规定了这个范围。政府间的财政资金转移是中央政府支出的一个重要部分，是地方政府重要的预算收入。在 1994 年实行分税制体制改革前，我国就出现了转移支付的财政实践，1994 年实行分税制体制改革后，才从西方引进了转移支付的概念。我国中央财政是从 1995 年开始正式实施过渡期转移支付办法。

二、本章涉及内容

（一）主要概念

转移支付，转移支付法。

（二）基本原理和制度

1. 转移支付制度的历史沿革

2. 转移支付制度的目标

3. 我国现行转移支付制度的主要内容

三、法律法规

我国自 1994 年从西方国家引进转移支付理念及制度，于 1995 年开始实行《过渡期转移支付办法》。此后的多年间，不间断地对我国转移支付制度进行改革和完善。2008 年财政部关于印发《农村税费改革中央对地方转移支付暂行办法》的通知。自 2009 年起，我国开始进一步规范转移支付制度，逐步建立起包括原体制补助或上解、税收返还、一般性转移支付和专项转移支付等项目在内的双向资金转移支付。2010 年财政部下发《关于建立和完善县级基本财力保障机制的意见》（财预〔2010〕443 号），要求进一步完善省以下财政体制。2014 年 9 月 26 日颁布《国务院关于深化预算管理制度改革的决定》（国发〔2014〕45 号），2014 年 12 月 27 日，国务院印发《关于改革和完善中央对地方转移支付制度的意见》（国发〔2014〕71 号），针对中央和地方转移支付制度存在的问题和不足，提出了改革和完善转移支付制度的指导思想、基本原则和主要措施。2015 年 9 月 29 日《中央对地方专项转移支付绩效目标管理暂行办法》，2015 年 12 月 30 日财政部以财预〔2015〕230 号印发《中央对地方专项转移支付管理办法》，为我国转移支付体系增加一个重要组成部分，使我国转移支付制度不断完善，涵盖了基本财力保障、公共服务和民族艰苦边远地区补助等内容。2018 年国务院办公厅印发了《基本公共服务领域中央与地方共同财政事权和支出责任划分改革方案》（国办发〔2018〕6 号）。

第二节　基本概念

一、转移支付

转移支付，是指政府或企业无偿地支付给个人以增加其收入和购买力的费用。它是一种收入再分配形式。

二、转移支付法

转移支付法，是指调整在财政转移支付的过程中所发生的社会关系的法律规范的总称，它是财政法的重要部门法。转移支付法与国家的财政体制、经济社会政策等联系至为密切，具有其特殊性，正因如此，尽管在对财政支出加以规制方面同预算法有一致的一面，但它仍可作为一个独立的、特殊的部门法存在，并且它是连接财政法与社会保障法、经济法与社会法的纽带。

第三节　基本原理和制度

一、转移支付制度的历史沿革

新中国成立后，1951 年后一直采用统一管理的财政体制，中央向地方补助是最常见的财政模式。1980 年以来，推行财政"大包干"财政体制，逐渐建立了以地方分权为主的财政体制，补助模式仍在但是缺点很多，例如支付方式复杂、制度不规范、政策缺乏透明度，主观因素影响过多，各类补助和上解相互交叉、混合运转，由于补助项目过多过散，无法高效率的使用财政补助资金，难以有效达到均衡地区间发展的宏观目标。1994 年底，我国在《预算法》中明确规定了财政分配体制为分税制，开始逐渐建立分税制基础上的财政转移支付制度，也从法律上开始使用转移支付概念。主要分为一般转移支付，包括体制补助（或上解）、体制结算补助（或上解）、税收返还。特殊转移支付，包括专项拨款补助、专项结算补助和解决临时问题补助等。但是由于体制刚刚建立，并未能起到应有的作用，仍然延续了"大包干"时期的制度，对长期形成的财力不均问题几乎没什么触动，也很难达到缩小地区之间公共服务的差距。

因此，从 1995 年开始实施过渡时期的转移支付办法，明确指出相应的理由，即根据分税制财政体制的要求，中央对地方实施财政转移支付。鉴于目前中央财政可用于转移支付的财力有限，要调整各地的既得利益也很困难。同时，在转移支付制度的设计方面，还面临着统计数据不完整、测算方法不完备等技术性问题，要建立十分规范的转移支付制度，条件尚不成熟，目前暂实行过渡期财政转移支付办法。中央财政根据财力状况，选择一些客观性及政策性因素，采用相对规范的方法，进行有限的转移支付，逐步向规范化的转移支付制度靠拢。

2014 年 12 月国务院颁布《关于改革和完善中央对地方转移支付制度的意见》，指出虽然过渡时期的财政转移支付制度有力促进了地区间基本公共服务的均等化，推动了国家宏观调控政策目标的贯彻落实，保障和改善了民生，支持了经济社会持续健康发展，但是存在问题仍然明显，受中央和地方事权和支出责任划分不清晰的影响，转移支付结构不够合理。一般性转移支付项目种类多、目标多元，均等化功能弱化。专项转移支付涉及领域过宽，分配使用不够科学。一些项目行政审批色彩较重，与简政放权改革的要求不符；地方配套压力较大，财政统筹能力较弱，转移支付管理漏洞较多、信息不够公开透明等。为此提出优化转移支付结构的目标，完善一般性转移支付，从严控制专项转移支付，规范专项转移支付资金的分配和使用，逐步取消竞争性领域专项转移支付，完善省以下专项转移支付制度，并尽快制定转移支付基本立法。2015 年 9 月《中央对地方专项转移支付绩效目标管理暂行办法》颁布，中央开始严格的对地方专项转移支付的绩效目标进行详细管理，划分了绩效目标考量的具体指标，考核办法及具体程序，逐渐推进中央转移支付资金法治化管理。截至 2020 年 3 月，每年都要对设定绩效目标进行严格的考核，各地方政府要首先进行自评，然后申请统一考核。[1]

---

〔1〕 2019 年 4 月 25 日，新疆维吾尔自治区农业厅、新疆维吾尔自治区财政厅申请考核：农业农村部现将《2018 年度中央农村土地承包经营权确权登记颁证补助资金专项转移支付绩效自评报告》《2018 年度中央农村土地承包经营权确权登记颁证补助资金专项转移支付绩效自评报告》《2018 年度中央农村土地承包经营权确权登记颁证补助资金专项转移支付绩效自评报告》《2018 年度中央农业资源及生态保护补助资金专项转移支付绩效自评报告》《2018 年度中央农业综合开发资金专项转移支付绩效自评报告》随文上报，请审阅。附件：①2018 年度中央农村土地承包经营权确权登记颁证补助资金专项转移支付绩效自评报告；②2018 年度中央农业生产发展资金专项转移支付绩效自评报告；③2018 年度中央农业生产救灾补助资金专项转移支付绩效自评报告；④2018 年度中央农业资源及生态保护补助资金专项转移支付绩效自评报告；⑤2018 年度中央农业综合开发资金专项转移支付绩效自评报告。

二、我国现行转移支付制度的主要内容

(一) 基本原则

1. 转移支付立法的整体性和系统性

转移支付制度与事权和支出责任划分相衔接。目前的立法缺乏整体性，分散的法规针对的多是具体事项，将资金转移和事权与责任划分相衔接尚不能有机地结合起来。很多事项目标不明确，呈现"大水漫灌"迹象，导致考核机制流于形式，主要限于"表上作业"，这就需要在立法时系统考虑公共财政的要求，狠狠抓住地区间公共服务均等化的唯一目标，防止公共服务过度扩张、资金使用效率低下。例如，目前存在的以评定职称为目标的课题、论文机制，大量的资金支持的课题费、版面费所形成的科研成果并没有严格的评价机制，很多论文、书籍并没有多少实际意义，这对于公共财政目标的实现非常不利。很多扶贫资金用不到刀刃上，面子工程、形象工程数量不少，形式主义使用资金严重，侵蚀了公共财政资金的神圣目标。

2. 合理划分事权，明确支出责任

合理划分中央事权、中央地方共同事权和地方事权，强化中央在国防、外交、国家安全、全国统一市场等领域的职责，强化省级政府统筹推进区域内基本公共服务均等化的职责，建立事权与支出责任相适应的制度。2016年国务院发布《关于推进中央与地方财政事权和支出责任划分改革的指导意见》。2019年在教育、医疗卫生、国防等领域试点改革后，交通运输领域央地财政事权和支出责任改革方案也正式出台，交通领域的改革主要是对公路、水路、铁路、民航、邮政、综合交通等六个方面改革事项的财政事权和支出责任进行划分，同时对现行法律法规没有明确的财政事权划分事项进行确认，方案于2020年1月1日起正式实施。当前中央和地方财权和事权关系中，中央事权相对较少，但本级收入比较多，地方事权多，但地方本级财政的保障力却较低。以公路项目为例，中央承担国道（包括国家高速公路和普通国道）的宏观管理、专项规划、政策制定、监督评价、路网运行监测和协调，国家高速公路中由中央负责部分的建设和管理，普通国道中由中央负责部分的建设、管理和养护等职责。此外，中央承担国家高速公路建设资本金中相应支

出，承担普通国道建设、养护和管理中由中央负责事项的相应支出。

3. 清理整合规范，增强统筹能力

在完善一般性转移支付制度的同时，着力清理、整合、规范专项转移支付，严格控制专项转移支付项目和资金规模，增强地方财政的统筹能力。这是一个异常复杂的体制改革问题，多年来形成的中央与地方支付惯例并不容易改掉，过去法制的不健全、立法不完善、制度规定过于笼统，执行起来的随意性等问题导致转移支付资金使用混乱，考核机制也不完善，因此需要中央在立法中清理、整合各类转移支付，裁撤掉不合理的转移支付项目，统筹管理存在的问题，逐渐梳理出清晰地制度框架和实施体系。

4. 市场调节为主，促进公平竞争

妥善处理政府与市场的关系，使市场在资源配置中起决定性作用，逐步减少竞争性领域投入专项，市场竞争机制能够有效调节的事项原则上不得新设专项转移支付，维护公平竞争的市场环境。2014 年中央和地方预算执行情况与 2015 年中央和地方预算草案报告显示，安排中央基建投资 4776 亿元，比上年增加 200 亿元。调整优化安排方向，主要用于国家重大工程，跨地区、跨流域的投资项目以及外部性强的重点项目，进一步减少竞争性领域投入和对地方的小、散项目投资补助。2017 年 7 月国务院第 178 次常务会议要求对于一般公共预算资金直接投向竞争性领域问题，从 2018 年起原则上不再安排或逐步退出。投入主要包括价格补贴和企业亏损补贴两大类。价格补贴主要是粮、棉、油补贴，企业亏损补贴的范围几乎涵盖了国民经济的主要支柱行业。目前国家补贴的比重仍然较高，随着市场机制逐步发挥作用和国有企业改革的深入，尤其是市场价格体系的日益完善，国家补贴逐渐退出竞争性领域。

5. 规范资金管理，提高资金效率

既要严格转移支付资金管理，规范分配使用，加强指导和监督，做到公平、公开、公正；又要加快资金拨付，避免大量结转结余，注重提高资金使用效率。在我国财政现实生活中，每年到年底"体制内单位"（党政机关、事业单位等）都要拼命地花钱，有的是费尽九牛二虎之力也花不完，原因是害怕拨付的资金被收回，这体现了我国资金效率使用存在的低效率问题。2015 年之前财务管理宽松，单位人员花钱相对容易得多，用发票在单位报销是很容易的事，餐费、差旅费、会议费、劳务费、培训费等都很容易报销，会计审查流于形式，年底时比赛花钱成为时代一景。单位员工公款培训、会议、旅游，年终聚会与购物卡发放，一切都是那么自然，且心安理得！2015 年之后，明显发生了巨大变化，会计在报账时审查非常严格，对于票据的形式要求异常严格，各种公款支出受到预算的严格制约与会计审计法的强力监督。将不必要的资金收回，今后发放时更加谨慎，这就提高了资金的使用效率，对于没有明确财政目标的转移支付逐渐停止。2019 年中央一般公共预算支出安排灵活多样，各类支出并不是沿用过去常见的基数加增长的安排方法，而是有增有减。

（二）基本制度

1. 一般转移支付

（1）定义。一般转移支付也称财力性转移支付，是指中央政府对有财力缺口的地方政府（主要是中西部地区），按照规范的办法给予的补助。

（2）分类。包括均衡性转移支付、民族地区转移支付、农村税费改革转移支付、调整工资转移支付等，地方政府可以按照相关规定统筹安排和使用。它是上级政府根据依法核定的下级政府标准财政需要额与财政支出额的差量以及各地区间在人口、资源、贫富等方面存在的差别因素将其财政资金转作下级政府财政收入的一种补助形式。此类转移支付不规定具体用途，由接受拨款的政府自主安排使用。

（3）发展情况。我国一般性转移支付从 1995 年起实施，原称之为过渡期转移支付，对均衡地区间的公共服务均等化意义重大。2015 年 2 月 2 日国务院下发《关于改革和完善中央对地方转移支付制度的意见》，明确将加大一般性转移支付的比重。2019 年中央对地方转移支付 75 399 亿元，其中一般性转移支付 67 763.1 亿元，占 90%。专项转移支付 7635.9 亿元，占 10%。一般性转移支付占 90%，过去年份一般占 60%左右。2018 年中央预算显示，一般性转移支付占 63%，专项转移支付占 37%。[1] 这是中央政府对地方政府积极性的调动，也是一种信任，鼓励地方政府因地制宜合理优化支出结构，增加了

---

〔1〕 杨志勇："评论：中央对地方一般性转移支付提高到 90%说明什么？"，21 经济网，访问日期：2019 年 4 月 4 日。

资金使用灵活性，有利于提高资金使用效率。在一般性转移支付下设立共同财政事权分类分档转移支付，这些共同财政事权转移支付中的每一项都是针对具体事务。[1] 2020 年 2 月 24 日，中央财政已预拨了均衡性转移支付 700 亿元人民币，预拨了县级基本财力保障机制奖补资金 406 亿元，这就是一般转移支付的结构性调整。

2. 专项转移支付

（1）定义。是指上级政府为实现特定政策目标补助给下级政府的专项支出，下级政府应当按照上级政府规定的用途使用资金的财政制度。

（2）设立法律条件。我国 2014 年、2018 年《预算法》第 16 条第 3 款规定，按照法律、行政法规和国务院的规定可以设立专项转移支付，用于办理特定事项。建立健全专项转移支付定期评估和退出机制。市场竞争机制能够有效调节的事项不得设立专项转移支付。2015 年《中央对地方专项转移支付管理办法》进一步要求有明确的绩效目标、资金需求、资金用途、主管部门和职责分工，有明确的实施期限，且实施期限一般不超过 5 年，拟长期实施的委托类和共担类专项除外。

（3）设立法律程序。设立专项转移支付，应当由中央主管部门或者省级政府向财政部提出申请，由财政部审核后报国务院批准，或者由财政部直接提出申请，报国务院批准。专项转移支付经批准设立后，财政部应当制定或者会同中央主管部门制定资金管理办法，做到每一个专项转移支付对应一个资金管理办法。中央基建投资专项应当根据具体项目制定资金管理办法。资金拨付后要建立专项转移支付定期评估机制。财政部每年编制年度预算前，会同中央主管部门对专项转移支付项目进行评估。最后还要建立专项转移支付项目退出机制，按照法律的规定审查退出情况。专项转移支付专款专用，城市公交车成品油补贴专项、革命老区专项、边境地区专项、城镇保障性

---

[1] 例如，2019 年与教育相关的有城乡义务教育补助经费、学生资助补助经费、支持学前教育发展资金、义务教育薄弱环节改善与能力提升补助资金、改善普通高中学校办学条件补助资金、中小学幼儿园教师国家级培训计划专项资金、现代职业教育质量提升计划专项资金、特殊教育补助资金、支持地方高校改革发展资金预算数等。一般性转移支付中相对而言更突出没有限定用途的支出是均衡性转移支付，重点生态功能区转移支付、产粮大县奖励资金、县级基本财力保障机制奖补资金、资源枯竭城市转移支付、城乡义务教育补助经费、农村综合改革转移支付。

安居工程专项、中央财政引导地方科技发展资金专项，发生不可抗力或国家进行重大政策调整时，由上级政府支付的特殊补助等。专项转移支付在实践中违反法律的情况很多，例如，农机补贴资金使用中有很多案例显示为了套取国家财政补贴，构成了诈骗罪。有些技改资金补贴项目审查流于形式，一些项目就是掩人耳目，资金使用随意性很强，甚至被瓜分，很多部门充耳不闻。

3. 税收返还

这里指中央政府按照税法的规定比例将地方净上交给中央的税款以转移支付的形式返还给地方，以支持地方事权的有效实施，也是一种经常性的转移支付制度，与一般性转移支付制度相并列。以 1993 年为基期年核定。按照 1993 年地方实际收入以及税制改革后中央和地方收入划分情况，合理确定 1993 年中央从地方净上划的收入数额，并以此作为中央对地方税收返还基数，保证 1993 年地方既得财力。1994 年以后，税收返还额在 1993 年基数上逐年递增，递增率按全国增值税和消费税增长率的 1:0.3 系数确定，即全国增值税和消费税每增长 1%，中央财政对地方的税收返还增长 0.3%。2002 年所得税分享改革后，除铁路运输、国家邮政、中国工商银行、中国农业银行、中国银行、中国建设银行、国家开发银行、中国农业发展银行、中国进出口银行、海洋石油天然气、中石油、中石化企业缴纳的企业所得税全部属中央收入外，其余绝大部分企业所得税和全部的个人所得税实行中央与地方分享，分享比例 2002 年为 5:5，2003 年以来为 6:4。

三、转移支付制度的功能

表面目标是在政府间均衡财政能力，但实质目标是公共物品和公共服务的均等化，即预算法所确定的推进地区间基本公共服务均等化。

（一）有效地抑制区域经济发展的不平衡与差距，缓解"公平与效率"之间的矛盾

很多国家都存在中央与地方的关系，很多国家的各组成部分发展也不一定均衡，有的发展快些有的慢些，有的甚至很落后，但公共服务涉及公平的问题，市场发展程度可能会有很大差距，但是公民享受的公共物品和服务可以均等化，例如义务教育免费，基本医疗保障，公共交通等。例如义务教育，

中国教育部前不久发布的统计快报显示，2018 年全国教育经费总投入为 46 135 亿元。在各级教育经费投入中，义务教育投入最多，达 20 858 亿元。中国实行义务教育已经 30 多年，已经有 7 年国家财政性教育经费支出占 GDP（国内生产总值）的比重超过 4%，义务教育从普及到免费，用了近 20 年的时间[1]。这是一个了不起的成就，虽然各地经济发达程度不一样，但是国家通过法律保障了每一位公民的义务教育权，实现了教育上的基本公平。有很多偏远地区的学生通过努力学习，实现了自己的人生理想，改变了贫穷的生活状态，这就是机会均等的反映。

（二）有利于强化中央财政的宏观调控能力

我国是一个中央集权的国家，省级地区之间发展非常不平衡，2019 年西藏地区生产总值超过 1600 亿元[2]，2019 年新疆实现地区生产总值 13 597. 11 亿元[3]，2019 年青海省生产总值 2965. 95 亿元[4]，2019 年北京市地区国内生产总值为 35 371. 3 亿元[5]，上海 2019 年国内生产总值 38 155. 32 亿元[6]，2019 年广东省国内生产总值 10. 5 万亿元[7]，江苏省 2019 年全年国内生产总值为 99 631. 52 亿元[8]，通过部分省份对比可以看出，富裕省份一个省一年的财富创收相当于贫穷省份几个省的总和还多，地方政府主要考虑自己的发展问题，而中央政府需要全盘考虑共同发展、共同富裕问题。最基本的公共服务均等化的提供只有在中央的通盘考虑下才能逐渐实现，而当前差距非常

---

〔1〕 马海燕："2018 年全国教育经费总投入为 46135 亿元"，中国新闻网，访问日期：2019 年 6 月 6 日。

〔2〕 赵朗等："西藏 2019 年地区生产总值超 1600 亿元，农牧民转移就业逾 57 万人"，中国新闻网，访问日期：2020 年 1 月 8 日。

〔3〕 "2019 年新疆 GDP 达 13597. 11 亿元同比增长 6. 2%"，中国经济网，访问日期：2020 年 1 月 22 日。

〔4〕 孙睿："青海发布 2019 年统计公报：生产总值比上年增长 6. 3%"，中国新闻网，访问日期：2020 年 2 月 28 日。

〔5〕 "2019 年北京地区生产总值（GDP）为 35371. 3 亿元，增长 6. 1%"，中国产业经济信息网，访问日期：2020 年 1 月 31 日。

〔6〕 陈伊萍："上海去年生产总值 38155. 32 亿元，同比曾 6. 0%"，澎湃新闻网，访问日期：2020 年 1 月 21 日。

〔7〕 万宇："广东省预计 2019 年地区生产总值 10. 5 万亿以上，同比增 6. 3%左右"，中国证券报·中证网，访问日期：2020 年 1 月 14 日。

〔8〕 李睿哲："2019 年江苏地区生产总值为 99631. 52 亿元，增长 6. 1%"，载《新华日报》2020 年 1 月 22 日。

巨大，中央利用转移支付的方法进行宏观调控，充分考虑"老少边穷"地区省份的特殊情况，在财政资金的拨付与支持上适当倾斜，以达到公共服务逐步均等化的长期目标。

（三）能够正确调动地方政府增收节支的积极性，促使地方经济走向良性循环

转移支付制度如果科学合理的建立在财权与事权相统一的基础上，则转移支付资金就会对地方政府的事权形成有效的支持。在分税制的基础上，如果地方政府事权确定，资金如果不足，通过转移支付则可以给予地方财政合理的支持，这样就可以使地方事务得以顺利的展开。而不是像过去土地财政时期一样，地方政府通过很多债务融资平台不停借债，或者让开发商垫资搞政府工程，导致政府债台高筑，形成无法控制的债务风险。分税制确定了基本收入格局，转移支付灵活的协调地方需求，国债再继续弥补更多的事权需求缺口，这样就形成了一个多层次的财税经济法律制度体系，使得地方政府可以预期自己的收入总量，就会产生节支增收的积极性，从而科学合理的开展财政活动。例如 2020 年 4 月 1 日农业农村部发布通知，修订农业相关转移支付资金管理办法。修订系为进一步规范和加强中央财政农业生产发展资金、农业资源及生态保护补助资金、动物防疫等补助经费等三项农业相关转移支付资金管理，提高资金使用效益，服务乡村振兴战略。农业生产发展资金可以采取直接补助、政府购买服务、贴息、先建后补、以奖代补、资产折股量化、担保补助等支持方式，对于支持各地农业发展起到了极具针对性地财政支持。贫困县开展统筹整合使用财政涉农资金试点，分配给 832 个贫困县的农业资源及生态保护补助资金开展统筹规划，提高了资金的使用效率，而不是"大水漫灌"，那样只会完成形式主义的任务，而好的转移支付财政制度就会满足中国全面建成小康社会的目标。

第四节 基本概念、原理及制度的实践情况

一、财政补贴生产的转移支付

2018 年农业部办公厅、财政部办公厅联合发布《2018-2020 年农机购置

补贴实施指导意见》，要求"推动普惠共享，推进补贴范围内机具敞开补贴，加大对农业机械化薄弱地区支持力度，促进农机社会化服务，切实增强政策获得感。"这是自 2004 年实行农机购置补贴政策出台以来，补贴政策众多改革、调整中极其重要的改革，具有里程碑的意义。

补贴范围内机具敞开补贴，意味着我国农业机械化事业进入了一个从数量增长型转变为内涵质量型发展的新阶段。国家经过长达十几年的持续投入，农业机械装备量快速扩张。据统计，2016 年全国拥有农机总动力 9.72 亿千瓦，拖拉机 2317 万台，联合收割机 190 多万台，农业机械供需矛盾趋缓，补贴资金供需总体趋向平衡，在全国范围内实行敞开补贴的条件已经具备。实行补贴范围内农机具敞开补贴，有利于稳定农民购机预期和理性购机，有利于农机市场公平竞争，降低补贴对市场的影响。

通过农机购置补贴的转移支付，我国的农业机械化程度不断提高，设备与时俱进，迅速提高了农业生产力的水平。这种激励方式是政府支持经济的巧妙方式，在市场经济体制下越来越成为法定的方式。这也是经济法采取的基本形式，国家利用科学的转移支付制度构建起一个法治化的支持经济、激励经济的体系，既不会恢复到过去公社时代的完全组织经济，全面提供生产工具的机制，也不是只顾自由放任竞争而不加区分的机制，而是全面按照市场经济的法制要求，发挥社会主义的国家制度优势，全面的为中国农业市场提供帮助。在中国并未有大寡头、大垄断财团限制政府支持小农经济，我们构建的法律制度就会起到非常有效的支持作用。除了农机补贴之外，我国转移支付制度还体现在很多其他国民经济需要的领域，高科技开发、新能源开发、技术革新支持，无数的产业发展主体可能都存在着这样或那样的支持需求，我们建立的法律体系就会起到持续不断地支持功能。这次新冠肺炎疫情中我国的转移支付制度就起到了很多发达国家难以达到的支持作用，包括紧急医疗物资的生产，复工复产的支持等，都体现了不断完善的中国转移支付法律制度的成熟。当然，低效率的资金使用甚至被套取的现象也广泛存在，这是监管部分要说明的，此处不再赘述。

二、居民消费的转移支付补贴

考虑到消费已经成为中国经济增长重要动能，疫后政策应该特别着力对冲疫情对居民消费能力和消费信心带来的冲击。连月的疫情防控工作大幅抑制了居民正常消费需求。虽然居民消费具有较强弹性，但此次疫情影响地域范围较大、延缓复工时间较长，居民可支配收入或有大幅减少的可能，预计疫情过后消费反弹力度或不及预期。居民消费能力和消费信心的恢复既关乎今年决胜小康目标的实现，又能够有效促进中长期高质量发展战略的推进。对此，有专家认为最直接的激发消费潜力的办法就是通过减税和补贴的方式对低收入群体进行补助。可考虑采用消费券政策，补贴低收入就业人群，促进内需回补。我们建议对受疫情影响较重的低收入就业人群发放消费券补贴，并向对疫情严重地区湖北省倾斜，湖北省就业人群全员发放消费券。消费券政策可以向民众传达抗击疫情的信心，号召共克时艰。通过提供补贴，弥补因疫情影响导致的收入下滑，保障基本生活，刺激消费。

2020 年 3 月 12 日澳门特区行政会完成讨论《消费补贴计划》行政法规草案。这一行政法规用于配套在疫情过后，澳门特区政府向本地居民每人发放面值 3000 元（澳门币）的消费补贴计划。规定消费补贴以电子方式发放且不设补发。消费补贴不得以任何方式兑换为现金，仅可用于购买货品或服务。根据行政长官批示，建议《消费补贴计划》的使用期为今年 5 月至 7 月。

这种转移支付法律制度支持下的消费补贴属于一种直接干预经济的经济法形式，在消费不景气的情况下直接介入消费环节，用财政资金拉动消费活力，逐渐支持市场供需平衡，是一种法定的微观经济调整手段。我国在以往时期使用过，直接发放消费券刺激消费，2020 年 3 月 27 日 8 时，杭州第一批消费券在支付宝开放领取。截至 29 日 16 时，已拉动消费 4.53 亿元。3 月以来，除了杭州外，广西、南京、合肥等多地政府通过支付宝发放消费券，以提振消费、促活经济，激活被疫情抑制的消费需求。通过这样具体的财政转移支付法律制度的补贴消费政策实施，我们就会从感性上深刻认识这种法律制度的具体表现，从而真正理解该制度的概念与原理。

三、转移支付资金使用的监管

财政转移支付的目标是为了实现各地公共服务均等化，因此无论是固定的常态制度还是临时支持的新制度，都需要保证资金能够被依法依规使用，才最终能够达到公共财政的目标。但是在实践中，有些人会利用该制度为自已谋利，如果监管不到位，甚或与套利人串通共谋，那将会严重的破坏我国的转移支付法律制度。

2004 年 6 月 25 日，《中华人民共和国农业机械化促进法》公布，规定"中央财政、省级财政应当分别安排专项资金，对农民和农业生产经营组织购买国家支持推广的先进适用的农业机械给予补贴"。当年，中央财政安排补贴资金 0.7 亿元。随后几年，补贴资金呈几何级增长，到 2014 年，国家财政对于农机购置补贴的投入高达 1100 多亿元，2018 年安排了 186 亿元，2019 年安排了 180 亿元，农作物耕种收综合机械化率已经达到 70% 左右。但是由于补贴制度不完善、监管机制不到位，在农机购置补贴发放的过程中，在许多省市县都出现了"贪污""截留"补贴款的现象，不仅让国家的好政策无法完全惠及农民，甚至还给一部分农户带来了巨大的损失。补贴成为"唐僧肉"的现象越来越普遍，很多人利用监管上的漏洞开始大肆套取补贴资金，"官商勾结"骗取农机补贴在一些地区很严重。据新华社报道，自 2014 年以来，仅福建龙岩纪检监察和检察机关查处"官商勾结"骗取农机购置补贴案件就达 17 件，7 个县区均有发案，涉案人员 20 余人，5 个县区农机站站长落马。而在农业大省江西省，据媒体报道，自农机购置补贴政策实施以来，江西省农机系统 45 名国家工作人员涉嫌滥用职权，致使大量农机购置补贴被套取，该窝案串案涉及省、市、县三级农机局长 20 人。央视就曾曝光了河北保定一家玉米收获机厂家所生产的产品，虽然进入了补贴目录，但 80 多户购置农户在使用该机器后毛病不断，根本无法参与生产，这给农户带来了巨大损失。[1]

2015 年 1 月 29 日，农业部和财政部就联合印发《2015-2017 年农业机械购置补贴实施指导意见》，2015 年 2 月 1 日，中发〔2015〕1 号文件《关于加大改革创新力度加快农业现代化建设的若干意见》印发，其中明确规定要"完善农机具购置补贴政策"，这让我国一些省市农机补贴屡被当作"唐僧肉"吃掉的现象再次引起社会关注。2018 年 2 月 22 日农业部发布《2018-2020 年农业机械购置补贴实施指导意见》的通知（农办财〔2018〕13 号），要求加强监管，严惩违规。全面建立农机购置补贴工作内部控制规程，规范

---

〔1〕 孙喜保："如何避免农机补贴再成'唐僧肉'"，载《工人日报》2015 年 2 月 4 日。

业务流程，强化监督制约。开展省级农机购置补贴延伸绩效管理，强化结果运用，推进绩效管理向市县延伸。充分发挥专家和第三方作用，加强督导评估，强化补贴政策实施全程监管。

在实践中还出现了骗取资金的刑事案件已发，但是司法部门却不去追回资金、其他部门也缺乏动力的情况，只是对直接当事人处以刑罚了事，这种情况更为可怕，一些纪检监察部门发现了问题也是难以处理，因为套取资金往往涉及一长串人员，经常是从基层区县一直到部委机关，很多套取技术、设备、项目补贴的资金在严格的制度面前可能不容易过关，但是把关人如果利用手上的权力去换取利益，制度就形同虚设了。这是对中国法制提出的更高的要求，是在权力的监督层面，而不是制度的设立层面。